解説
裁判員法
［第3版］
立法の経緯と課題
裁判員の参加する刑事裁判に関する法律

池田 修・合田悦三・安東 章 著

弘文堂

第3版はしがき

　裁判員の参加する刑事裁判に関する法律（本書では「裁判員法」と略称）が施行されて7年が経過した。裁判員制度の導入は，刑事司法の分野における大きな制度改革として注目されるとともに，国民に大きな負担を求めることになるため，円滑に運用されるか懸念されていたが，施行後の実情をみると，何よりも裁判員等として関与する国民の高い意識と誠実さに支えられ，それに加えて同制度を運用する法曹三者の努力などもあって，概ね順調に運用され，制度として定着しつつあるといえる。制度の開始時期からこれまでの間，犯罪の減少傾向にある時期と重なったことも幸いであったと思われる。ただ，大きな制度改革であるから，定着したといえるためには，なお相当の期間を必要とするであろうし，それまでの間に生じてくるであろう新たな課題等を克服するために法曹三者の更なる努力が求められることも明らかである。

　本書第2版は，裁判員法の施行された時期に上梓したため，制度の目的，制定の経緯，制度を実施する上で想定される課題などを中心に据えて，各条の解説をまとめた。その後，同法が施行され，毎年千数百件の裁判員裁判が全国で実施されて，同法の3年後見直し条項に従った検討も行われ，平成27年6月にその一部を改正する法律が成立し，同年12月に施行された。そこで，この機会に，改正された部分の解説を加えるのはもちろん，これまでの運用を踏まえた実情とそこで明らかになった新たな課題も書き加える一方，想定されていた課題のうち既に運用として定着したものなどについては記述を削ったり簡略化したりするなどして，全面的に改訂することとした。ただ，私自身は，残念ながら裁判員裁判を担当する機会のないまま退官したため，第1審の裁判長として多くの裁判員裁判を担当した経験のある合田悦三判事と安東章判事に，共同執筆者として加わってもらうこととした。合田判事は，施行後の見直し検討会と法制審議会刑事法（裁判員制度関係）部会の各委員として改正の要否等の議論に加わり，安東判事は，本法制定前に司法制度改革推進本部事務局で本法の立案作業に関与した経験があり，両名とも，制度の実情はもとより，その目的や課題に関しても造詣が深い。

第3版の改訂にあたっても，これまで同様，主として初めて裁判員裁判に関与する法曹を念頭に置いて，制度の目的，趣旨，実情，課題等を記述しており，それらの人が本制度を理解する助けとなることを期待している。また，改訂作業の途中で刑訴法等の一部改正法が成立したため（平成28年法律第54号），それを踏まえた記述も加えている。章ごとに分担して改訂原稿を書き，その後3人で議論したりしながら改訂案をまとめたものであるが，退官した私にとっては久しぶりに充実した「合議」をすることができた。なお，当然のことながら，本書における解説等は，裁判所等の有権的な解釈ではなく，個人としての刑事裁判官（私の場合は元刑事裁判官）の理解をまとめたものにすぎない。また，第2版までに記述していた本法制定の経緯や課題等の部分の多くは，もちろん第3版でもそのまま維持されているが，これらの部分のうちには，新たに加わった両判事にも異論がなかったとはいえ，私の個人的感覚がそのまま強く残っていることが否定できない点が含まれていることも付言しておきたい。

　最後に，今回も改訂作業を支えていただいた弘文堂の清水千香さんに，心より感謝申し上げる次第である。

　　平成28(2016)年7月

　　　　　　　　　　　　　　　　　　　　　執筆者を代表して

　　　　　　　　　　　　　　　　　　　　　　　池田　修

初版はしがき

　平成16年5月,「裁判員の参加する刑事裁判に関する法律」(平成16年法律第63号。以下「裁判員法」という)が成立し,公布された。これによって,遅くとも5年後の平成21年5月までに,一般の国民の中から選ばれた裁判員が裁判官とともに一定の重大な犯罪に関する裁判を行うという制度,いわゆる裁判員制度が実施されることになる。この制度の導入は,同時に成立,公布された「刑事訴訟法等の一部を改正する法律」と併せ,我が国の刑事司法の分野では,戦後初めてといってもよい大改革である。裁判員制度の導入には,重要な意義があり(後記第1章Ⅱ参照),導入の効果に期待するところも大きいが,この制度を円滑に運用するためには,連日的開廷による集中審理や,公判中心の分かりやすい証拠調べの実現が不可欠であるから,法曹三者は協力してそのために必要な方策の検討を進めなければならない。また,この制度は,裁判員となるべき国民の理解と積極的な協力なくしては成り立ち得ない制度であるが,残念ながら,国民の関心が高いとはいえない状況にあるので,国民の関心を高め,協力を得やすい環境を作り上げていくことも重要な課題である。

　本制度の設計段階に,司法制度改革推進本部の検討会に加わっていた一員として,本制度を理解する助けとなり,円滑な運用を始める上で参考となり,さらには本制度に関する国民の理解と協力を深める手助けとなることを願って,裁判員法の解説をまとめることとした。とはいえ,当然のことながら,本解説は,同本部の公的な解釈でもなければ,裁判所の有権的な解釈でもなく,これから裁判員制度に関わることになる一人の刑事裁判官の理解しているところを示したものにすぎないことをお断りしておきたい。

　本書は,制度全体の理解が容易になるようにと考え,裁判員法の条文の順序にはとらわれず,項目ごとに,関連条文を掲げた上,その概要,各条文の解説,そのような条文となった経緯,制度を実施する上での課題などを指摘する形式をとっている。多様な読者の関心に合わせて,部分的にでも参照していただけるようにしたつもりである。本制度の運用に直接携わる法曹三者はもとより,それを志す人や,本制度に関連する多くの分野で執務する人,さらには裁判員候補者として呼び出される可能性のある人らが,裁判員制度を理解する助けになるものと考えている。

　本書にまとめた私の意見は,検討会における他の委員との議論や,同僚裁判官らとの度重なる意見交換などを通じて徐々に形成されたものであり,その責任はひとえに私にあるものの,示唆に富む意見を聴かせていただいた検討会委員や同僚裁判

官らに厚く感謝したい。また，本書の企画から出版までいろいろと力を尽くしていただいた弘文堂編集部の清水千香さんにも謝意を表する次第である。

　　　平成17(2005)年3月

　　　　　　　　　　　　　　　　　　　　　　　　　　　池　田　　修

第2版はしがき

　いよいよ裁判員法の施行される時期が迫ってきた。本法の施行までにはほぼ5年間の準備期間が設けられ，この間，制度を国民に周知させるための広報や，国民が裁判員として参加しやすくなるような環境整備など，多方面で準備作業が進められたほか，実務法律家たちは，全国各地で模擬裁判や模擬評議を多数回繰り返すなどして，裁判員にとって分かりやすい審理，裁判員が実質的に判断に関与できるような評議を目指し，その問題点等の検討を続けてきた。本制度がその目的を達するためには，国民の理解と協力を得るだけでなく，裁判員が裁判に実質的に関与できるように分かりやすい審理を実現させることが不可欠である。まだまだ解決できていない課題も残っているし，制度実施後に運用の実情を検証しながら修正すべきところも少なくないと思われるが，本制度の導入は刑事司法にとって甚だ大きな変革であるから，長期的な対応が必要であろう。

　本書の初版を上梓して約4年になったが，その間に，区分審理・部分判決制度に関する法改正が行われたほか，裁判員規則の制定と改正，辞退事由に関する政令の公布も行われた。改訂版では，これらの説明も追加して，施行時点における制度の全貌が把握できるようにした。また，初版において課題として指摘していた事項について，その後検討が進められたり，制度上の手当てがされて解決したり，あるいは，被害者参加制度の導入などによって新たに生じた課題等も存在することから，それらに関する部分を書き改めた。そのため，かなり大幅な改訂となった。

　改訂に当たっても，同僚裁判官らから示唆に富む多くの意見を聴かせていただいたが，本解説は，初版と同様，一人の刑事裁判官としての理解をまとめたものにすぎない。貴重な意見を聴かせていただいた同僚裁判官らのほか，今回も改訂作業を支えていただいた弘文堂の清水千香さんに謝意を表する次第である。

　　　平成21(2009)年4月

　　　　　　　　　　　　　　　　　　　　　　　　　　　池　田　　修

解説 裁判員法◉目次

第3版はしがき　*i*
初版はしがき　*iii*
第2版はしがき　*iv*
略　語　表　*ix*

第1章　裁判員法制定の経緯と裁判員制度の目的
Ⅰ　制定の経緯 ……………………………………………………………… *1*
　1　司法制度改革審議会と司法制度改革推進本部における検討（*1*）
　2　本法の成立（*2*）
　3　法の施行までの経緯（*2*）
　4　施行後の法改正等（*3*）
Ⅱ　制度の目的 ……………………………………………………………… *4*
Ⅲ　裁判員法の趣旨［1条］ ………………………………………………… *6*

第2章　基本構造
Ⅰ　概　　要 ………………………………………………………………… *7*
Ⅱ　裁判員制度の対象となる事件 ………………………………………… *9*
　1　対象事件［2条1項］（*9*）
　2　対象事件からの除外（*15*）
　　(i)　裁判員等への加害のおそれのある事案［3条］（*15*）
　　(ii)　著しく長期にわたる事案［3条の2］（*20*）
　3　併合された非対象事件［4条］（*27*）
　4　非対象事件に訴因変更された場合［5条］（*30*）
Ⅲ　裁判員の参加する合議体の種類と構成［2条］ ……………………… *32*
Ⅳ　補充裁判員［10条］ …………………………………………………… *40*
Ⅴ　裁判官と裁判員の権限［6〜8条・54条・56〜60条］ ……………… *44*
Ⅵ　評議および評決［66〜69条］ ………………………………………… *58*

第3章　裁判員の選任

I　選任される裁判員 …………………………………………… 67
1　概要（67）
2　選任資格［13条］（68）
3　欠格事由［14条］（70）
4　就職禁止事由［15条］（73）
5　辞退事由［16条］［平成20年1月17日政令第3号］（76）
6　不適格事由［17・18条］（84）
7　補充裁判員への準用［19条］（87）

II　裁判員の選任手続 …………………………………………… 87
1　概要（87）
2　裁判員候補者名簿の調製［20～25条］（89）
3　裁判員候補者の呼出し［26～30条］（94）
4　裁判員候補者に関する情報の開示［31条］（107）
5　裁判員等選任手続［32～40条］（108）

III　裁判員等の義務・解任等 ………………………………… 124
1　裁判員・補充裁判員の義務［9・52・53・70条］（124）
2　裁判員・補充裁判員の解任［41～47条］（128）
3　裁判員・補充裁判員の任務の終了［48条］（134）
4　日当等の支給［11条］（135）
5　公務所等に対する照会［12条］（136）

第4章　裁判員の参加する裁判の手続

I　公判開始までの手続 ………………………………………… 138
1　概要（138）
2　公判前整理手続［49条］（139）
3　第1回の公判期日前の鑑定［50条］（151）

II　公判手続 ……………………………………………………… 155
1　総論［51条］（155）
2　冒頭陳述［55条］（162）
3　証拠調べ（165）
4　公判手続の更新［61条］（178）

5　弁論の分離・併合（181）
　　6　論告・弁論（182）
　　7　証人尋問等の記録媒体への記録［65条］（184）
　Ⅲ　判　決 ·· 186
　　1　自由心証主義［62条］（186）
　　2　判決の宣告等［63条］（186）
　　3　判決書（187）
　Ⅳ　控訴審等 ·· 190
　　1　控訴審（190）
　　2　差戻し審（195）
　　3　その他（読み替え規定等）（196）

第5章　区分審理と部分判決

　Ⅰ　概　要 ·· 198
　Ⅱ　区分審理決定［71～76条］ ·· 200
　Ⅲ　区分事件審判［77～85条］ ·· 203
　Ⅳ　併合事件審判［86～89条］ ·· 207
　Ⅴ　選任予定裁判員［90～97条］ ·· 209

第6章　裁判員等の保護のための措置，罰則等

　Ⅰ　裁判員等の保護のための措置［100～102条］ ······················ 216
　Ⅱ　罰　則［106～113条］ ·· 220
　Ⅲ　その他 ·· 227
　　1　施行期日（227）
　　2　施行前の措置（228）
　　3　環境整備（228）
　　4　見直し条項等（229）

●資料編
　資料 1　司法制度改革審議会意見書 (*232*)
　資料 2　考えられる裁判員制度の概要について (*239*)
　資料 3　「考えられる裁判員制度の概要について」の説明 (*250*)
　資料 4　最大判平成23年11月16日（刑集65巻8号1285頁）(*269*)

参考文献 (*275*)

事項索引 (*277*)

判例索引 (*280*)

◆略語表◆

1 法令
法	裁判員の参加する刑事裁判に関する法律
規	裁判員の参加する刑事裁判に関する規則
裁	裁判所法
刑訴法	刑事訴訟法
刑訴規	刑事訴訟規則
刑	刑法

2 雑誌等
曹時	法曹時報
判時	判例時報
判タ	判例タイムズ
ジュリ	ジュリスト

3 判例集
刑集	最高裁判所刑事判例集
高刑集	高等裁判所刑事判例集
東高時報	東京高等裁判所刑事判決時報
高検速報	高等裁判所刑事裁判速報（集）

第1章

裁判員法制定の経緯と裁判員制度の目的

I　制定の経緯

1　司法制度改革審議会と司法制度改革推進本部における検討

　平成11年7月に内閣に設置された司法制度改革審議会は，2年近くに及び多数回の審議を経た後の平成13年6月，裁判員制度の導入を提言した。すなわち，同審議会の意見書は，司法制度改革の三本柱の一つとして「国民の司法参加」を掲げ，その中核としてこの制度を位置付けた。制度導入の意義については，「一般の国民が，裁判の過程に参加し，裁判内容に国民の健全な社会常識がより反映されるようになることによって，国民の司法に対する理解・支持が深まり，司法はより強固な国民的基盤を得ることができるようになる。」と指摘した上，刑事訴訟手続において，「広く一般の国民が，裁判官とともに責任を分担しつつ協働し，裁判内容の決定に主体的，実質的に関与することができる新たな制度を導入すべきである。」とした[1]（資料1参照）。国民の司法参加としては，昭和3年から約15年間，重大な刑事事件について陪審制度が実施されたことがあるが，その後は，検察審査会制度が実施されるにとどまっていた。審議会の議論の過程では，主に英米法系の国で行われている陪審制度（事実認定は陪審員のみが行う）や，主に大陸法系の国で行われている参審制度（事実認定も裁判官と参審員の合議体が行う）も参考にされたが，意見書は，特定の国の制度にとらわれない我が国にふさわしい「裁判員制度」の導入を提言した[2]。

---

[1]　国民の司法参加に関する審議会意見書の趣旨等については，佐藤幸治=竹下守夫=井上正仁『司法制度改革』（有斐閣・2002）332頁以下参照。

[2]　審議会において司法参加の問題が取り上げられた経緯については，シンポジウム「裁判員制度の導入と刑事司法」ジュリ1279号75頁の井上正仁説明参照。

この意見書を受けて司法制度改革推進法が成立し，平成13年12月，司法制度改革の推進に必要な法律案の立案等のため，内閣に司法制度改革推進本部が設置された。同本部は，裁判員制度の導入と刑事裁判の充実・迅速化のための法案の立案作業のため，裁判員制度・刑事検討会（以下，単に「検討会」という）を設置し，学者，実務家，有識者ら11名を構成員として，平成14年2月以降，多数回の会合を開いて論点についての議論・検討を行った。そこでは，最初に制度設計に関する大きな方向性を議論し（第1ラウンド），次いで，平成15年3月に事務局から示されたたたき台を素材として制度全般にわたってさらに議論し（第2ラウンド），同年10月からは，以上の議論を踏まえてまとめられた座長ペーパー（資料2の「考えられる裁判員制度の概要について」であり，その説明が資料3である）を巡って再び主な対立点について議論した。また，その間に，法曹三者や報道機関関係者らからプレゼンテーションを聞いたほか，数回にわたって広く国民を対象とした意見募集を行った。それらに加え，政権与党である自民党と公明党の協議結果を踏まえて，平成16年1月，さらに修正された骨格案が公表され，3月に法案として提出された[3]。

2　本法の成立

法案は，まず衆議院において審議され，平成16年4月23日，裁判員等による秘密漏示罪に関する部分などが修正された上で可決され，同年5月21日，参議院でも可決されて，成立した（平成16年法律第63号）。

3　法の施行までの経緯

前記検討会においては，弁論が併合されないまま審判が行われた場合につき，刑を調整する何らかの制度を設ける必要があると指摘されていたが，法案に盛り込まれなかったため，その後，法務省において検討が進められた。平成18年11月，法務大臣が，区分審理制度の新設等を内容とする法整備の要綱につき法制審議会に諮問したところ，法制審議会は，刑事法（裁判員制度関係）部会での

---

[3] 法案提出までの経緯については，辻裕教「法案提出に至る経緯と法案の概要」ジュリ1268号49頁，安東章「裁判員の参加する刑事裁判に関する法律の経緯と概要」法律のひろば57巻9号4頁，上冨敏伸「裁判員制度導入のための法整備」現代刑事法67号34頁参照。

審議を踏まえ，諮問された要綱を一部修正した内容の法整備を行うのが相当である旨法務大臣に答申した。平成19年3月，この答申に基づく「裁判員の参加する刑事裁判に関する法律等の一部を改正する法律案」が国会に提出され，同年5月，成立した（平成19年法律第60号）。この改正法により，区分審理制度が創設された（71条ないし99条）ほか，裁判員裁判の審理における証人尋問等の記録媒体への記録（65条），公判調書の整理期間の伸長（刑訴法48条3項）等が定められた。

他方，最高裁判所は，本法で委任された裁判員の選任手続の具体的手続等について規則の整備を進め，平成19年7月，「裁判員の参加する刑事裁判に関する規則」（平成19年規則第7号）を公布した。次いで，前記改正法によって創設された区分審理制度の実施等に関する細目等を定めるため，平成20年5月，上記規則を一部改正する規則（平成20年規則第5号）を公布した。

また，内閣は，平成20年1月，法16条8号（辞退事由）の規定する「やむを得ない事由」につき，「裁判員の参加する刑事裁判に関する法律第16条第8号に規定するやむを得ない事由を定める政令」（平成20年政令第3号）を公布した。

4　施行後の法改正等

本法は，平成21年5月21日（裁判員候補者名簿の調製等に関する部分については平成20年7月15日）に施行された（平成20年政令第141・142号）。

本法附則9条の3年後見直し条項に従い，法務省に「裁判員制度に関する検討会」（以下「見直し検討会」という）が設置されて法改正の要否等について広く検討された結果，平成25年6月，「取りまとめ報告書」が公表された（この間に，最高裁判所においても，有識者懇談会による実施状況の検証・検討等が行われ，平成24年12月，最高裁判所事務総局から「裁判員裁判実施状況の検証報告書」（以下「検証報告書」という）が公表された）。その後，法制審議会において法改正に向けた検討作業が行われ，その答申に基づく「裁判員の参加する刑事裁判に関する法律の一部を改正する法律案」が平成26年10月に提出された。同法案は一旦廃案となったが，平成27年3月に再度提出され，同年6月，成立した（平成27年法律第37号）。この改正法により，長期間の審判を要する事件等を対象事件から除外し（3条の2），重大な災害に関し裁判員となることへの辞退事由を追加し（16条8号），非常災害時における裁判員候補者等の呼出しをしない措置を設け（27条の2），裁判員

等選任手続における被害者特定事項の取扱いについて定める（33条の2）などされた。また，国会において，改正法施行3年経過後の見直し条項が加えられた。この法改正を受けて，最高裁判所は，追加された対象事件からの除外事由について判断する際の手続等についての規定を整備する「裁判員の参加する刑事裁判に関する規則の一部を改正する規則」（平成27年規則第9号）を公布した。これらの改正法および改正規則は，平成27年12月12日に施行された（ただし，規則10条の裁判員候補者の本籍照会の方法に関する部分の改正規定は，平成28年4月1日施行）。

II 制度の目的

審議会意見書が指摘しているように，裁判員制度は，国民に裁判に加わってもらうことによって，国民の司法に対する理解を増進し，長期的にみて裁判の正統性に対する国民の信頼を高めることを目的とするものであり，現在の刑事裁判が基本的にきちんと機能しているという評価を前提として，新しい時代にふさわしく，国民にとってより身近な司法を実現するための手段として導入されたものである[1]。

また，裁判員制度の導入は，刑事裁判が抱える問題を解決する推進力となることも期待されている。すなわち，従前の刑事司法は，数の上ではごく少数であるにせよ，審理に長期間を要する事件があり，世間の注目を集める事件が少

---

1) 導入までの議論の過程では，一部に，これまでの職業裁判官による刑事裁判を否定的に評価し，これを改めるためには司法を職業裁判官の手から取り戻し，国民自らが主権者として裁判を行う制度を導入すべきであるなどといった意見もみられたが，裁判員法は，もとより，このようなイデオロギッシュな立場から立案されたものではない。このことは，現実に導入されることになった制度が，裁判官と裁判員の合議によって事実を認定し，有罪の場合には刑まで決めるという，いわゆる参審型の制度であり，裁判官以外の者に事実認定を委ねる陪審型の制度は採用されなかったという事実からも，明らかである。

現在の我が国において陪審型の制度を採用できない一つの大きな理由として，次のような点を指摘することができる。すなわち，陪審型の制度では，有罪か無罪かという事実認定について判決でその理由を示すことができず，そのために事実誤認に関する上訴も制限されることになるが，このことは，当事者のみでなく国民にとっても受け入れ難いものと思われる（第4章III 3 経緯・課題(1)参照）。今回の裁判員制度は，そのような問題が生じない制度となっているから，この制度を陪審型の制度へ移行する前段階ととらえるようなことはできない。

なお，酒巻匡「裁判員制度導入の意義と課題」法律のひろば57巻9号49頁，座談会「刑事司法改革関連法の成立と展望」現代刑事法67号9頁の松尾浩也発言等参照。

なからずそれに含まれていた。また、誤謬のない裁判、すなわち真相の解明を志向するあまり（このこと自体はもちろん誤りではないが）、審理・判断が必要以上に精緻なものとなり、書証に依存する傾向もあった。裁判員制度は、このような刑事裁判の問題を解決し、連日的開廷による集中審理の実現と、直接主義・口頭主義の実質化、換言すれば書証依存体質からの脱却を推進する力となるものと期待された。というのは、裁判員裁判においては、裁判を職業としない一般の国民に参加してもらうのであるから、審理にだらだらと時間をかけるわけにはいかず、公判前整理手続等の新たな制度を活用して争点を整理し、争点の解明に必要な証拠調べを効率的に行う審理計画を立て、連日的開廷による集中審理を行わざるを得ない。また、法律の専門家ではない一般の国民に、証拠書類の詳細な読み込みを期待することはできないから、必然的に、公判廷で見て聞いているだけでも心証を形成できるような審理に変えて行かざるを得ない。裁判所では、それ以前にも、連日的開廷による集中審理の実現が目標とされ、規則上の手当てや運用上の工夫が重ねられてきてはいたが、当事者の十分な理解や協力が得られず、また、裁判所側の態勢の問題などもあって、一部の事件、とりわけ深刻な争点を含む事件ではそれを実現することができていなかった。裁判員制度の導入は、そのような長年の課題を克服する絶好の機会となるものと期待されている。このことは、逆にみると、そのような変革が実現できなければ、裁判内容への国民の感覚の反映や、それによる司法基盤の強化といった制度導入の意義を達成することはできず、それどころか、制度の導入により適正な手続の下における真相の解明という刑事裁判本来の目的すら実現できなくなってしまうものと考えられる。

　なお、裁判員を経験することによって、社会の秩序や治安、あるいは犯罪の被害や人権などにつき、より強く関心を抱く国民が増えることが期待できるともいえる[2]。また、この関連において、法教育の重要性が再認識され、それが拡充されることによる社会への好影響も期待できる。

　施行後の状況をみると、裁判員等として関与する国民の高い意識と誠実さに加え、本制度を運用する法曹三者の努力もあって、これまでのところは概ね順

---

2) 第159回国会衆議院法務委員会議録9号3頁の法務大臣答弁参照。

調に推移してきているといえるが，引き続き，国民の高い意識を維持し，本制度を定着させて前記の目的を達成していくためには，法曹の側が裁判運営の技術の向上を図る努力を続けることが必要である。

Ⅲ　裁判員法の趣旨

> **(趣旨)**
> **第1条**　この法律は、国民の中から選任された裁判員が裁判官と共に刑事訴訟手続に関与することが司法に対する国民の理解の増進とその信頼の向上に資することにかんがみ、裁判員の参加する刑事裁判に関し、裁判所法（昭和22年法律第59号）及び刑事訴訟法（昭和23年法律第131号）の特則その他の必要な事項を定めるものとする。

［解説］

　法1条は，裁判員法の趣旨を掲げている。裁判員制度が「司法に対する国民の理解の増進とその信頼の向上に資すること」は，審議会意見書でも指摘されていたものであり（前記Ⅱ参照），本法は，本制度のそのような意義にかんがみ，それを円滑に実施できるよう必要な事項を定めている。本法は，裁判体の構成，評決の方法，公判審理の在り方など，裁判所法と刑訴法の特則と位置付けられる部分が多い。

　本制度の合憲性については，制度設計の段階から違憲論が存在したため，それを意識した制度設計が行われたが，制度開始後に本法の違憲が主張された事件において，最高裁判所は，憲法が採用する統治の基本原理や刑事裁判の諸原則，憲法制定当時の歴史的状況を含む憲法制定の経緯，憲法の関連規定の文理等を広く検討し，その合憲性を肯定した（最大判平23・11・16刑集65巻8号1285頁，資料4参照）[1]。

---

1)　その後，最二小判平24・1・13刑集66巻1号1頁は，被告人に裁判員裁判を選択する権利が認められていないことにつき，最三小判平27・3・10刑集69巻2号219頁は，区分審理制度につき，いずれも憲法に違反しないとしている。

第2章
基本構造

I 概　　要

1　対象事件
 (1) 原則
    ① 死刑，無期懲役・禁錮に当たる罪に係る事件
    ② 法定合議事件のうち故意の犯罪行為により被害者を死亡させた罪に係る事件
 (2) 例外（対象事件から除外）
    ① 裁判員やその親族等に危害が加えられるなどのおそれがあり，裁判員の職務の遂行ができないような事情がある場合
    ② 審判に著しく長期間を要したり，裁判員が出頭しなければならない公判期日等が著しく多数回で，裁判員の選任が困難であるような事情がある場合

2　合議体の構成
 (1) 原則的合議体；　裁判官3人と裁判員6人
 (2) 例外的合議体；　裁判官1人と裁判員4人
      その条件 ① 公訴事実に争いがないこと
             ② 裁判所が事件の内容等が適当と認めること
             ③ 当事者に異議がないこと

3　裁判官・裁判員の権限と評決
 (1) 事実の認定，法令の適用，刑の量定は，裁判官と裁判員の合議体の過半数で裁判官・裁判員のそれぞれ1人以上の賛成する意見による
 (2) 法令の解釈・訴訟手続に関する判断等は，裁判官の過半数の意見による

裁判員制度の対象となる事件（以下，対象事件あるいは裁判員事件という）は，法定刑に死刑または無期刑を含む事件と法定合議事件のうち故意の犯罪行為で人を死亡させた事件という，国民の関心の高い重大事犯である。もっとも，裁判員に過度の負担を負わせるのを避けるため，裁判員やその親族等に危害が加えられるなどのおそれがあって，裁判員の職務の遂行ができないような事情がある場合と，審判に著しく長期間を要したり，裁判員が出頭しなければならない公判期日等が著しく多数回で，裁判員の選任が困難であるような事情がある場合には，対象事件から除外される。対象事件には当たらない場合であっても，対象事件と併合されると，対象事件となる。非対象事件が訴因変更によって対象事件となった場合には，それ以降はもちろん対象事件となるが，逆に，対象事件が訴因変更によって非対象事件となった場合は，対象事件として審理を継続することもできるし，裁判官のみによる審理とすることも可能である（なお，区分審理制度につき，第5章Ⅰ参照）。

なお，被告人が公訴事実を認めるか否かによる区別は設けられず，また，被告人に裁判員の関与した裁判体によるか裁判官のみの裁判体によるかを選択する権利も認められていない。

対象事件を取り扱う裁判体は，裁判官と裁判員によって構成される。基本的には裁判官3人と裁判員6人の合議体（以下「原則的合議体」ともいう）であるが，例外的に，公訴事実に争いがなく，事件の内容等に照らし適当であり，当事者にも異議がない事件については，裁判官1人と裁判員4人の合議体（以下「例外的合議体」ともいう）で審理・裁判することができるとされている。なお，必要な場合には補充裁判員が置かれる。

以上の合議体において，裁判員は，裁判官とともに，事実の認定，法令の適用，刑の量定を行うが，その他の判断，すなわち法令の解釈，訴訟手続に関する判断等は，基本的に，裁判官（原則的合議体であれば構成裁判官3人の合議，例外的合議体であれば構成裁判官1人）のみが行う。そのため，裁判員が判断に関与する事柄の審理は裁判官と裁判員で行い，裁判員にも証人等に対する質問権が認められ，他方，裁判官のみが判断する事柄の審理は裁判官のみで行うこととなる。

裁判員の関与する判断のための評議は，構成裁判官と裁判員が行うが，裁判長は，必要な説明を丁寧に行い，分かりやすく評議を整理し，裁判員の発言す

る機会を十分に設けるなど，裁判員が職責を十分に果たすことができるように配慮しなければならない。評決は，基本的には単純過半数で決せられるが，構成裁判官または裁判員のみによる多数では被告人に不利益な判断をすることができない。

以上のように，裁判員の参加する裁判は，地方裁判所が担当する第1審刑事訴訟のうちの重大事犯について行われているが，その事務は，当面，全国の地方裁判所本庁（50か庁）と10か所の支部（立川，小田原，沼津，浜松，松本，堺，姫路，岡崎，小倉，郡山）で取り扱われる（規2）。

II 裁判員制度の対象となる事件

1 対象事件

> **（対象事件及び合議体の構成）**
> **第2条** ① 地方裁判所は，次に掲げる事件については，次条又は第3条の2の決定があった場合を除き，この法律の定めるところにより裁判員の参加する合議体が構成された後は，裁判所法第26条の規定にかかわらず，裁判員の参加する合議体でこれを取り扱う。
> (1) 死刑又は無期の懲役若しくは禁錮に当たる罪に係る事件
> (2) 裁判所法第26条第2項第2号に掲げる事件であって，故意の犯罪行為により被害者を死亡させた罪に係るもの（前号に該当するものを除く。）

［解説］
法2条1項は，裁判員制度の対象となる事件を定めている。

まず，対象事件の範囲は，法定刑と罪の種類によって定められる。すなわち，(a)法定刑が死刑または無期の懲役もしくは禁錮に当たる罪に係る事件（法2①(1)）と，(b)裁判所法26条2項2号のいわゆる法定合議事件（法定刑が短期1年以上の自由刑に当たるもので，強盗等の一部の罪を除いたもの）のうち，故意の犯罪行為により被害者を死亡させた罪に係る事件（法2①(2)）である（なお，(a)に該当するものは(b)から除かれ，重複しないようになっている）。いずれも国民の関心が高く，社

会的影響も大きい重大な犯罪ということで対象とされたものである。

　(a)は，法定刑を基準として決定されることになる。現実に多いのは，殺人，強盗致傷，現住建造物等放火等の罪である。法定刑によって裁判所の構成やその他の要件が定められている場合に関するこれまでの解釈に照らし，幇助犯の場合も，正犯を基準とすることになる[1][2]。

　なお，内乱罪（刑77）は，死刑または無期刑に当たるが，同罪は裁判所法16条4号により高等裁判所の管轄に属することとされているところ，本法2条は裁判所法26条による地方裁判所の管轄事件を前提とした特則であるから，除かれることになる。

　(b)は，すでに少年法（平成12年の改正による同法20②）で用いられている罪種の特定方法である。(a)に該当するものは(b)から除かれるので，傷害致死，危険運転致死（自動車運転致死傷行為等処罰法2条），逮捕監禁致死，保護責任者遺棄等致死等の罪がこれに当たることになる。過失犯や，被害者を死亡させなかった場合は，もちろんこれに含まれない。

　非対象事件が，その後の訴因変更によって対象事件となった場合（交換的変更によって対象事件となった場合はもとより，予備的訴因または択一的訴因として対象事件が追加された場合も含まれる）は，それ以降の手続を裁判員の加わった裁判体で審理する必要がある。逆に，対象事件が訴因変更によって非対象事件となった場合には，裁判員の加わった裁判体で審理を続けることができるが，適当と認めるときは，裁判官のみによって審理することもできる（法5，後記4参照）。

　非対象事件が，対象事件と併合審理されることになった場合は，当然，裁判員の加わった裁判体で審理されることになる（法4，後記3参照）。なお，対象事件同士の弁論の分離・併合については，第4章Ⅱ5・第5章Ⅰ参照。

[経緯]

　審議会意見書は，対象事件の範囲について，国民の関心が高く，社会的にも影響の大きい「法定刑の重い重大犯罪」とすべきであるとし，「その範囲に関しては，例えば，法定合議事件，あるいは死刑又は無期刑に当たる事件とする

---

1) 法定合議に関する裁判所法26条2項2号，権利保釈の除外事由に関する刑訴法89条，291条の2など。

2) 刑訴法89条1号に関する大阪高判平2・7・30高刑集43巻2号96頁等参照。

ことなども考えられるが，事件数等をも考慮の上，なお十分な検討が必要である」としていた（Ⅳ第1の1(3)）。

検討会では，意見書に沿ったたたき台として，より広く「法定合議事件（ただし，刑法77条及び78条の罪を除く。）」とするＡ案と，「死刑又は無期の懲役若しくは禁錮に当たる罪（ただし，刑法77条の罪を除く。）に係る事件」とするＢ案のほか，最も狭く「法定合議事件であって故意の犯罪行為により被害者を死亡させた事件」とするＣ案が示され，それぞれ支持する意見が出されたが，徐々に集約され，最終的には，Ｂ案プラスＣ案とするもの（今回の法の立場）が多数を占めた（座長ペーパー説明参照）。その過程においては，事件数，国民の負担の大きさ，国民の関心の強さ，集中的審理に対応すべき当事者の対応能力などが考慮された。対象事件の数は，平成13年の統計によるとＡ案が約4,600人，Ｂ案が約2,440人，Ｃ案が900人程度，Ｂ案プラスＣ案が約2,800人であった。Ａ案に対しては，公文書偽造，薬物の営利目的所持，拳銃の所持，公衆道徳上有害な業務への職業紹介などの罪も含まれることになるが，それらは必ずしも国民の関心が高く社会的影響が大きいとはいえないとする意見や，国民の負担と当事者の対応能力などを考えると制度導入時は広げすぎない方がよいという意見などが多く主張された（14回議事録参照）。

なお，審議会意見書は，被告人が公訴事実を認めるか否かによって区別すべきでなく，被告人に裁判員の参加した裁判体による裁判を辞退することを認めるべきでないとしており（Ⅳ第1の1(3)），本法もそれを受けた内容となっている。

[実情]

本法施行後の全国の新受対象事件の合計は，平成21年1,196件，22年1,797件，23年1,785件，24年1,457件，25年1,465件，26年1,393件，27年1,333件となっている。本法施行前の本法による対象事件が，平成18年3,111件，19年2,643件であったのと比較すると少ないが，地裁の刑事事件全体の減少傾向が反映されたものと思われる。罪種別に見ると，平成27年では，最も多いのが殺人の303件，次が強盗致傷の290件であり，以下，現住建造物等放火162件，強制わいせつ致死傷111件，傷害致死107件，強姦致死傷104件，覚せい剤取締法違反58件，強盗致死（強盗殺人を含む）35件，強盗強姦34件，危険運転致死28件などとなっている。殺人・強盗致傷の2罪の件数が1，2位を占めるというのは，平成21年

から26年までの裁判員事件でもそうであるし，本法施行前の19年における本法対象事件においても同様である。[3]

[課題]

対象事件の範囲については，裁判員法の実施状況等を踏まえながら，検討を重ねるべきであろう。

今回の制度設計に当たっての検討会での議論では，軽微な事件から裁判員制度を導入する方が望ましいという意見の委員も少なくなかった。国民の関心の大きさという点から考えれば，当然，重大事犯ということになるが，重大事犯であれば，予想される刑が重い上，多くの被害が生じたり，多くの関係者がいたりして，争点が多くなったり深刻なものとなったりする可能性が強く，膨大な証拠調べを要する事案も決して少なくない。そのような事案に裁判員が加わるとすれば，裁判員の拘束される時間も長くなり，更新手続が必要になる可能性も高くなるなど，負担過重となる場合もあろう。裁判員制度を導入する理由の一つとなっている，国民の司法に対する理解を増進し，裁判の正統性に対する国民の信頼を高め，より良い社会を作り出すことを目的とするのであれば，軽微な事案から始めて，運用が定まるにつれてその範囲を広げていくということの方が，むしろ望ましかったのではないかとも考えられる。しかし，審議会意見書が法定刑の重い重大犯罪としており，推進本部（検討会を含む）がその方向性を変えることはできなかった。また，確かに，重大事犯を対象とした方が裁判員制度導入によるインパクトは強く，しかも，上記のような重大事犯の場合に生じる可能性のある裁判員の重い負担を少しでも軽減しようという意欲が強く働き，より充実した迅速な審理を目指して刑事訴訟全体を改める機会とすることが期待できた。そのようなこともあって，重大事犯から始めることへの強い反対とはならなかった。他方，国民の関心の高さや，裁判員の負担の軽減などを考慮すると，対象事件の範囲が最も狭いC案から開始し，現実に生じる国民の負担などを考慮しながら徐々に範囲を拡大するという選択肢もあり得たが，件数がかなり少なく制度導入のインパクトとしては小さすぎるとの反対論もあり，採用されなかった。

---

3) 統計数値は概数であり，同一被告人について複数の起訴があった場合は，起訴ごとに1件と計上されている。

その後，見直し検討会（第1章Ｉ4）において，対象事件の範囲についての立法的手当の要否の検討が行われた。範囲を広げる方向では，被告人の請求する否認事件，薬害・公害・食品事故等に係る事件について，範囲を狭める方向では，性犯罪，薬物犯罪，死刑求刑事件，審理が極めて長期間に及ぶ事件について，それぞれ検討されたが，審理が極めて長期間に及ぶ事件を除いては，立法的手当を要するとの結論に至らなかった。

その理由の詳細については，同検討会における議事内容や「取りまとめ報告書」に譲り[4]，ここでは要点のみを紹介する。まず，「被告人の請求する否認事件」というのは，本法の対象となっていない罪名の否認事件のうち，被告人が請求するものである。これについては，「制度設計段階において，裁判員制度導入の趣旨に照らして，被告人の選択権を認めず，対象罪名の事件であれば自白か否認かを問わず裁判員裁判を行うこととされたが，このような基本構造との整合性を保つことができない」旨の指摘や，「膨大な帳票等の証拠を取り調べることとなる税金のほ脱事案等や，特定分野の専門的な知識が必要となる特殊過失事案を裁判員裁判の対象とすれば，職務従事期間がこれまでになく長期化し，裁判員の負担が過重なものとなるおそれがある」といった趣旨の意見が述べられ，消極意見が大勢を占めた。薬害・公害・食品事故等に係る事件については，「この種の事件は複雑かつ専門的な事実について判断する必要があるため，証拠の量が膨大なものになったり，公判回数も多数となる傾向があり，裁判員の負担が大変大きい」といった消極意見が多かった。性犯罪については，一律除外と被害者の選択制が検討されたが，一律除外については，「性犯罪以外にもプライバシー保護を要する事案があるので，プライバシー保護を理由に性犯罪のみを除外する根拠付けが難しいし，性犯罪被害者のプライバシーに関する懸念等は，現行法制を利用した運用上の対応によって解決可能であることに加え，対象犯罪から除外することで国民が悪質な性犯罪の被害について考える機会を失うと，その実情が理解されないままになる」といった意見が多く示され，積極意見は見られなかった。被害者選択制についても，「かえって被害者の負担が重くなる」という点や，「訴訟関係人の希望に裁判員裁判の実施を

---

4) 見直し検討会の議事内容と取りまとめ報告書については，法務省ウェブサイト参照。

かからしめることは，制度の基本構造からして趣旨に反する」といった意見が述べられ，消極意見が大勢を占めた。薬物犯罪については，「覚せい剤の営利目的輸入事件は，海外の犯罪組織が関係して巧妙に行われるなど，国民が想像し難い犯罪類型である上，覚せい剤輸入の認識が争われると，背景事情等の間接事実を積み上げていくという立証の難しい事案が多いことから，市民感覚を反映させて裁判を行う裁判員裁判の対象として適切なものか」という問題提起があったが，「裁判員制度は国民になじみがあるものを特に国民参加の対象とするものではない」，「被告人の認識が争われる場合に立証が必ずしも容易ではないのは他の犯罪類型でも同様である」，「この種の事案では無罪判決が散見されるが，否認でも有罪になっている例も多いことからすれば，無罪判決が散見される原因は，国民にとって理解し難いという点ではなく，証拠収集が困難なところにあると見るべきである」などの消極意見が大勢を占めた。死刑求刑事件については，「国民の関心が高い重大な刑事事件の最たるものとして，裁判員裁判の実施される意義が大きい」，「裁判員の負担が重いのは死刑求刑事案に限られるものではない」，「検察官の求刑内容は，公判審理が全て終わって初めて決めることができるものであるから，起訴段階や公判前整理手続段階で予め明らかにできるものではなく，除外が手続上困難である」等の意見が見られ，消極意見が大勢を占めた（なお，審理が極めて長期間に及ぶ事案に関しては，後記2(ⅱ)経緯参照）。

　平成27年改正法附則3項には，本法制定時の附則9条と同趣旨の見直し条項が定められたが，その頃には制度施行から概ね10年程度となる。その見直しの際にも，対象事件の範囲の変更が検討される機会があろうが，その際には，裁判員制度導入によって得られた効果・影響や，明らかになった問題点のほか，事件数等をも併せ考慮して，検討すべきであろう。

2 対象事件からの除外

(i) 裁判員等への加害のおそれのある事案

> **(対象事件からの除外)**
> **第3条** ① 地方裁判所は，前条第1項各号に掲げる事件について，被告人の言動，被告人がその構成員である団体の主張若しくは当該団体の他の構成員の言動又は現に裁判員候補者若しくは裁判員に対する加害若しくはその告知が行われたことその他の事情により，裁判員候補者，裁判員若しくは裁判員であった者若しくはその親族若しくはこれに準ずる者の生命，身体若しくは財産に危害が加えられるおそれ又はこれらの者の生活の平穏が著しく侵害されるおそれがあり，そのため裁判員候補者又は裁判員が畏怖し，裁判員候補者の出頭を確保することが困難な状況にあり又は裁判員の職務の遂行ができずこれに代わる裁判員の選任も困難であると認めるときは，検察官，被告人若しくは弁護人の請求により又は職権で，これを裁判官の合議体で取り扱う決定をしなければならない。
> ② 前項の決定又は同項の請求を却下する決定は，合議体でしなければならない。ただし，当該前条第1項各号に掲げる事件の審判に関与している裁判官は，その決定に関与することはできない。
> ③ 第1項の決定又は同項の請求を却下する決定をするには，最高裁判所規則で定めるところにより，あらかじめ，検察官及び被告人又は弁護人の意見を聴かなければならない。
> ④ 前条第1項の合議体が構成された後は，職権で第1項の決定をするには，あらかじめ，当該合議体の裁判長の意見を聴かなければならない。
> ⑤ 刑事訴訟法第43条第3項及び第4項並びに第44条第1項の規定は，第1項の決定及び同項の請求を却下する決定について準用する。
> ⑥ 第1項の決定又は同項の請求を却下する決定に対しては，即時抗告をすることができる。この場合においては，即時抗告に関する刑事訴訟法の規定を準用する。

[解説]

(1) **趣旨等**　　法3条および3条の2は，本来は裁判員制度の対象となる事

件について，裁判官のみの構成によって審理できる例外的事由を定めている。このうち3条については，対象事件であっても，裁判員等に危害が及ぶ具体的危険がある場合には，非法律家である裁判員またはその候補者に対し，その危険を冒して審理に加わり公正な判断をするよう求めるのは過大な負担を強いることになるから，対象事件からの除外を認めたものである。

(2) **要件**　危害を加えられるおそれを生じさせる事情は，被告人が組織的犯罪者集団の一員であるというような事情だけでは足りず，より具体的に，「被告人の言動，被告人がその構成員である団体の主張若しくは当該団体の他の構成員の言動又は現に裁判員候補者若しくは裁判員に対する加害若しくはその告知が行われたことその他の事情」が必要である。また，以上のような事情によって，「裁判員候補者，裁判員若しくは裁判員であった者若しくはその親族若しくはこれに準ずる者の生命，身体若しくは財産に危害が加えられるおそれ又はこれらの者の生活の平穏が著しく侵害されるおそれ」があり，「そのため裁判員候補者又は裁判員が畏怖し，裁判員候補者の出頭を確保することが困難な状況にあり又は裁判員の職務の遂行ができずこれに代わる裁判員の選任も困難である」という具体的状況にあることが必要である。裁判員候補者らが漠然とした不安を抱いているに過ぎないような場合は，これに当たらない。

(3) **手続**　裁判所は，検察官，被告人もしくは弁護人の請求によりまたは職権で，除外事由に該当すると認めるときは，裁判官の合議体で取り扱う決定をしなければならない（法3①）。除外するか否かの決定は，司法行政上の決定であり，当該事件に関与している裁判官以外の裁判官の合議体によって判断される（同②）。当該事件に関与している裁判官が判断すると，裁判員を排除したいために除外事由に該当すると判断したかのような疑いを招きかねないからである。その決定をするに当たっては，あらかじめ検察官および被告人または弁護人の意見を聴かなければならず（同③，規3），すでに裁判員の参加した合議体が構成されているとき（裁判員の選任が行われたとき）に職権で判断する場合は，あらかじめ受訴裁判所の裁判長の意見も聴かなければならない（法3④）。この場合の意見聴取の趣旨が，実際の裁判員の畏怖の状況等をよく知り得る受訴裁判所の裁判長から意見聴取することの有用性にあるので，裁判員の参加した合議体が構成される前の段階を除外し，また，構成後であっても，当事者の請求

がある場合には当事者から必要な情報が提供されるので，受訴裁判所の裁判長からの意見聴取は不要とされた。裁判所は，その決定をするについて必要があるときは事実の取調べをすることができ，決定には理由を付さなければならない（同⑤，規4①）。この決定に対しては即時抗告をすることができる（法3⑥，規5）。

[経緯]

審議会意見書は，「例えば，裁判員に対する危害や脅迫的な働きかけのおそれが考えられるような組織的犯罪やテロ事件など，特殊な事件について，例外的に対象事件から除外できるような仕組みを設けることも検討の余地がある。」としていた（Ⅳ第1の1(3)）。検討会では，たたき台として，「裁判官は，民心，裁判員若しくはその親族の身体若しくは財産に害を加え又はこれらの者を畏怖させてその生活の平穏を侵害する行為がなされるおそれがあることその他の事情により，公正な判断ができないおそれがあると認めるときは，……裁判官のみで審理することができる。」とする除外規定を設ける案と，そのような制度を設けない案の両者が示され，裁判員の安全は別の方法で確保すべきであるとの意見もあったが，裁判員に過度の負担を負わせないようにするとともに，裁判の公正さを確保するためには，一定の事件を除外するのはやむを得ないとする意見が多数を占めた（14回・24回議事録参照）。もっとも，その要件については，たたき台よりも明確なものとすべきであるとの意見が強かったため，座長ペーパーでは，「裁判官は，裁判員又はその親族の身体若しくは財産に害を加え又はこれらの者の生活の平穏を著しく侵害する行為がされるおそれがあることその他の事情により，裁判員に公正な判断を期待することができない状況があると認めるときは，……裁判官のみで審理することができる」という案に修正された（座長ペーパー説明参照）。しかし，「公正な判断を期待することができない状況がある」か否かを判断するのは困難であるとの意見などが強く出されたため（28回議事録参照），要件がさらに改められて，より客観的なものとされ，最終的に本法のようなものとなった。

[実情]

法3条に基づく除外の可否についての決定は，平成27年3月までに，少なくとも8事例について存し（いずれも公刊物不登載。なお，各事例とも請求に対するもの

であり，職権で判断した事例はいまだ存しないようである），3事例については除外が認められ，5事例は認められなかった。これらの裁判例は，いずれも，本条の要件について，抽象的ではなく具体的に認められることを必要としている。

　除外を認めた最初の例は，検察官の請求に対する福岡地裁小倉支部の平成22年12月10日決定である。2人の被告人が，氏名不詳者と共謀の上，被害者を拳銃で射殺したとして殺人等で起訴された事件について，①被告人両名が所属する指定暴力団A組の実態（構成員による犯罪被害を警察に申告したり，飲食店等から構成員を排除したり，金銭や利権の要求を拒んだり，暴力団追放運動を積極的に行ったという理由から，相手が一般市民であっても，殺人等の凶悪犯罪を組織ぐるみで敢行し，捜査妨害等の目的で公権力をも攻撃の対象とする暴力団であり，甲地区[5]において独占的な勢力を有していること），②当該事件の主要な争点が，A組の組織ぐるみの犯行であるか否かであること，③審理へのA組の対応（検察官請求証人が，A組幹部と接触した後，証人出廷を拒否するようになるなど，すでにA組による審理妨害が開始されていることが窺われること）等の事情を認定した上，A組が当該事件の審理を妨害する目的で，裁判関係施設を攻撃したり，裁判員に対する威迫・接触・判決後の報復等を敢行するおそれが抽象的なものにとどまらない可能性があり，A組の実態が甲地区の市民に広く知られていて，一般市民の多くがA組に対する多大な恐怖心を抱いていることに照らすと，裁判員候補者または裁判員が畏怖し，裁判員候補者の出頭を確保することが困難な状況にあり，さらに裁判員に選任された者においても，報復をおそれて適正な職務の執行ができずこれに代わる裁判員の選任も困難であると推認されるなどとして，除外を認めた。

　他の2例の除外決定も，いずれも同じA組構成員らが被告人である事例について，検察官が請求したものである。福岡地裁小倉支部の平成25年9月9日決定は，A組構成員である2名の被告人が，氏名不詳者と共謀の上，拳銃による殺人未遂等に及んだとして起訴された事件，福岡地裁の平成27年3月31日決定は，麻薬特例法違反，覚せい剤取締法違反等の事件であるが，いずれも，前記決定と同じように，A組の活動の実態，当該事件の争点，（他の訴訟における）A組構成員らによる審理妨害等の実情等を認定した上，それらの事情に照

5）　当該被告事件が係属する裁判所の存する地区。

らすと，裁判員等の生命，身体，財産に危害が加えられる具体的なおそれも，裁判員等の生活の平穏が著しく侵害される具体的なおそれも認められ，裁判員の選任が困難になる旨判示して，除外を認めている[6]。

　これに対して，除外を認めなかった例では，いずれも，具体的なおそれが認められないとされている。たとえば，さいたま地裁の平成25年1月31日決定は，指定暴力団B組の二次組織C組総長である被告人が，自己の傘下の構成員が対立する指定暴力団D組傘下の構成員に殺害されたことの報復として，C組幹部らと共謀の上，拳銃を使用してD組傘下の構成員を殺害した組織的殺人等の事件につき除外を請求した検察官が，B組二次組織のトップである被告人やその幹部を含む多数の者が起訴されているという特異性があること，B組が，捜査の牽制や妨害を行っている上，内部文書において裁判員裁判に対する著しい偏見と危機感を示すなど反権力・反司法的傾向を強めていること，C組関係者が，本件の捜査状況および捜査担当者に関する情報はもとより，共犯者およびその親族，知人等の情報を収集しており，実際に捜査段階で組織上位者の関与を認める供述をしていた共犯者がその後供述を覆すに至っていて，C組の捜査公判妨害はすでに具体的に現実化していることなどを根拠に，C組が組織防衛のため，裁判員候補者等を含む関係者に対して暴力，脅迫等の手段を用いるなどして圧力をかけ裁判妨害に及ぶことが強く予想されると主張したのに対し，それらの点は，いずれも，それだけではC組関係者等が裁判員候補者等に圧力をかけたり加害行為に及ぶおそれがあると推認させる事情とはいえないし，それらを併せて考慮しても同様であり，公判前整理手続の過程をみても，裁判員候補者等に対する加害のおそれがあると窺わせるような事情はないとして，法3条1項の「おそれ」について具体的状況が認められないとしている。

　除外を認めなかった他の例は，高知地裁平成22年4月23日決定（暴力団構成員である被告人が，共犯者らと共謀して建設業者の作業所において手りゅう弾を爆発させたという爆発物取締罰則違反，建造物損壊事件），長野地裁松本支部同年4月28日・同年

---

6) その後も，平成28年6月までに，A組構成員らが被告人である3事例について検察官の請求に基づき除外決定がなされ，また，同年7月，A組構成員である被告人の知人らが裁判所構外で裁判員に声を掛けた事案（第6章Ⅱ注(1)参照）においても，検察官の請求に基づき除外決定がなされたと報じられている。後者は，公判開始後に除外決定がされた初めての例である。

9月10日各決定（暴力団構成員による傷害致死事件。同一事例），横浜地裁小田原支部同年6月21日決定（暴力団構成員による拳銃を用いた殺人未遂等の事件），津地裁同年10月20日決定（駅のホームにおける強制わいせつ致傷事件）であり，いずれも，漠然とした不安を抱かせるにとどまるなど，具体的なおそれがあるとはいえないとされている。これら4事例は，弁護人が請求したものである。高知地裁，津地裁の各決定と，長野地裁松本支部の9月10日決定については，即時抗告がなされたが，いずれも棄却されている。

［課題］

裁判員としての職務遂行に関わることに不安を感じる国民が存することは事実である。この種の不安は，判断者となることに伴う負担であり，十分な説明によって理解を求める必要があるが，事案によっては不安の除去等のためにどのような保護措置を採り得るかの検討も必要となろう。とりわけ，本条による除外の可否が問題となるような事案に裁判員の参加を求める場合には，その必要性が高まると思われる。除外を認めなかった例として紹介したさいたま地裁の事件の場合には，金属探知機を用いた所持品検査の実施，法廷内での防弾パネルスクリーンの設置が行われたほか，警察も裁判所の内外に警察官を派遣し厳戒の中で公判が行われたとの報道がなされているが，その他にも，裁判員の裁判所への入退構方法や構内における関係者・傍聴人の動線等も含めた様々な検討が行われたものと思われる。ちなみに，裁判所構外で被告人の関係者と思われる者が裁判員に声を掛けた事例が発生したことを契機として（第6章Ⅱ注(1)参照），裁判員裁判を扱うすべての裁判所において，関係者・傍聴人の裁判員への接触を防止するための方策の検討が行われている。

(ii) 著しく長期にわたる事案

（対象事件からの除外）

第3条の2 ① 地方裁判所は，第2条第1項各号に掲げる事件について，次のいずれかに該当するときは，検察官，被告人若しくは弁護人の請求により又は職権で，これを裁判官の合議体で取り扱う決定をしなければならない。

(1) 公判前整理手続による当該事件の争点及び証拠の整理を経た場合であっ

て，審判に要すると見込まれる期間が著しく長期にわたること又は裁判員が出頭しなければならないと見込まれる公判期日若しくは公判準備が著しく多数に上ることを回避することができないときにおいて，他の事件における裁判員の選任又は解任の状況，第27条第1項に規定する裁判員等選任手続の経過その他の事情を考慮し，裁判員の選任が困難であり又は審判に要すると見込まれる期間の終了に至るまで裁判員の職務の遂行を確保することが困難であると認めるとき。
(2) 第2条第1項の合議体を構成する裁判員の員数に不足が生じ，かつ，裁判員に選任すべき補充裁判員がない場合であって，その後の審判に要すると見込まれる期間が著しく長期にわたること又はその期間中に裁判員が出頭しなければならないと見込まれる公判期日若しくは公判準備が著しく多数に上ることを回避することができないときにおいて，他の事件における裁判員の選任又は解任の状況，第46条第2項及び同項において準用する第38条第1項後段の規定による裁判員及び補充裁判員の選任のための手続の経過その他の事情を考慮し，裁判員の選任が困難であり又は審判に要すると見込まれる期間の終了に至るまで裁判員の職務の遂行を確保することが困難であると認めるとき。
② 前条第2項，第3項，第5項及び第6項の規定は，前項の決定及び同項の請求を却下する決定について準用する。
③ 第1項の決定又は同項の請求を却下する決定をするには，あらかじめ，当該第2条第1項各号に掲げる事件の係属する裁判所の裁判長の意見を聴かなければならない。

[解説]

(1) **趣旨等** 裁判員裁判の対象事件であっても，被告人の防御権は十分保障されなければならないし，適正な判断のために必要十分な証拠調べが行われなければならないのは当然である。したがって，公判前整理手続において十分な争点と証拠の整理をしても，審判に要する期間が著しく長期化する事案や，その期間自体は著しく長期とはいえなくても，裁判員が出頭しなければならない公判期日等が著しく多数回に上る事案（このような場合は，期日の頻度が週に4，5回にもなろう）が生じ得ることは否定できず，その中には，犯罪の証明に支障

を生じたり，被告人の防御に不利益を生じたりするおそれがあって区分審理ができないものもあると見込まれるが，このような事案に裁判員の参加を求めると，その負担が過重になる場合が生じ得る。また，このような事案では，裁判員等の選任に長期間を要することもあり得るが，公判前整理手続が終了しているにもかかわらず，被告人とは無関係の理由で公判の開始や判決までの期間がいたずらに長期化することは，被告人の迅速な裁判を受ける利益を不当に損なうことにもなりかねない。それでも裁判員の参加する合議体で審理を行うことは，かえって裁判員制度の趣旨に反し，刑訴法1条の目的からも問題が大きいので，そのような事案を裁判員裁判の対象から除外する趣旨で，平成27年の法改正によって，本条が追加された。

ちなみに，審判期間や公判等の回数を理由として裁判員の選任等が困難と見込まれる場合には，呼び出す裁判員候補者の数を増やすことができる上（法26②），選任手続が1回に限定されているわけでもなく（法38），候補者が不足する場合には候補者名簿の補充（法24）も可能であるので，時間を要する点をおけば，およそ裁判員等の選任が不可能になることはないとも考えられるところに本条が追加されたのであるから，法律上可能な手続を尽くさなくとも，合理的な範囲で選任手続が行われた以上は本条適用の余地がある。しかしながら，前条と同じく，本条による除外も例外的な措置であるから，できる限り裁判員裁判を実施する見地から，要件は厳格に解釈されるべきである。

(2) **要件**　本条1項は，裁判員等の選任前に除外する要件を1号に，選任後に除外する要件を2号に，それぞれ定めている。1号の場合は，時期的には，公判前整理手続において，審判に要する見込み期間や裁判員の出頭を要する見込みの公判期日等の回数が概ね明らかになった時点以降に除外決定が可能になる。「著しく長期にわたる」または「著しく多数に上る」の「著しく」というのが具体的にどの程度の期間や回数を指すのかは条文上明示されていないので，個別具体的な事情によって決められることになるが，すでに裁判員等を選任して裁判員裁判の判決まで至ることができた他の事件におけるのと同程度の期間や回数であれば，実際に裁判員裁判が実施できている以上，ここにいう「著しく」には該当しないことになろう[7]。「回避することができない」といえるためには，取り得る手段を尽くすことが必要となるから，公判前整理手続において

争点や証拠の適切な整理が十分に行われることはもとより，区分審理制度の活用[8]や，弁論の併合・分離の検討等が行われなければならない[10]。「他の事件における裁判員の選任又は解任の状況」としては，除外を検討する事件より審判期間が短かったり公判等の回数が少なかった事件において，選任手続を数回実施せざるを得ず選任に困難があったとか，審判の途中で解任が相次いだために審判の続行に相当の困難があった場合の事情，逆に，除外を検討する事件と比較して，審判期間が同程度か長期だったり，公判等の回数が同程度か多数であった事件において，選任や審判の遂行に支障が生じなかった場合の事情が考えられる。また，長期間・多数回に及んだが，本条による除外が問題にならなかった事件や，本条による除外請求が却下された事件における状況も，ここでの考慮事項に含まれる[11]。「第27条第1項に規定する裁判員等選任手続の経過その他の事情」とは，除外を検討している事件の裁判員等を選任するための手続がすでに開始されている場合における辞退申出の状況，裁判員等選任手続期日を開いていれば，そこで必要な員数を確保できなかった経緯等をいう。「裁判員の選任が困難」とは，裁判員のみならず必要な員数の補充裁判員の選任が困難な場合を含み，「裁判員の職務の遂行を確保することが困難」にも，補充裁判員の職務の遂行の確保（法52・69参照）が困難な場合が含まれる[12]。

---

7) 本条が追加された改正時までに裁判員裁判が実施された長期事案としては，職務従事予定期間・公判回数の順に，132日・29回，113日・42回，100日・36回といったものがあった。その後の長期事案も含め，裁判員の参加した合議体で判決まで至ることができた過去の事例の期間・回数と同程度であれば，「著しく」には該当しないであろう。また期間・回数において，過去の例を超えるだけで直ちに「著しく」に該当することにもならない。なお，期間と回数は，双方を総合的に見るべきである。期間に問題はないが回数が多い場合は，期間を長めにして回数の頻度を下げることで，全体的な裁判員裁判実施の困難性を小さくできることもあろう。
8) ただし，区分審理制度は客観的併合の場合のみについての制度であり，本条の趣旨の部分で触れた制限（法71①但書）がある。
9) 後記Ⅱ3および第4章Ⅱ5参照。
10) また，裁判員裁判の例ではないが，訴訟促進の観点から，検察官が訴因を縮小した例もあるので，裁判所として，この点に関する検察官の意向を聴取してみるべき場合もあり得ないではない。
11) 本条追加の改正前には，除外する方向で考慮すべき他の事件の存在は指摘されていなかったので，本条施行後に除外する方向に考慮すべき先例が生じれば，それを参考とすることになる。
12) これらを前提とすれば，1号による除外については，本条施行後，当面は，「著しく」に該当する先例がない反面，当該事件における「裁判員選任手続の経過その他の事情」は生じるわけであるから，公判前整理手続において極めて長期の審判期間等が避けられない事態となって

2号による除外は，裁判員が選任された後，「第2条第1項の合議体を構成する裁判員の員数」に不足が生じ，それを埋める補充裁判員がない状態になったときに可能になる。「著しく長期」または「著しく多数」の意義については，1号と同様である。2号の場合には，審理に入る前から著しく長期・多数回の審理が見込まれていたが，当初の選任は支障なく行われ，審理の途中で補充裁判員によっても埋めることができない欠員が生じ，公判手続の更新と残る部分の審理がなお著しく長期・多数回であると見込まれる場合のほか，当初はそのような審理は見込まれていなかったものの，公判開始後の事情変更によって，補充裁判員によっても埋めることができない欠員が生じた段階で，公判手続の更新と残る部分の審理が著しく長期・多数回であると見込まれる場合がある。「回避することができない」といい得るためには，期日間整理手続を実施して，それまでの審理の状況を踏まえた争点と証拠の整理を再度行うことや，公判手続の更新の方法を工夫して，その部分についての裁判員の負担を軽減すること，弁論の分離の検討等が行われることを要する。[13]「他の事件における裁判員の選任又は解任の状況」の意義は，1号と同様である。[14]「第46条第2項及び同項において準用する第38条第1項後段の規定による裁判員及び補充裁判員の選任のための手続の経過その他の事情」とは，除外を検討している事件の裁判員等を追加選任するための手続における辞退申出の状況，選任手続期日を開いていれば，そこで必要な員数を確保できなかった経緯等をいう。「裁判員の選任が困難」および「裁判員の職務の遂行を確保することが困難」の意義は，1号と同様である。[15]

　も，そのことをもって直ちに除外決定をするのではなく，裁判員裁判を実施する前提で呼出しや選任手続を行って，実際に選任ができれば先に進み，どこかの段階で候補者が不足して手続が現実に頓挫した場合に，その段階で本条による除外を検討することになろう（法制審議会刑事法（裁判員制度関係）部会第4回会合における合田悦三発言参照）。

13）　時間の短縮を図る工夫の意味であるが，「新たに加わった裁判員が，争点及び取り調べた証拠を理解することができ，かつ，その負担が過重にならないようなものとしなければならない」という法61条2項の要請に反することはできないので，この規定の趣旨を踏まえて，人証について更新前の手続におけるDVD映像を調べるなどの現在の運用の大筋は維持する前提で検討することになるのが通常であろう。

14）　もっとも，2号の場合は，通常審理が進行しているであろうから，1号の場合よりも「回避」の手段は限定されよう。

(3) **手続**　本条による手続は，基本的には前条による除外の場合と同様であり，本条2項は，前条の手続規定である2・3・5・6項を準用している。唯一異なるのは，除外の検討対象となっている事件の受訴裁判所の裁判長から意見聴取する場合に限定がないことである（本条③）。本条における意見聴取の趣旨は，本条の要件の存否を判断するためには，公判前整理手続における争点および証拠の整理の経過等の事情や，当該事件の裁判員等選任手続における辞退申出の状況，裁判員等が不足するに至った経緯等を具体的かつ十分に把握する必要があるところ，そのような事情は訴訟記録からだけでは必ずしも明らかではないので，それを最もよく知り得る立場にある受訴裁判所の裁判長から意見聴取するのが有用だからである。そこで，職権か当事者の請求か，裁判員の加わる合議体が構成される前後のいずれであるかを問わず，意見を聴取することとされた。

［経緯］

　長期間の審理が必要となって裁判員に過度の負担を負わせるような事件を除外すべきかについては，制度設計段階の検討会において議論され，除外すべきであるとする意見も有力に主張された（14回議事録参照）。しかし，そのような事由で除外を認めれば，審議会意見書のいう国民の関心が最も強い重大事件が容易に除かれかねないことや，被告人が細かいことまで争うことによって意図的に裁判員の参加する合議体を回避することができることになり，被告人に選択権を認めないという審議会意見書の趣旨に反するおそれが強いこと，制度発

---

15) これらを前提とすれば，本条施行後当面の2号による除外については，公判開始後の事情変更によって，欠員が生じた段階でその後の審理が著しく長期・多数回と見込まれる場合には，過去に除外を肯定する方向で考慮できる先例がなく，当該事件のそれまでの経過においても，実施されたのは著しい長期・多数回を前提としない選任手続のみで，格別の参考となる事情がないのが通常であるので，裁判員裁判を続行する前提で追加選任のための手続を進め，出席者が不足して現実に手続が頓挫した場合に，その段階で初めて除外を検討することになろう。また，当初から著しく長期・多数回の審理が見込まれていた事件の途中で欠員を生じた場合には，過去に除外を肯定する方向で考慮できる先例がないのは同じであるが，その事件については，立て直した審理計画のほか，そこに至るまでの審理の経過や従前の裁判員が解任された時期や理由といった事情は存するので，それらの事情を考慮した結果，欠員を補充して審理を再開しても，また同様の事態に陥る蓋然性が認められると合理的に判断できる場合には，再度の呼出しに着手することなく除外決定をすることもあり得ることになろう（法制審議会刑事法（裁判員制度関係）部会第4回会合における合田悦三発言参照）。

足当初からそのような抜け穴を設けたのでは，裁判員制度の導入によって期待できる刑事裁判手続の変革が達成できなくなるおそれが強く，導入の意義が希薄なものとなることなどの理由から，それに反対する意見が多く，除外規定は設けられなかった。

　その後，見直し検討会において，改めてこの点が議論された。「公判審理が極めて長期間に及ぶ特殊な事案の裁判員裁判では，裁判員の負担が過大なものになることから，裁判員の選任が困難となり，ひいては，裁判員裁判の実施自体が困難になることが想定されるため，そのような場合に，例外的に，裁判官のみで裁判ができるような仕組みを設けておく必要があるのではないか」との問題提起に対して，「これまでに裁判員裁判が実施された程度の長期審理事案が除外されるような制度の導入には賛成できないが，極限的な事例を除外することができる制度を設けておく必要性はそれなりに肯定されるのではないか」，「極限的な事例を除外することについては，裁判員裁判を実施するか否かを被告人の請求にかからしめる案とは異なり，裁判員の負担の観点や，公正な裁判員の選任のための条件等を確保する観点から，検討する余地があるのではないか」，「訴訟関係人が手段を尽くしても，著しく長い公判審理期間が見込まれる事案では，義務として関与せざるを得ない裁判員の負担が過大なものとなるので，それを回避する手段として，新しい除外制度が必要である。刑事裁判制度は，そのような事案についても，被告人の権利保障や事案の真相解明等の役割を果たしながら適切かつ健全に運用されることを確保する必要があるところ，その過程に一般国民を関与させて著しい負担を負わせるのは適当でない」といった意見が述べられ，新たな除外制度を設けることの必要性を肯定する意見が大勢を占めた。

　これを受けた法制審議会刑事法（裁判員制度関係）部会では，除外の対象が極めて例外的な場合に限定されることを明らかにするためにどのような表現を用いるべきかという点を中心に検討が行われ，諮問された要綱（骨子）に修正が加えられた。まず，裁判員等が選任される前に除外する場合については，当初案が「審判に要すると見込まれる期間が著しく長期にわたること又は裁判員が出頭しなければならないと見込まれる公判期日若しくは公判準備が著しく多数に上ること」としていた次に，「を回避することができないときにおいて，

過去の裁判員の選任又は解任の状況，法第27条第1項に規定する裁判員等選任手続の経過その他の事情を考慮し」という文言が挿入された。また，裁判員等が選任された後に除外する場合については，当初案の「法第2条第1項の合議体を構成する裁判員の員数に不足が生じ」の次に，「かつ，裁判員に選任すべき補充裁判員がない場合であって，」を挿入するとともに，「その後の審判に要すると見込まれる期間が著しく長期にわたること又はその期間中に裁判員が出頭しなければならないと見込まれる公判期日若しくは公判準備が著しく多数に上ること」の次に，「を回避することができないときにおいて，過去の裁判員の選任又は解任の状況，法第46条第2項の規定による裁判員及び補充裁判員の選任のための手続の経過その他の事情を考慮し」という文言が挿入された。また，併せて双方の場合の当初案の末尾部分が「選任することが困難であるとき」という表現だったのを，「選任又は職務の遂行を確保することが困難であると認めるとき」とするなどの修正も行われた。

3 併合された非対象事件

> （弁論を併合する事件の取扱い）
> 第4条 ① 裁判所は，対象事件以外の事件であって，その弁論を対象事件の弁論と併合することが適当と認められるものについては，決定で，これを第2条第1項の合議体で取り扱うことができる。
> ② 裁判所は，前項の決定をした場合には，刑事訴訟法の規定により，同項の決定に係る事件の弁論と対象事件の弁論とを併合しなければならない。

［解説］

(1) **趣旨等** 非対象事件であっても，対象事件とともに審理するのが相当である場合もある。たとえば，同一被告人が殺人を犯して被害者の死体を遺棄したという場合には，非対象事件である死体遺棄事件を対象事件である殺人とともに審理するのが相当なことが多いと思われる（事実関係で関連し，共通の証拠も多いことが一般的であるばかりでなく，殺人の量刑事情としても死体の処分状況が重要な要素となり得るからである）。そこで，法4条は，そのような場合には，当該非対

象事件を裁判員の参加する合議体で取り扱う旨の決定をした上，対象事件と非対象事件の弁論を併合する旨決定することによって（刑訴法313），両事件を裁判員の加わった裁判体が審理できることとしている（対象事件の併合・分離については，第4章Ⅱ5参照）。本条1項の決定は，弁論併合の決定とは別個の司法行政上の決定であり，裁判所は，この決定をした場合には，刑訴法313条により弁論を併合しなければならない（法4②）。いずれの決定も，構成裁判官のみで行うことになる（法6参照）。

(2) **考慮要素**　裁判員の加わった裁判体で併合審理するのが適当であるといえるには，併合審理する方が別個に審理するよりもメリットがあり，それによって裁判員の負担が過重なものとなることはないということが必要であろう。したがって，その判断に際しては，非対象事件と対象事件との関連性（事案自体の社会的関連性，立証における共通性，量刑において一体として判断することの容易さなど）の強さや，非対象事件の審理に要する負担が過大なものとならないこと（審理や合議・評決等の時間のみでなく，対象事件と合わせて事実認定や量刑の判断を行うことが非法律家である裁判員にとって負担過重とならないこと）などの事情が必要となるであろう。関連性が強ければ，負担が多少は大きくなっても，併合が相当なことも少なくないと思われるが，負担が過重になるようであれば併合すべきではない。もっとも，裁判員の負担については，併合した上で区分審理制度を利用し，非対象事件の部分については裁判官だけで部分判決まで行うことによって軽減することも可能であるので，そのことも考慮に入れて検討することになる。[16)][17)]

裁判員が選任されて公判審理が開始された後は，その後に追起訴されても併

---

16) 法71条1項ただし書の場合には区分審理制度を用いることができないが，そのような場合は，むしろ「関連性」が強く認められることになろう。

17) 対象事件と非対象事件の併合についての基本的な考え方は本文のとおりであるが，実務上の取扱いとしてこの問題を検討するときに無視できないのが「量刑における併合の利益」（併合罪関係にある複数の罪を犯した場合，併合して一つの判決で科されるときの刑の量の方が，分離して別々の判決で科されたときの刑の総量より軽くなる傾向のこと。刑法が，有期自由刑の併合罪の処理につき，個々の犯罪の刑を合計する方式ではなく加重単一刑主義を採っていることや，別々の判決になれば，少なくともそれぞれの法定刑の下限は下回れないこと等から生じる）の点である。そのため，区分審理制度の活用等をも含めて検討しても，なお裁判員の負担が過重である場合を除いては，関連性が弱くても併合している実情にある。

合しないことを基本とすべきであろう。[18]

(3) **主観的併合**　複数被告人の審理の併合については，主な論点や証拠関係が共通で被告人ごとに判断することが容易であるような事案でなければ，併合が相当でないとされることが多くなるであろう。したがって，共犯事件で複数の被告人が一括起訴された場合，量刑に関しての証拠関係の違いが存するだけで裁判員の負担が過重にならないような場合には併合して審理されることになるであろうが，犯罪の成否についての証拠関係の違いがある場合などでは分離されることが多くなるであろう。[19]

なお，以上のような併合審理が相当か否かの判断は，区分審理制度を利用することができる事案であるか否か[20]によっても，影響されることになる（第5章Ⅰ課題参照）。

(4) **非対象事件の分離**　非対象事件が一旦は対象事件と弁論を併合されて審理されたとしても，併合が相当でないことが判明した場合や，事情の変更が生じるなどして併合が不相当となった場合（たとえば，非対象事件の審理を始めたところ事実関係に争いが生じ，相当量の証拠調べが必要となった場合や，併合した非対象事件と同種の事件が多数追起訴されてきた場合など），裁判所は，弁論を分離することができる（刑訴法313）。分離の決定があると，本条1項の決定を取り消して，裁判官のみによって非対象事件を審理することになる。裁判員に対して過度の負担を負わせるべきではないし，裁判員制度導入の趣旨に反するものではない

---

18)　審理開始後の追起訴事件の併合は，審理計画を狂わせることになり，裁判員等に予想外の負担を課すことになる上，審理計画による職務従事予定期間を前提として辞退事由等を判断していたことを無意味なものとすることにもなる。したがって，審理計画に組み込まれていなかった追起訴事件を併合するには，審理計画の基本的な変更を伴わないこと（たとえば予備日を当てれば足りること）が必要とされよう。なお，松本芳希「裁判員制度の下における審理・判決の在り方」ジュリ1268号86頁参照。

19)　共犯事件であっても，別々に起訴された場合には，訴訟準備等の進行状況が異なるので，そのまま併合せずに審判するのが通常である。また，一括起訴の場合でも，法廷の構造等の理由から併合審理できる人数に制約が生じることもある。裁判所は，裁判員の負担その他様々な事情を考慮して併合の可否や範囲を決めており，実情としては，併合しない例が大半ではあるものの，被告人2人の併合審理の例は珍しくはなく，3人併合審理の例も数は少ないながら存する反面，4人以上の例はまれであると思われる。

20)　被告人甲がA・B事件，被告人乙がB事件のみで一括起訴された場合に，甲関係の二つの事件を区分審理にして，B事件の方に乙の関係を併合する等の場合もあろう。

からである。この判断も，裁判所が構成裁判官のみで行うことができるが，裁判員の関与した構成で一旦はその事件も併せて審理していた場合には，分離の当否について裁判員の意見も聴いた上で行うのが望ましいといえよう（後記4解説参照）。

［経緯］

検討会では，たたき台の段階から，法4条のような併合の案が示されたが，特段の異論はなかった（14回議事録参照）。なお，対象事件同士の弁論の併合・分離に関してのものではあるが，主観的併合については，証拠関係が基本的に同一でないと併合は無理であろうということに異論はなかった（16回議事録参照）。また，裁判員が選任されて公判審理が始まった後に追起訴があった場合については，併合は困難なことが多いであろうが，併合相当な事案もあるとの指摘もあった（同議事録参照）。

その後，平成19年の法改正により，区分審理制度が創設された（第5章Ⅰ経緯参照）。

4 非対象事件に訴因変更された場合

（罰条変更後の取扱い）
第5条　裁判所は，第2条第1項の合議体で取り扱っている事件の全部又は一部について刑事訴訟法第312条の規定により罰条が撤回又は変更されたため対象事件に該当しなくなったときであっても，当該合議体で当該事件を取り扱うものとする。ただし，審理の状況その他の事情を考慮して適当と認めるときは，決定で，裁判所法第26条の定めるところにより，当該事件を1人の裁判官又は裁判官の合議体で取り扱うことができる。

［解説］

法5条は，対象事件が訴因変更によって非対象事件となった場合について規定している。法文の体裁としては，裁判員の関与した裁判体で引き続き審理するのを原則とし，適当と認められるときに裁判官のみで審理することも可能であるとしているが，いずれの審理形態によるかは，裁判所の合理的な裁量に委

ねられているものと解される。この判断は，裁判員の関与する判断（法6①）には該当しないから，構成裁判官のみで行うことになる。

　典型的な事案を想定すると，訴因変更前に争点に関する主要な証拠調べが終了しており，裁判員がそれ以降の手続に関与することにさほどの負担がないような事案であれば，裁判員の関与した構成で審理を続けるのが相当であり，逆に，訴因変更後に主要な証拠調べが行われる場合や，その後の審理予定期間が長くなるような場合であれば，裁判官のみの構成で審理するのが相当であるといえよう。この場合，裁判員の意向も一つの要素となるものと考えられるから，前者の事案であっても，裁判員全員が関与の継続を望んでいないときは，裁判官のみの構成とするのが相当であり，後者の事案であっても，裁判員全員が関与の継続を望んでいるときは，継続が相当ということもあり得るであろう。これらの事情も含め，それまでに終えた審理の内容，その後に予定されている審理の内容と裁判員の負担の程度などを考慮して，裁判所（構成裁判官）が決定することになる。なお，訴因変更により単独の裁判官が審理できる訴因となった場合に，裁判所が裁定合議事件として3名の裁判官で審理を継続するとしても，そのことによって裁判員の関与の継続が必要になるものではない。

　他方，非対象事件が訴因変更によって対象事件となった場合については，本条のような規定が置かれていないことから，それ以降，裁判員の関与する裁判体で審理する必要がある（法2①）。その場合，審理開始後であれば，期日間整理手続を行い，新たに裁判員を選任して，更新手続を行うことになるが，証人尋問等を終えた後の更新手続は新たに加わる裁判員に大きな負担を負わせることになるから，検察官は，証拠調べの開始後に対象事件への訴因変更を求めるような事態ができるだけ生じないように配慮すべきであろう。[21]

[経緯]
　検討会では，たたき台の段階から，法5条のような案が示されたが，特段の異論はなかった（14回議事録参照）。

---

21)　もちろん，傷害事件の被害者が審理開始後に死亡したため傷害致死事件に訴因変更する場合のように，証拠調べ開始後の訴因変更がやむを得ない事案もあるが，裁判員の負担等を考慮して訴因変更しないことが合理的な訴追裁量権の行使といえる場合もあろう。

Ⅲ 裁判員の参加する合議体の種類と構成

> **(対象事件及び合議体の構成)**
> **第2条** ① 地方裁判所は，次に掲げる事件については，次条又は第3条の2の決定があった場合を除き，この法律の定めるところにより裁判員の参加する合議体が構成された後は，裁判所法第26条の規定にかかわらず，裁判員の参加する合議体でこれを取り扱う。
> (1) 死刑又は無期の懲役若しくは禁錮に当たる罪に係る事件
> (2) 裁判所法第26条第2項第2号に掲げる事件であって，故意の犯罪行為により被害者を死亡させた罪に係るもの（前号に該当するものを除く。）
> ② 前項の合議体の裁判官の員数は3人，裁判員の員数は6人とし，裁判官のうち1人を裁判長とする。ただし，次項の決定があったときは，裁判官の員数は1人，裁判員の員数は4人とし，裁判官を裁判長とする。
> ③ 第1項の規定により同項の合議体で取り扱うべき事件（以下「対象事件」という。）のうち，公判前整理手続による争点及び証拠の整理において公訴事実について争いがないと認められ，事件の内容その他の事情を考慮して適当と認められるものについては，裁判所は，裁判官1人及び裁判員4人から成る合議体を構成して審理及び裁判をする旨の決定をすることができる。
> ④ 裁判所は，前項の決定をするには，公判前整理手続において，検察官，被告人及び弁護人に異議のないことを確認しなければならない。
> ⑤ 第3項の決定は，第27条第1項に規定する裁判員等選任手続の期日までにしなければならない。
> ⑥ 地方裁判所は，第3項の決定があったときは，裁判所法第26条第2項の規定にかかわらず，当該決定の時から第3項に規定する合議体が構成されるまでの間，1人の裁判官で事件を取り扱う。
> ⑦ 裁判所は，被告人の主張，審理の状況その他の事情を考慮して，事件を第3項に規定する合議体で取り扱うことが適当でないと認めたときは，決定で，同項の決定を取り消すことができる。

[解説]

(1) **趣旨等** 法2条は，裁判員制度の対象事件のほか（前記Ⅱ参照），合議体の種類と構成について規定している。原則的合議体と例外的合議体である。

(2) **原則的合議体** 裁判員制度対象事件を取り扱う裁判体は，原則的には，裁判官3人と裁判員6人で構成される合議体であり，裁判官のうちの1人が裁判長になる（法2②本文）。6人の裁判員が選任されて合議体が現実に構成されるまでの間は，裁判官3人の受訴裁判所が事件を取り扱い，公判前整理手続，裁判員選任手続等を進めることになる。裁判員は，選任されると公判期日の審理に加わり，事実認定と量刑に関与して裁判することになるが，その評決方法については，後記Ⅵ参照。

(3) **例外的合議体** (a) 要件 対象事件のうち，公判前整理手続を行うことによって公訴事実に争いがないと認められ，事件の内容その他の事情を考慮して適当と認められ，当事者にも異議がないものについては，例外的に，裁判官1人と裁判員4人で構成される合議体で取り扱うことができる（法2③）。この合議体は，原則的合議体に比して小規模なものであり，しかも裁判官は1人であるから，「適当と認められるもの」というのは，事案が重大であったり社会的関心が強かったりするものではなく，複雑困難な法律問題や手続問題がなく，しかも量刑がそれほど重くない場合ということになろう。したがって，嬰児殺のようなかなり限定された類型の事案で利用されることになるのではないかと思われる（後記課題と実情(3)参照）。

(b) 手続 裁判所（裁判官3人による受訴裁判所）は，例外的合議体によるのが相当と判断した場合，公判前整理手続において，検察官，被告人および弁護人に異議がないことを確認した上，裁判員等選任手続の期日までに，例外的構成によることを決定しなければならない（法2④⑤）。この決定があると，選任手続期日において4人の裁判員が選任されることになるが，決定の時から裁判員が選任されるまでの間は，1人の裁判官で事件を取り扱うことになる（同⑥）。合議体が現実に構成された後は，裁判官が裁判長になる（同②但書）。ま

---

1) 選任手続期日より前に法26条2項によって呼び出すべき裁判員候補者の員数を決めることになるので，実際には，それまでに例外的合議体によるのか否かも決められることになろう。

た，例外的合議体によることが決定されたものの，その後，被告人の主張，審理の状況その他の事情に照らして例外的合議体で取り扱うのが適当でないと認めたときは，裁判所（1人の構成裁判官）は決定で前の決定を取り消すことができる（同⑦）。公訴事実に争いが生じたり，複雑困難な法律問題や手続問題が生じたような場合である。このように事情の変更があった場合に，原則的合議体による審理に戻り得ることとされているのである。

［経緯］

　審議会意見書は，「一つの裁判体を構成する裁判官と裁判員の数及び評決の方法については，裁判員の主体的・実質的関与を確保するという要請，評議の実効性を確保するという要請等を踏まえ，この制度の対象となる事件の重大性の程度や国民にとっての意義・負担等をも考慮の上，適切な在り方を定めるべきである。」としていた（Ⅳ第1の1⑴）。検討会では，たたき台（差が最も大きな2つの案）として，裁判官3人・裁判員2～3人とする案と，裁判官1～2人・裁判員9～11人とする案が示された後も，多数回にわたって議論されたが，この両案やその中間的な案を支持する複数の意見に分かれた。裁判官の数については，対象事件とならない残りの法定合議事件が引き続き裁判官3人の合議体で審理されるのであるから，それとのバランスを保つ必要があること，対象事件においても憲法判断を含む法律問題は裁判官のみで判断されるのであるから（法6②⑴参照），裁判官の数を3人より少なくする理由はないこと，裁判官を1人とすると，評決の必要要件（法67①参照）によって裁判官の意見のみで結論を左右することが可能となり，裁判員が関与する意義を薄めてしまうこと，裁判官が2人では裁判官のみの判断事項で意見が分かれたときに合理的解決ができなくなることなどを指摘して，3人とする意見が大勢を占めた。これに対し，裁判員の数については，大きく分けて，裁判官と同数程度（3～4人）とする意見，5～6人とする意見，9～12人とする意見の3グループに分かれ，同数程度とする意見が相対的に多数であった（4回・13回・24回・28回議事録参照）。そのような議論を反映して，座長ペーパーは，裁判官は3人とした上，「裁判員は4人とするが，5ないし6人とすることも考えられるので，なお検討を要する」とした。ところが，その後の与党協議の段階で，裁判官3人・裁判員6人という合議体とすることに加え，選択肢として裁判官1人・裁判員4人の合議

体を加える案がまとめられた。しかし，裁判官1人・裁判員4人というような形の合議体を相当とする意見は，それまでの検討会でも全く出ていなかったことなどから，この例外的合議体を含む骨格案が示された際には，その論理的不整合等の指摘もあった（31回議事録参照）。

[**課題と実情**]

(1) **実質的合議の確保**　裁判官3人と裁判員6人から成る裁判体における実質的合議の確保について，本書第2版では，裁判官3人による合議の経験に照らすと，9人という多人数では，各人が論点の全般にわたって意見を述べ，疑問点があればそれを指摘し，議論を重ねることによって，疑問点を解消させながら，各人が納得できる結論に集約させていくというような実質的な合議を確保することはかなり困難であり，各人が感想的な意見を述べ合うにとどまり，争点に関する議論が十分に深まらないのではないかとの懸念を述べた上で，そうならないために，訴訟当事者は，裁判員が公判において争点に関して十分理解し，議論にも容易に参加できるような分かりやすい審理の実現に努め（法51，第4章Ⅱ1参照），裁判官は，評議において，前提となる法令やその解釈などを丁寧に説明し，議論を整理し，裁判員が気兼ねなく意見や疑問を述べられるような雰囲気作りをするよう努めなければならず（法66⑤，後記Ⅵ課題(1)参照），それを実現するためには，訴訟関係者らの超弩級の努力と協力が不可欠であり，手続のいろいろな場面において，従来の実務にとらわれず，発想を転換して検討，工夫することが求められると指摘した。制度施行後の各手続場面における運用（その詳細は，第4章参照）の基本的な方向性は，上記指摘に沿ったものといえる。もっとも，「実質的合議の確保に資する」という観点からすれば，さらなる工夫や検討を要する点は多く残っており，訴訟関係者らの真摯な取組みが引き続き求められている。

(2) **裁判の質の確保**　裁判員制度施行前には，仮に訴訟関係者らの努力によって実質的合議を実現することができたとしても，現在の裁判のような判断の精緻さを維持するのは困難であるから，裁判の質の低下は避けられないのではないかとの指摘があった。施行前の刑事裁判において，「精密司法」と名付けられて半ば冷やかされながらも，裁判官らが判断の精緻さを放棄しようとしなかったのは，誤りのない裁判をするためには証拠の精査検討が必要であり，

特に，かつて数件の死刑確定事件が再審無罪となったような事態を二度と生じさせないためには，深刻な争点を含む重大事犯ほどそのような検討が欠かせなくなると考えてきたことによる。また，捜査段階における供述調書（被告人の自白調書や，共犯者を含む重要な証人の供述調書）は，その証拠能力が認められても，公判廷における証人の証言よりも信用性の判断が困難な場合も多く，その判断が事件の帰趨を決めるような事案では，供述の内容の合理性や変遷の有無・程度などに関する精緻な検討が必要であり，それを経なければ誤った判断になりかねないという考えがあった。このこと自体は誤っていないといえるが，そのために往々にして審理期間や弁論終結後判決宣告までの期間が長くなり過ぎたり，裁判が分かりにくいといった批判を招く結果となり，それが裁判員制度導入の一因ともなったことを考えると，それまでの実務には，精緻な判断をしようとするあまり，適正かつ迅速な裁判の実現に必要な範囲を超えた審判を行ってきた面があることは否定できない。そのような視点で虚心坦懐に顧みると，多くの事案では，それまで行われていたほどの精緻さはなくても，「核心司法」といわれるような，事件の核心的な部分（犯罪事実の認定と刑の量定に不可欠な事情）の判断が正しければ，適正な結論に達することができ，枝葉にまでこだわらなくても裁判の質は確保できていたのではないかと思われる。すべての事件において従前のような精緻さを維持する必要はないし，裁判員制度導入の意義を考えれば，通常の事件ではその精緻さを断念する必要があり，それによって裁判の質が低下することにはならないといえよう。制度施行後の裁判員裁判の実務は，このような「核心司法」の見地に立った審判の実現を目指して運用されている。また，公判廷において行われる実質的な攻撃防御によって証拠の信用性の点を含めて的確な心証を得るという「公判中心主義・直接主義」の視点も重要視され，人証（証人尋問や被告人質問）の活用等の工夫が行われている（第4章Ⅱ1課題(1)・同3実情(4)(6)参照）。その結果，通常の事件において取り調べられる証拠の量は厳選により減少し（とりわけ，書証の減少が著しい），判決書

---

2) 精緻な判断をしようと思うあまりに，本来必要な範囲を超えた大量で内容的にも過剰な証拠調べを行えば，審理や判決までの検討期間が長くなり過ぎ，判決自体も無用に長くなる。そして，そのような審判の状況に疑問を持たなければ，次の事件ではそのような審判を目指すようになり，同様のことが繰り返されることになる。

もコンパクトで端的な記述のものに変化している[3]。そして，このような方向性については，控訴審においても肯定的に受け止められている。

関連して述べておけば，問題となる事柄が核心であるのか枝葉であるのかという判断は決して容易なものではない[4]。「核心司法」を志向する以上，審理・評議・判断を通じて，裁判官は常にそれが核心に関する事柄か枝葉にわたる事柄かを見極めていなければならず，裁判員の理解も求めながら核心に関する審理と判断に集中できるようにしなければならない。そのためには，まずは，公判前整理手続において，証拠の内容を十分把握しているはずである両当事者の理解と協力を得て，真の争点に整理し，その判断に必要となる証拠を選ぶことが必要であり，次いで，両当事者が，そのように整理された争点を前提として充実した主張立証活動ができるように配慮することが重要となる。以上のような手続の流れの中で，裁判官には，これまで以上に大局的な視点が必要とされ，裁判員の理解を得て枝葉の論点にわたる証拠申請を切り捨てて審理を進めたり，枝葉の議論を整理して評議を進めなければならない場合もあれば，逆に，裁判員に説明して，詳細にわたるが重要と考えられる事柄の証拠調べを実施したり，その点について評議する必要のある場合もあり，柔軟な対応が必要となる。このように考えると，裁判官に期待されるものは益々大きくなっているといえよう。

他方，裁判員制度の導入は事件の実体まで変えるものではないから，事件の

---

3) さらに，このような「核心司法」，「公判中心主義・直接主義」による審判を目指す動きは，裁判員裁判の非対象事件にも広がりつつある。
4) 刑事裁判において誤りのない事実認定が行われることは，司法が本来の役割を果たし，司法に対する国民の信頼を維持するために不可欠な要請である。そのような事実認定ができるように裁判官らは日々努力を重ね，そのための実証的研究も続けられてきている。そこで指摘されてきたことの一つは，個々の証拠の信用性の評価と全証拠による認定力の評価は複雑に絡み合っており，その両者を的確に行うことの重要性であった（小林充「刑事裁判と事実認定」司法研修所論集110号56頁，池田修「事実認定における分析的検討と総合的評価について」中山善房判事退官記念論文集『刑事裁判の理論と実務』（成文堂・1998）307頁等参照）。そのような検討を経ることによって，当初は些細な問題点と思われることが大きな問題を発見する糸口となることもあるから（たとえば，共犯者の供述の信用性を判断する場面について，司法研修所編『共犯者の供述の信用性』（法曹会・1996）192頁以下参照），各論点が枝葉のものか根幹につながるものかを常に選別しなければならず，根幹につながる可能性があれば，枝葉のように見える論点であっても，それに関する詳細な審理が必要となり得るのである。

核心部分について精緻な審理と判断を必要とする事件は残るものと考えられる。そのような事案においては，精緻な事項にわたって審理・判断を経ることこそが「核心司法」の実現にほかならないわけである。しかし，裁判員にとって分かりやすい審理をし，公判廷で見て聞いたことのみによって裁判官と裁判員が実質的合議をできるようにした場合には，（もちろん裁判員も含めた訴訟関係者の努力[5]により核心部分についてはラフにならないように運用されるであろうが，それでも）裁判官のみによる裁判で行われていたのと比べれば，あっさりした審理と判断になることが多いと思われる。もちろん「誤判」という重大な誤りを生じさせてはならないし，そうならないように訴訟関係者は努力しているが，判決において示される事件の内容やそれに至る審理や判断の過程において，それまでに比べると物足りないと感じられるような点が生じてくることは，このような制度を導入する以上避けられないことを認識しておく必要があるものと思われる[6]。

また，制度施行前には，合議体の人数が多くなった場合，検討会において紹介されたフランスの例もそうであるが[7]，判決の結論に至る事実認定や推論の筋道について，十分な合議をして判決書に示すことができるのかという疑問が出されていた。裁判員制度は，裁判員の参加した合議体による判断に対し事実誤認または量刑不当を理由とする控訴を許すことを前提として導入されたものであるから，少なくとも控訴審による事後的な審査が可能となる実質的理由を示す必要がある（審議会意見書Ⅳ第1の1(4)参照）。したがって，そのような理由が示せるように評議も行わなければならないから，この点においても，構成裁判官らの努力が求められるところである。とはいえ，裁判員に過度の負担を強い

---

5) 収集した証拠全般を把握している検察官と，広汎な証拠開示を受けて証拠関係を把握している弁護人が，争点について意味のある証拠を提出することが十分期待できるのであるから，核心部分については充実した審理が可能である。

6) このように従前のような「精緻さ」は失われることになるが，それが司法の合理的運用なのだと考える必要がある（酒巻匡「裁判員制度導入の意義と課題」法律のひろば57巻9号49頁参照）。

7) 検討会28回議事録参照。そこでも紹介されているように，フランスの重罪院における参審裁判（裁判官3人と参審員9人）では，大まかな設問について構成員が意見を固めた段階で無記名投票による多数決で結論を導くため，判決書には，投票をした論点ごとの結論は示されても，その結論に至るまでの実質的理由は示されていない（最高裁判所事務総局編『陪審・参審制度 フランス編』(2000) 207頁，217頁参照）。

ることはできないから，評議において必要不可欠な論点以外に多くの時間を割くことは困難であり，その反映として，判決の理由も，従前のものに比べると要点に絞ったものに変化することになり，現に変化している（第4章Ⅲ3実情参照）。しかし，そのことは，上記の意味での十分な合議が行われていないことを意味するものではない。これも，「核心司法」の実現であり，裁判員制度の導入に伴って生じる変化であることを認識する必要がある。[8]

(3) 例外的合議体の活用の可能性 例外的合議体で対象事件を取り扱うことができるのは，公訴事実に争いがなく，事件の内容その他の事情を考慮して適当と認められ，当事者にも異議がない場合である。「公訴事実に争いがない」ことが要件とされているから，量刑事由のみに争いがある場合も例外的合議体によることが可能であるが，その争点が複雑なものであったり量刑への影響の程度が大きなものであるときは，「適当と認められる」とはいえないであろう。[9][10]
また，例外的合議体によって審理する場合には，法律の解釈や訴訟手続に関する論点は裁判官1人で判断すべきことになるが，公判前整理手続の段階では予定されていなかった重大な論点が生じ，裁判官3人の合議で解釈や訴訟手続の方針を決するのが適当な事態にならないとは限らない。そのような場合には決定を取り消すことが可能となっているものの，取り消されて原則的合議体を構成するとなると，公判手続の更新が必要になり，訴訟関係者にとっても，それまでに関与していた裁判員や新たに加わる裁判員にとっても負担となるから，そのような事態にならないことが確実な場合でないと利用し難い。これらの点に加えて，現在の実務においては，第1審手続の期間を長期化させないための工夫として，公判前整理手続終結前でも，審理に要する日数が固まった段階に

---

8) これまでは，判決の報道の際に，しばしば，裁判によっても被告人の真の動機や心の奥底の動きが解明されなかったなどと不満を述べる風潮が見受けられた。刑事裁判の目的は，刑罰権を発動すべき事実（犯罪事実）の存否の判定と，発動すべき刑罰の種類と量の決定であり，その目的にとって不要なものの解明まで期待することはできない。本制度導入後も同様の感想が述べられることがあるが，制度の導入の是非に関わりのない話であることを十分認識する必要がある。
9) 検討会31回議事録，大澤裕「合議体の構成」現代刑事法61号21頁参照。
10) それゆえ，想定される公判審理の規模も小さく，日数も短期間なものに限られる。これに関連して，補充裁判員を置く必要があるような事案は想定できないことにつき，後記Ⅳ解説(2)参照。

なれば(この段階では,例外的合議体によることができる場合かどうかが確定していないこともあり得る),補充裁判員の数や呼び出すべき候補者の数を定めて選任のための手続を開始するのが通例であること,裁判員が6人の原則的合議体による裁判員裁判を実施した事例において,選任や審判について特に不都合が生じたとの指摘がないこと,例外的合議体の場合には,評決要件(法67)との関係で,1人の裁判官の意見が決定的影響力を持つことになる場面が想定されること等の理由もあって,実情として,例外的合議体は用いられていない。[11] もっとも,対象事件の件数が予想外に増加するなどの事情により,裁判員となる国民の負担が重くなったような場合には,例外的合議体が用いられるようになる可能性もないとはいえないであろう。

Ⅳ 補充裁判員

> **(補充裁判員)**
> **第10条** ① 裁判所は,審判の期間その他の事情を考慮して必要があると認めるときは,補充裁判員を置くことができる。ただし,補充裁判員の員数は,合議体を構成する裁判員の員数を超えることはできない。
> ② 補充裁判員は,裁判員の関与する判断をするための審理に立ち会い,第2条第1項の合議体を構成する裁判員の員数に不足が生じた場合に,あらかじめ定める順序に従い,これに代わって,裁判員に選任される。
> ③ 補充裁判員は,訴訟に関する書類及び証拠物を閲覧することができる。
> ④ 前条の規定は,補充裁判員について準用する。

[解説]

(1) **趣旨等** 法10条は,必要に応じて補充裁判員を置くことができることを定めている。審理が長期にわたると,病気等によって出頭できなくなる裁判

---

11) 制度施行から平成26年末までは,1件も実例がない(裁判所ウェブサイト掲載の裁判員裁判実施状況に関する年別資料の各図表30・31(平成21年については,図表29・30)参照)。

員が生ずる可能性が高くなるため，補充裁判員を審理に立ち会わせておき，関与できなくなった裁判員に代わって構成員となることにしておけば，公判手続の更新の必要がなく，多くの面で訴訟経済に資することになるからである。

(2) **要件等** 補充裁判員は，受訴裁判所（裁判官のみの合議体）が，審判の期間，審理の途中で関与できなくなる裁判員の生じる可能性[1]，公判手続の更新で対処することの相当性など，当該対象事件の具体的事情を考慮して必要と認めたときに，置くことができる。置く場合の員数も，裁判所が判断することになるが，合議体を構成する裁判員の員数（原則的合議体で6人）を超えることはできない（法10①）。例外的合議体の場合，法的には補充裁判員を4人まで置くことが可能であるが，例外的合議体が取り扱うべき事件は短期間に審判されることが想定されているので（法2③参照），補充裁判員を置く必要があるような場合は想定し難い[2]。

(3) **手続** 補充裁判員については，公判前整理手続を経ることによって置く必要があるか否かが判断できるようになるので，第1回公判期日が定まって裁判員候補者を選定する前に，置く決定がされ（法26①），裁判員と同様の手続を経て選任されることになる（法37②）。裁判員の員数が不足し，補充裁判員もいない（あるいは補充裁判員全員がすでに裁判員に選任されていた）場合には，裁判員を追加して選任することになるが，その際に補充裁判員を新たに置くか追加する必要があれば，同様の手続を経て選任されることになる（法47）。審理の途中で補充裁判員のみを新たに置くか追加することも可能であるが，選任手続を行うためには審理を中断する必要があるから，実際上は，裁判員を追加選任する必要が生じた場合に，それと併せて補充裁判員も新たにまたは追加して選任することになろう。

補充裁判員は，裁判員の員数に不足が生じた場合に，あらかじめ定められた順序（法37②参照）に従って，不足した裁判員に代わって裁判員に選任され（法10②・46①），合議体の一員となる。

---

1) たとえば，審理期間に当該地域でインフルエンザが流行しており，出頭できなくなる裁判員の生じるおそれがあるような場合である。
2) 補充裁判員を置く必要があるような事案については，そもそも例外的合議体によるのが相当か問題となろう（前記Ⅲ注(10)参照）。

補充裁判員は，裁判員と同様の事由によって解任される場合があるほか（法41・43・44参照），裁判所が引き続き職務を行わせる必要がないと認めたときにも，解任される（法45）。補充裁判員の任務も，裁判員の任務と同様，終局裁判の告知まで続くが（法48参照），審理が進み，残りの審理予定期間等に照らして補充裁判員の全部または一部を解任してもよい場合もあるので，解任によって補充裁判員の負担から早期に解放する方途が設けられている。

(4) **権限等**　補充裁判員は，裁判員の関与する判断（法6①）をするための審理に立ち会い（法10②），訴訟の書類や証拠物を閲覧することができる（同③）。将来裁判員となるべき地位にあるから，自ら審理を通じて心証を形成する機会が与えられている。もっとも，証人等に直接尋問することまでは認められていないから（裁判員の尋問権等を明示している法56～59参照），その必要があるときは，構成裁判官を介して質問してもらうことになる。[3] なお，補充裁判員は，構成員ではないから，評決権はもちろん有しないが，評議を傍聴することができ（法69①），裁判体が求めた場合には意見を述べることもできる（同②）。また，補充裁判員は，裁判員と同様の義務を負う（法10④）。

［経緯］

補充裁判員を置くことにつき，検討会では，たたき台として，「審理に要する期間を考慮して必要と認めるときは，補充裁判員をおくことができるものとする。」との案が示されたが，特に異論はなかった（13回議事録参照）。裁判員の員数については，当初の員数が欠けても一定員数までであれば適法な合議体を維持できるとする制度も考えられ，その場合には補充裁判員の必要性が弱くなるが，本法のように一定員数の裁判員の関与が最後まで必要とされる制度においては，補充裁判員制度を設ける必要性は高い。

補充裁判員の権限について，たたき台は，「補充裁判員は，審理に立ち会い，審理中に合議体の裁判員が欠けた場合に，これに代わって，その合議体に加わるものとする。補充裁判員は，合議体に加わる前であっても，訴訟に関する書類及び証拠物を閲覧することができるものとする。補充裁判員は，合議体に加

---

[3] 実務では，当事者の尋問が終わった後に，補充尋問の準備のために短時間休廷し，その際に補充裁判員から質問したい事項を聴取し，再開後，陪席裁判官または裁判長から質問をするという取扱いが多く行われている。

わる前であっても、評議に出席することができるものとする。ただし、この場合において、補充裁判員は、意見を述べることはできないものとする。」としていた。評議において意見を述べる権利が認められないのは当然としても、補充裁判員の考えも確認しながら審理を進める必要があるため、裁判長の求めがあれば意見を述べられることにしておくのが望ましいとの指摘があった（14回議事録参照）ことを除けば、ほぼ異論はなかった。本法は、その指摘も取り入れたものとなっている。

[実情]

　補充裁判員の選任数については、制度施行以来平成27年末までの期間の平均で、1件当たり1.96人となっている。

　これを実審理予定日数との関係で見ても、2人の例が、2日以内の場合51.7％、3日82.4％、4日88.2％、5日以上76.4％と、いずれの日数区分でも一番多く、すべての区分を通して見ると約81％を占めている。ちなみに、2日以内の場合には、1人の例も44.8％ある反面、3人の例は少なく、4人以上の例はない。3日の場合になると、1人の例が13.9％となり、4人以上の例もわずかに存する。4日の場合は、1人の例と3人の例がいずれも5％強となる。5日以上の場合では、1人の例は極めて少なく、3人の例が18.0％となり、6人以上の例も存する。以上のように、2人の占める割合が圧倒的とはいえ、職務従事予定期間が長くなるにつれてより多くの補充裁判員を置く事例が増えるという、ごく自然な傾向が見て取れる。

　他方、欠員が生じると審理が中断してしまうため、補充裁判員を置かないという選択をすることは実務上困難なようで、制度施行以来平成26年末までの間、補充裁判員を置かなかった例は、1件もない。

4）　裁判所ウェブサイト掲載の制度施行以来の速報値に基づく。なお、制度施行当初、2人または3人を置く運用がなされていたこと等につき、合田悦三「裁判員選任手続を巡って」原田國男判事退官記念論文集『新しい時代の刑事裁判』（判例タイムズ・2010）172頁参照。

5）　実審理予定日数別の検討は、裁判所ウェブサイト掲載の平成21年から26年の各年別実施状況に関する資料の各図表21関係に基づく。

6）　置くことのできる補充裁判員の数は、原則的合議体では最大6人であるが、欠員を生じて追加選任する場合（法47）を想定して、「6人以上」という統計上の区分をしているものと思われる。

7）　この部分も、前記注(5)と同一の資料に基づく。

V 裁判官と裁判員の権限

（裁判官及び裁判員の権限）
第6条 ① 第2条第1項の合議体で事件を取り扱う場合において，刑事訴訟法第333条の規定による刑の言渡しの判決，同法第334条の規定による刑の免除の判決若しくは同法第336条の規定による無罪の判決又は少年法（昭和23年法律第168号）第55条の規定による家庭裁判所への移送の決定に係る裁判所の判断（次項第1号及び第2号に掲げるものを除く。）のうち次に掲げるもの（以下「裁判員の関与する判断」という。）は，第2条第1項の合議体の構成員である裁判官（以下「構成裁判官」という。）及び裁判員の合議による。
 (1) 事実の認定
 (2) 法令の適用
 (3) 刑の量定
② 前項に規定する場合において，次に掲げる裁判所の判断は，構成裁判官の合議による。
 (1) 法令の解釈に係る判断
 (2) 訴訟手続に関する判断（少年法第55条の決定を除く。）
 (3) その他裁判員の関与する判断以外の判断
③ 裁判員の関与する判断をするための審理は構成裁判官及び裁判員で行い，それ以外の審理は構成裁判官のみで行う。

（裁判官及び裁判員の権限）
第7条 第2条第3項の決定があった場合においては，構成裁判官の合議によるべき判断は，構成裁判官が行う。

（裁判員の職権行使の独立）
第8条 裁判員は，独立してその職権を行う。

（開廷の要件）
第54条 ① 裁判員の関与する判断をするための審理をすべき公判期日におい

ては，公判廷は，裁判官，裁判員及び裁判所書記官が列席し，かつ，検察官が出席して開く。
② 前項の場合を除き，公判廷は，裁判官及び裁判所書記官が列席し，かつ，検察官が出席して開く。

（証人等に対する尋問）
第56条 裁判所が証人その他の者を尋問する場合には，裁判員は，裁判長に告げて，裁判員の関与する判断に必要な事項について尋問することができる。

（裁判所外での証人尋問等）
第57条 ① 裁判員の関与する判断に必要な事項について裁判所外で証人その他の者を尋問すべき場合において，構成裁判官にこれをさせるときは，裁判員及び補充裁判員はこれに立ち会うことができる。この尋問に立ち会った裁判員は，構成裁判官に告げて，証人その他の者を尋問することができる。
② 裁判員の関与する判断に必要な事項について公判廷外において検証をすべき場合において，構成裁判官にこれをさせるときも，前項前段と同様とする。

（被害者等に対する質問）
第58条 刑事訴訟法第292条の2第1項の規定により被害者等（被害者又は被害者が死亡した場合若しくはその心身に重大な故障がある場合におけるその配偶者，直系の親族若しくは兄弟姉妹をいう。）又は当該被害者の法定代理人が意見を陳述したときは，裁判員は，その陳述の後に，その趣旨を明確にするため，これらの者に質問することができる。

（被告人に対する質問）
第59条 刑事訴訟法第311条の規定により被告人が任意に供述をする場合には，裁判員は，裁判長に告げて，いつでも，裁判員の関与する判断に必要な事項について被告人の供述を求めることができる。

（裁判員等の審理立会い）
第60条 裁判所は，裁判員の関与する判断をするための審理以外の審理についても，裁判員及び補充裁判員の立会いを許すことができる。

[解説]

(1) **趣旨等**　法6条は，裁判官と裁判員のそれぞれの権限について定め，法7条は，例外的合議体の場合について規定している。

まず，裁判員は，事実の認定，法令の適用（いわゆる「法のあてはめ」），刑の量定に関与し（法6①・66①），関与する判断に必要な事項について，証人に尋問し，被告人に質問するなどの権限を有する（法56～59参照）。評議の際は，裁判官と同じ1票を持つことになる（評決の方法については後記Ⅵ参照）。その余の判断，すなわち，法令の解釈に係る判断，訴訟手続に関する判断などは，構成裁判官のみの合議によって決められる（法6②・68①）。これらの判断は，いずれも専門性・技術性が高く，迅速性が求められることもある上，裁判員制度導入の趣旨である一般国民の健全な社会常識を反映させるにふさわしい場面とはいえないことなどから，裁判員は関与しないこととされている。ただし，これらの事項についても，構成裁判官は，その合議により，裁判員に評議の傍聴を許し，意見を聴くことができる（法68③）。

裁判員の関与する判断をするための審理は，構成裁判官と裁判員で行い（公判期日には，裁判員も公判廷に列席する―法54①），それ以外の審理は構成裁判官のみで行う（法6③）。後者の審理の場合であっても，裁判所は，裁判員および補充裁判員の立会いを許すことができる（法60）。

なお，法8条は，裁判の公正を確保するために，裁判員が独立して職務を行う旨規定している。

(2) **裁判員の関与する判断**　裁判員が関与するのは，有罪判決（刑訴法333条の刑の言渡しの判決と同法334条の刑の免除の判決），無罪判決（同法336），少年法55条による家庭裁判所移送の決定に係る事実認定・量刑等の判断であり，終局裁判であっても，免訴の判決（刑訴法337），管轄違いの判決（同法329），公訴棄却の判決・決定（同法338・339）には関与しない。少年法55条による移送の決定は，実務上は有罪認定を行った上，広い意味での量刑判断として少年法による保護処分に付するのが相当であると判断する場合であるので，有罪判決と同様，裁判員が関与することとされている。なお，区分審理を経て言い渡される部分判

---

1) 田宮裕=廣瀬健二編『注釈少年法〔第3版〕』（有斐閣・2009）473頁参照。

決（法78・79，第5章Ⅰ参照）の場合も，同様である。

　(a)　事実の認定　　法6条1項1号の「事実の認定」は，証拠裁判主義を定める刑訴法317条の「事実の認定」と同様，刑罰権の存否および範囲を定める事実の認定をいう。したがって，直接的には，訴因として示された犯罪構成要件に該当する具体的事実（犯罪事実）の認定を意味するが，それを立証するために必要となる間接事実の認定とそのための審理にも，裁判員は関与することになる。これに対し，訴訟手続上の判断の前提となる事実は，違法収集証拠や自白の任意性の判断のように事案によっては有罪無罪の結論に直接影響し得るようなものであっても（後記経緯参照），裁判員は関与しない。

　(b)　法令の適用　　1項2号の「法令の適用」は，いわゆる「法令のあてはめ」であり，裁判官が示した法律の解釈を前提として，認定した事実がそれに該当するか否かを判断することを意味する。たとえば，裁判官がある犯罪の成立要件として「暴行」の存在が必要であると説明した場合に，裁判官と裁判員が認定できるとした生の事実（たとえば，平手で被害者の顔をたたいたこと）によって「暴行」があったと認められるか否かの判断である。この判断もできるとしなければ，犯罪事実の認定ができることにはならないと考えられるため，明記されたものと思われる（なお，後記課題(1)参照）。

　(c)　刑の量定　　1項3号の「刑の量定」は，有罪である場合に，刑の種類と量（刑期または金額）を決めることである。裁量によって行われる刑の減軽・免除，執行猶予，保護観察，未決勾留日数の算入，罰金の換刑処分，没収・追徴も，含まれるものと解される。これに対し，同じく主文で言い渡され

2）　本条の「法令の適用」は，以下の法条の「法令の適用」とは意味が異なる。有罪判決に示すべき「法令の適用」（刑訴法335①）は，罪となるべき事実がどのような刑罰法令に該当するかなどを示すことを意味し，相対的控訴理由である「法令の適用」の誤り（刑訴法380）は，認定された事実に対して正当な法令が適用されていないことを意味している。

3）　没収・追徴は，それが裁量的なものであれば，刑訴法381条と同様に，「刑の量定」に含まれると解するのが相当であろう。しかし，没収・追徴は有罪を前提とした付加刑であり，それを命ずるか否かを決定するためには，犯罪事実の認定だけでは足りず，没収であれば，刑法19条1項各号の要件に該当するか否か，同条2項本文またはただし書の要件を充たすか否か，追徴であれば，それに加えて刑法19条の2の要件を充たすか否か，価額はどのように算定するかといった法技術的な問題を検討しなければならず，事案によってはその判断のためにかなりの証拠調べを必要とする（たとえば，裁判員制度対象事件であるいわゆる麻薬特例法5条の罪等に

るものではあるが，被害者還付，仮納付，訴訟費用の負担は，犯罪事実の認定やその量的評価には含まれない訴訟手続に関する判断であるから，それらが裁量によって決められる場合であっても，これに含まれないものと解すべきであろう。

(3) **裁判員の関与しない判断**　法6条2項は，裁判員が関与せず，構成裁判官のみで判断する事項を掲げている。法令の解釈に係る判断（1号），少年法55条による移送の決定を除く訴訟手続に関する判断（2号），その他裁判員の関与する判断以外の判断（3号）である。1号の「法令の解釈」は，憲法を含む各種法令の解釈である。また，2号の「訴訟手続に関する判断」は，判決手続を含む一連の審判手続に関する判断であり（少年法55条の移送決定を除く移送決定のほか，訴因変更の許否，証拠の採否，弁論の併合・分離，勾留・保釈，裁判員の選任・解任等），3号のその他の判断は，裁判員の関与する判断（上記(2)）と法6条2項1号・2号を除いた，裁判所として判断すべきその余のすべての判断である（たとえば，免訴・公訴棄却等の終局裁判や，証人の証言拒否に対する制裁の裁判，法2条7項・4条1項・5条ただし書の決定等）。2号と3号の厳密な区別は困難であるが，3号が包括的な規定となっているため，両者を厳密に区別する実益は乏しい。

(4) **例外的合議体**　例外的合議体（法2②但書）は1人の裁判官と4人の裁判員で構成されるから，裁判員の関与しない判断は，1人の裁判官が行うことになる（法7）。

(5) **裁判員の職務の独立**　裁判員は，独立してその職務を行う（法8）。裁判官は，憲法76条3項により，独立してその職権を行うことが保障されているが，判断権者として裁判に関与する裁判員についても，同様の保障をすることによって，裁判の公正を確保しようというものである（なお，裁判官弾劾法19，検察審査会法3参照）。

(6) **開廷の要件など**　裁判員の関与する判断をするための審理を行う公判期日には，裁判員も公判廷に列席する（法54①）。裁判員も裁判官と同じ判断者

おいては，犯罪の成否よりも没収・追徴の範囲が争点となるような事案も決して稀ではない）。ところが，裁判員の関与が本来的に期待されているのは，犯罪事実についての有罪・無罪の判断とその量刑であるから，没収・追徴はそれに含まれないとしてもよかったのではないかとも思われる。

となるのであるから，当然である。裁判員が法廷のどこに座るかは，裁判官の場合と同様，法律の定めるところではないが，実情としては，法壇上で裁判官の両脇に並んで着席している。

他方，裁判員の関与しない判断をするための審理の場合は，その公判期日に裁判員が列席する必要はないが（同②），裁判所は裁判員を立ち会わせることもできる（法60）。裁判員の関与する判断をするための審理とそれ以外の審理は，截然と分けられない場合もあるし，分けられたとしても，その都度裁判員に退席を求めなければならないとなると，煩雑である上，裁判員に対して疎外感等を与えるおそれなどもあるので，裁判員の立会いを許すことができるとされている。裁判員にも審理の流れなどを理解してもらう方が望ましい場合はもちろん，裁判員の負担にならない場合などに，立ち会わせることになると思われる（なお，第4章Ⅰ2実情(6)参照）。

(7) **裁判員の質問権等**　裁判員は，自ら関与する判断に必要な事項について，陪席裁判官と同様，証人等に対する質問権などが認められている。すなわち，証人やその他の者（鑑定人，通訳人，翻訳人）の尋問に際しては，裁判長に告げて，必要な尋問を行うことができる（法56。陪席裁判官につき刑訴規200参照）。裁判所外で証人等を尋問する場合や検証する場合も，立会権・尋問権が認められる（法57①②）。被害者等の意見陳述に際しても，その趣旨を明確にするための質問をすることができる（法58。裁判官につき刑訴法292の2③参照）。さらに，被告人質問においても，裁判長に告げて，必要な質問をすることができる（法59。陪席裁判官につき刑訴法311③参照）。これに対し，補充裁判員に質問権は認められていない（なお，前記Ⅳ解説(4)参照）。

[経緯]

審議会意見書は，「裁判官と裁判員は，共に評議し，有罪・無罪の決定及び刑の量定を行うこととすべきである（ただし，法律問題，訴訟手続上の問題等専門性・技術性が高いと思われる事項に裁判員が関与するか否かについては，更なる検討が必要である。）。」としていた（Ⅳ第1の1(1)ア）。検討会では，たたき台として，「裁判員は，有罪・無罪の決定及び刑の量定に関し，審理及び裁判をするものとする。裁判員は，その審理において，裁判長に告げて，証人を尋問し，被告人の供述を求めることができるものとする。裁判官は，適当と認めるとき

には，裁判員を，専ら訴訟手続に関する判断又は法令の解釈に関する審理に立ち会わせて，その意見を聴くことができるものとする。」との案が示された。基本的方向に異論はなかったが，一部に，訴訟手続に関する判断のうち，違法収集証拠や自白の任意性に関する判断について，裁判員の関与を認めるべきであるという意見があった。しかし，これに対しては，訴訟手続に関する判断は専門性・技術性が高く，迅速性が求められることも少なくないところ，違法収集証拠や任意性は裁判員制度の対象事件とならない事件でも同様の判断が求められる事項であり，法的整合性が必要であるから，それらのみを別異に扱う合理的理由はないなどとして反対する意見が大勢を占めた（4回・14回・24回議事録参照）。また，訴訟手続に関する判断のための審理と実体判断のための審理が密接に関連する場合も少なくないし（たとえば，被告人の自白の任意性という訴訟手続に関する判断のための審理は，自白の信用性という事件の実体判断のための審理と共通する場合が多く，判断内容も密接に関連することが多い），公判廷においてそれらの点を判断するときのように，殊更に裁判員を排除して裁判官のみが合議するというのも不自然であって，制度導入の趣旨からも望ましくないことなどから，その審理や評議に裁判員も同席させ，裁判官が必要と考えたときに意見を聴くことができるとするたたき台が相当であることに異論はなかった（法68③参照）。

　なお，裁判員の職務の独立性については，たたき台でも同様の案が示されたが，異論はなかった（14回議事録参照）。また，裁判員の質問権についても，たたき台で同様の案が示され，異論はなかった（24回議事録参照）。

［課題］

　(1)　**法令の適用と法令の解釈との関係**　　裁判員の関与する犯罪事実の認定において，認定した具体的事実 a が構成要件的事実である A に該当すると判断するのは，法令の適用に当たる。A 事実が社会通念上も明確なものであったり，a 事実の該当性が明確なものであったりすれば，問題は生じないであろうが，そこに評価的要素が加わる場合には，さらに法令の解釈が必要となることが考えられ，法令の適用は示された解釈に従って行われなければならない。たとえば，裁判官が，強盗致傷罪が成立するには手段となった「暴行」が「被害者の反抗を抑圧するに足りる」ことが必要であり，それに至らない程度であれば強盗罪の「暴行」に当たらないという法令の解釈を示したところ，当該事件で用

いられたbという具体的行為が強盗罪の「暴行」に該当すると判断するのは法令の適用に当たる。裁判官もそれが法令の解釈に適合するものと考えた場合には，それ以上の解釈を示すことはないであろう。逆に，裁判官がb暴行のような態様で「反抗を抑圧するに足りる」という要件を満たすか疑わしいと考えた場合には，さらに「反抗を抑圧するに足りる」とは一般人であれば財物を奪われないように抵抗することを断念する程度のものをいい，被害者を畏怖させるにとどまるような態様の暴行では足りないものと解される旨の解釈を具体例を交えながら示すことになろう。法令の適用は示された解釈に従って行われなければならないから，その解釈に従って，b暴行が強盗罪の「暴行」に当たるか否かが検討されることになる。このように，法令の適用と解釈が絡み合っている場合もあり得るが，そのような場合には，裁判官が問題をより細分化して系統だった解釈を示し，裁判員とともに必要な事実を認定し，解釈に従って法令を適用することによって解決することになる。[4]

(2) 量刑への影響　裁判員を量刑に関与させることは，審議会意見書で提言され，そのまま本法の内容となっている。参審制度においては量刑に関与することは珍しくないが，陪審制度では量刑は基本的に裁判官が判断すべきものとされているから，本制度は，裁判員の選出方法では陪審制度に近いものとしながら，[5]量刑についても一般国民の健全な社会常識を反映させようとした点で特徴的である。量刑は，幅広い犯罪類型を通じてバランスの良いものとする必要があり（そのためにはそれぞれの犯罪について法律が定める刑の重さを基準とする必要がある），特定の罪においても，法定刑に幅があって裁判所の裁量の余地が広い我が国においては，その中でのバランスも考える必要がある。公平性を保つこ

---

4) このように裁判官は裁判員にも理解できるように法令の解釈を示す必要があり，裁判員が納得してそれに従った法令のあてはめを行うことが望ましいから，従来あまりにも技巧的にすぎたような法令の解釈は，裁判員にも理解しやすい内容のものに変わってくる可能性がある。この変化も，裁判員制度の導入による好ましい効果と考えることができる。なお，裁判員制度の導入による刑法の解釈・運用の変化の可能性につき，シンポジウム「裁判員制度の導入と刑事司法」ジュリ1279号105頁の佐伯仁志説明，木村光江「裁判員制度と刑事理論」刑法雑誌44巻2号119頁参照。

5) 裁判員は，有権者から無作為抽出され，1件に限って関与するという点において，参審制より陪審制に近いといえる（なお，裁判員制度が陪審制と根本的に異なることにつき，第1章Ⅱ注(1)参照）。

とは,刑罰の有する一般予防の効果の観点からも,また刑を受ける者に対して感銘力と説得力を持たせるという特別予防の効果の観点からも,望ましいといえる。このようなことから,従来の実務では,特定の罪種の特定の類型の事案では懲役○年から○年程度が相当であるなどという共通の認識が形成され,いわゆる量刑相場があるともいわれてきた。具体的事案において量刑するにしても,裁量の余地はあるものの,事案に応じた合理的な幅という制約があり,それを逸脱すれば上訴審によって修正されるものと考えられてきた。そのような中で,一般国民の健全な社会常識を反映させるために裁判員の量刑への関与も認める制度を導入する以上,変化が生じることは当然であるし,変わるべきでもあろう。とはいえ,量刑が当該事件の犯情等に基づく判断であるとしても,どのような事情が犯情として重視され,他の場合より重く評価されるかなどの従前の判断基準にも合理性がある上,他の事案とのバランスも考慮せざるを得ない以上,それらの点を裁判官は裁判員に分かりやすく説明して理解を得るようにすべきである[7]。

　本書第2版では,そのための方策として,裁判員対象事件の罪種に応じて,さらには犯罪類型に応じて,従来の量刑の実情を容易に理解できるような資料(量刑検索システムに基づく同種事案の量刑の分布状況を一覧できるグラフ)を準備しておき,それを利用して裁判員に説明し,当該事案でそれに沿った量刑が相当か,それにとらわれない量刑が相当かなどを評議すべきであろうと述べた[8]。量刑評議の在り方については,制度施行後も検討が進められている(後記実情(2)参照)。

[実情]
(1)　**量刑の動向**　　制度施行から約3年間の裁判員裁判の量刑動向を施行前

---

6)　前田雅英ほか「量刑に関する国民と裁判官の意識についての研究—殺人罪の事案を素材にして」司法研究報告書57輯1号171頁は,「裁判員制度導入後に形成される『量刑相場』は,これまでよりも一段と幅の広いものになり,基準というよりは,むしろ,より緩やかな『これまでの量刑の傾向』として機能することになるものと予想される」としている。
7)　制度導入前の段階で,国民と裁判官を対象としたアンケート結果に基づき,量刑評議についての留意点を指摘したものとして,前田ほか・前掲168頁以下がある。
8)　裁判員制度における量刑の在り方についての制度導入前の議論については,松本時夫「裁判員制度と事実認定・量刑判断のあり方について」曹時55巻4号20頁,原田國男「裁判員制度における量刑判断」現代刑事法61号48頁,前掲シンポジウム・ジュリ1279号106頁の佐伯仁志説明等参照。

のもの（裁判官裁判）と比較してみると，殺人未遂，傷害致死，強姦致傷，強制わいせつ致傷，強盗致傷の各罪では，実刑のうち最も人数の多い刑期が重い方向へシフトしているが，殺人既遂，現住建造物等放火，覚せい剤取締法違反では，そのような傾向は見られなかった。他方，執行猶予に付される率は，殺人既遂，殺人未遂，強盗致傷，現住建造物等放火の各罪において上昇している。このように，性犯罪を含む一部の犯罪類型において刑が重い方向に動く傾向が認められるのとともに，他方で，特定の犯罪類型において執行猶予に付される率が上昇し，軽い方向に動く例も少なくないことからすれば，刑の幅が広がる傾向があるということもできる。

　なお，執行猶予付き有罪判決を受けた者のうち保護観察に付されたものの割合は，35.8％から55.7％と大幅増となっている。また，求刑を上回る判決の割合が0.1％から0.9％に増加した。[9]

(2)　**量刑評議の在り方**　　制度施行後，第1審の実務においては，まず，量刑評議の在り方を巡って，主として裁判官の間で検討が進められた。中心的なポイントとなったのは，刑を決める際の考え方についての説明内容と，量刑検索システムに基づく量刑分布グラフの利用方法である。前者の点については，それまで裁判官の間では「当然の前提」として具体的な言葉で表現する機会がほとんどなかった部分，すなわち，刑法が保護法益や行為態様（故意・過失といった主観面をも含む意味）の違いにより法定刑の異なる犯罪の種類を定めている理由に遡った「刑罰の目的」と，そこから導かれる「刑の決め方」をどのように裁判員に理解してもらうかということであり，今日では，「行為責任の考え方に基づく量刑こそが刑法の求める刑の決め方である」[10][11]ことを理解してもらわ

---

9)　いずれも，検証報告書23頁，図表52, 53, 55に記載されている8罪名に関する動向である。
10)　この考え方の詳細は，井田良ほか「裁判員裁判における量刑評議の在り方について」司法研究報告書63輯3号参照。
11)　この点につき，座談会「量刑評議を適正かつ充実したものにするために」季刊刑事弁護80号17頁における合田悦三発言では，「量刑の本質は，被告人の犯罪行為にふさわしい刑事責任を明らかにすることであるから，刑の量を決める基本は，犯罪行為そのものの重さでなければならず，第一次的に考慮されるのは犯情，すなわち犯罪行為そのものに関わる事情である。もちろん，刑罰の目的には，同種犯罪の防止という一般予防や，当該被告人の更生という特別予防もあるので，被告人の犯罪行為にふさわしい刑罰の最終的な量は，これらの点も踏まえて判断されるが，これらは犯情によって決められる責任の枠を基本に刑量を調整する要素として位置

なければ十分な説明をしたことにならないというのが，裁判官の共通認識になっており，検察官と弁護人の理解も得られてきている。また，後者の点については，その事案の特質に即し，他の事案とのバランスが保たれた量刑をするためには，様々な類型の相互比較をする中で妥当な結論を探っていく作業が不可欠であること，特に有期刑の量刑においては，最終的には数値を決めなければならないので，評議の過程においても常にそのことを意識していないと集約的な意見交換ができないこと，同種先例における量刑の傾向を知らずに出した結論は，公平な裁判の見地をも念頭に置いた検討を経たものとはいえないこと，量刑検索システムは，蓄積によって，今日では裁判員裁判のデータベースといってよい状況になっていること等の理由から，量刑評議の早い段階から量刑分布グラフを参照しつつ意見交換が進められるようになっている[13]（第4章Ⅲ3実情参照）[14]。そして，このような認識・考え方を基に，当事者の主張・立証がそれ

付けられ，第二次的に考慮されるべきことになる。ただ，調整要素であるからといって最終的な結論に与えるインパクトが常に小さいわけではなく，場合によっては大きく作用することもある」旨指摘した。
12) この点の説明は，「法令（刑法）の解釈」として，構成裁判官が示すべきものと理解される。
13) 量刑評議において具体的な刑が決められる手順について，前掲座談会における合田悦三発言では，要旨，以下のように紹介した。「日本の刑法は法定刑の幅が広く，法定刑自体が犯罪行為の重さを量るスケールにはなりにくいという特徴がある。その中で一定の刑量としての数値化を図らなければならないため，まず動機や行為態様，結果等の主要な犯情事実に着目して，当該事件をある程度類型化して捉える。これを『社会的類型』と呼んでいるが，それがその罪名の犯罪全体あるいは法定刑の中でどの程度の重さのものとして位置付けられるのかを，他の類型と比較しながら議論して，大まかなイメージを持ち，その類型についての量刑傾向も押さえる。それを一つの目安としつつ，その類型の中での当該個別事案における量刑判断のポイント・分岐点となる事情，他の事件と比較したときの特徴・個性を議論して，最終的な数値の判断につなげていく。つまり，『社会的実体』と呼ばれる『違法性・有責性の観点から犯罪行為を特徴づける要素を盛り込んだ犯罪の全体像』を把握した上で，まずその類型が全体のどこに位置付けられるのか，次にその類型内において個別事案がどこに位置付けられるのかの順番で，量刑判断のポイントあるいは分岐点を議論し，裁判員と共通の理解を形成しながら集約的に意見交換していくという形になる」（季刊刑事弁護80号17頁）。事案や裁判官それぞれの考えに応じた工夫等はあるが，基本的にこのような考え方に立って進めるというのも，裁判官の共通認識となっている。なお，名古屋地方裁判所刑事プラクティス検討委員会「量刑評議の標準的進行イメージ」判タ1423号5頁参照。
14) 評議の段階に応じて，検索条件を絞り込んで分布の変化を見たり，他の類型のグラフと分布の違いを対比したりするので，評議全体を通じると，裁判員は何種類かのグラフを参照するのが普通である。

に沿ったものになる必要があることから，裁判所における量刑評議がどのように行われており，それを前提にすると公判における量刑に関連する主張・立証はどのようなものであるべきかについての，具体的設例による法曹三者間の意見交換や検討が行われるようになり，大きな変化が生まれている。

(3) **量刑判断に関する最高裁判例**　裁判員裁判の量刑判断については，いくつかの最高裁判例の中で，方向性が示された点がある。

1点目は，両親が実子を虐待した傷害致死事案で，検察官が各懲役10年を求刑したところ，裁判員裁判の判決が各懲役15年の刑を言い渡し，控訴審もこれを維持した事案についての最一小判平26・7・24（刑集68巻6号925頁）である。この判例は，我が国の刑法が幅広い法定刑を定め，個々の裁判において行為責任の原則を基礎に当該犯罪行為にふさわしい刑が言い渡されるため，裁判例の集積により犯罪類型ごとに一定の量刑傾向が示されること，先例の集積自体は法規範性を帯びるものではないが，量刑を決定する際の目安になること，量刑判断が是認されるには，量刑要素が客観的に適切に評価され，結果が公平性を損なわないことが求められるところ，これまでの量刑傾向を視野に入れて判断がされることは，当該量刑判断のプロセスが適切なものであったことを担保する重要な要素になると考えられることなどを指摘した上，「この点は，裁判員裁判においても等しく妥当するところである。裁判員制度は，刑事裁判に国民の視点を入れるために導入された。したがって，量刑に関しても，裁判員裁判導入前の先例の集積結果に相応の変容を与えることがあり得ることは当然に想定されていたということができる。その意味では，裁判員裁判において，それ

---

15) そうでなければ，評議における判断材料が不十分になりかねないし，当事者側からすれば，評議において取り上げられない無駄な主張・立証をすることになってしまう。

16) 「行為責任の考え方に基づく量刑」を行う評議が実際にどのように行われているのか当事者に知ってもらうと同時に，そのような評議の存在を前提としたときの公判における主張・立証の工夫例を示す目的で，模擬公判・模擬評議を行って効果を挙げているところもある（東京の3弁護士会が企画し，法曹三者で実施した例が紹介されているものとして，東京弁護士会報 LIBRA 2014年2月号36頁，第一東京弁護士会報 ICHIBEN Bulletin 2014年11月号46頁，第二東京弁護士会報 NIBEN Frontier 2015年12月号44頁）。

17) 犯情と一般情状を区別し，それぞれの場面で，どこにどのような力点を置くかを意識した上で行われる主張・立証が増えてきているし，量刑検索システムに基づく量刑分布グラフを示した弁論も珍しくなくなっている（量刑検索システムのデータは，検察官と弁護人も，裁判所の端末を利用して検索できる）。

が導入される前の量刑傾向を厳密に調査・分析することは求められていないし，ましてや，これに従うことまで求められているわけではない。しかし，裁判員裁判といえども，他の裁判の結果との公平性が保持された適正なものでなければならないことはいうまでもなく，評議に当たっては，これまでのおおまかな量刑の傾向を裁判体の共通認識とした上で，これを出発点として当該事案にふさわしい評議を深めていくことが求められているというべきである。」とした。[18]
そして，当該事案の量刑については，第1審判決はこれまでの傾向から踏み出した重い量刑が相当であると判断しているところ，「これまでの傾向を変容させる意図を持って量刑を行うことも，裁判員裁判の役割として直ちに否定されるものではない。しかし，そうした量刑判断が公平性の観点からも是認できるものであるためには，従来の量刑の傾向を前提とすべきではない事情の存在について，裁判体の判断が具体的，説得的に判示されるべきである。」と指摘し，本件においてこれまでの量刑の傾向から踏み出し，公益の代表者である検察官の懲役10年の求刑を大幅に超える懲役15年という量刑をすることについて具体

[18) この判決には，白木裁判官の次のような補足意見が付されている。「量刑は裁判体の健全な裁量によって決せられるものであるが，裁判体の直感によって決めればよいのではなく，客観的な合理性を有するものでなければならない。このことは，裁判員裁判であろうとなかろうと変わるところはない。裁判員裁判を担当する裁判官としては，量刑に関する判例や文献等を参考にしながら，量刑評議の在り方について日頃から研究し，考えを深めておく必要があろう。評議に臨んでは，個別の事案に即して判断に必要な事項を裁判員にていねいに説明し，その理解を得て量刑評議を進めていく必要がある。量刑の先例やその集積である量刑の傾向は，それ自体としては拘束力を持つものではないし，社会情勢や国民意識の変化などに伴って徐々に変わり得るものである。しかし，処罰の公平性は裁判員裁判を含む刑事裁判全般における基本的な要請であり，同種事犯の量刑の傾向を考慮に入れて量刑を判断することの重要性は，裁判員裁判においても何ら異なるものではない。そうでなければ，量刑評議は合理的な指針もないまま直感による意見の交換となってしまうであろう。こうして，量刑判断の客観的な合理性を確保するため，裁判官としては，評議において，当該事案の法定刑をベースにした上，参考となるおおまかな量刑の傾向を紹介し，裁判体全員の共通の認識とした上で評議を進めるべきであり，併せて，裁判員に対し，同種事案においてどのような要素を考慮して量刑判断が行われてきたか，あるいは，そうした量刑の傾向がなぜ，どのような意味で出発点となるべきなのかといった事情を適切に説明する必要がある。このようにして，量刑の傾向の意義や内容を十分理解してもらって初めて裁判員と裁判官との実質的な意見交換を実現することが可能になると考えられる。そうした過程を経て，裁判体が量刑の傾向と異なった判断をし，そうした裁判例が蓄積されて量刑の傾向が変わっていくのであれば，それこそ国民の感覚を反映した量刑判断であり，裁判員裁判の健全な運用というべきであろう。」

的,説得的な根拠が示されているとはいい難いとして,破棄自判し,実行行為に及んだ被告人について懲役10年,実行行為に及んでいない被告人について懲役8年の各刑を言い渡した。この判決の考え方は,上記のような本書第2版の指摘や実務の動きと同一方向のものであると理解される。事案に即し,公平の要請に反しない結論を得るためには,先例を踏まえる必要があり,先例の幅から踏み出すことはもちろん許容されるが,仮に踏み出す判断をしようとするならば,その判断に具体的で説得的な根拠が存するかどうかの点を量刑評議の中心的議題として十分検討した上で決し[19],それを判決の内容として表明する必要があるということである。

　2点目は,裁判員裁判で死刑が言い渡されたのを控訴審が無期懲役にした2件に関する最二小決平27・2・3(刑集69巻1号1頁,同99頁)である。両決定は,死刑があらゆる刑罰のうちで最も冷厳で誠にやむを得ない場合に行われる究極の刑罰であるから,最高裁が繰り返し判示しているように適用は慎重に行われなければならず,公平性の確保にも十分に意を払わなければならないものであるとした上で,「もとより,量刑に当たり考慮すべき情状やその重みは事案ごとに異なるから,先例との詳細な事例比較を行うことは意味がないし,相当でもない。しかし,前記のとおり,死刑が究極の刑罰であり,その適用は慎重に行われなければならないという観点及び公平性の確保の観点からすると,同様の観点で慎重な検討を行った結果である裁判例の集積から死刑の選択上考慮されるべき要素及び各要素に与えられた重みの程度・根拠を検討しておくこと,また,評議に際しては,その検討結果を裁判体の共通認識とし,それを出発点として議論することが不可欠である。このことは,裁判官のみで構成される合議体によって行われる裁判であろうと,裁判員の参加する合議体によって行われる裁判であろうと,変わるものではない。そして,評議の中では,前記のような裁判例の集積から見いだされる考慮要素として,犯行の罪質,動機,計画性,態様殊に殺害の手段方法の執よう性・残虐性,結果の重大性殊に殺害された被害者の数,遺族の被害感情,社会的影響,犯人の年齢,前科,犯行後の情

---

[19] そうなると,評議の中心的議題の選択を誤らないためにも,同種先例の量刑動向を知っておくことは不可欠であり,量刑検索システムに基づく量刑分布グラフの参照が必要になる。

状等が取り上げられることとなろうが，結論を出すに当たっては，各要素に与えられた重みの程度・根拠を踏まえて，総合的な評価を行い，死刑を選択することが真にやむを得ないと認められるかどうかについて，前記の慎重に行われなければならないという観点及び公平性の確保の観点をも踏まえて議論を深める必要がある。その上で，死刑の科刑が是認されるためには，死刑の選択をやむを得ないと認めた裁判体の判断の具体的，説得的な根拠が示される必要があ」ると判示し，各1審の判決は，死刑の選択をやむを得ないと認めた判断の具体的，説得的な判断を示したものとはいえないとして，控訴審の判断を維持し，検察官の各上告を棄却した。これらの決定は，死刑求刑事件であるということから死刑の性質を強調しているが，先例を踏まえて量刑を検討し，先例とは異なる判断をするのであれば，具体的で説得的な根拠が示される必要があるとする点では，上記最一小判平26・7・24と通じるものである。

裁判員裁判における量刑を適切に行うためには，今後も訴訟関係人がそれぞれの立場で努力と工夫を重ねる必要があることはもちろんである。すでに述べたところからすれば，進むべき方向は明らかであり，着実に実績を重ねることが期待される。

Ⅵ 評議および評決

（評議）
第66条 ① 第2条第1項の合議体における裁判員の関与する判断のための評議は，構成裁判官及び裁判員が行う。
② 裁判員は，前項の評議に出席し，意見を述べなければならない。
③ 裁判長は，必要と認めるときは，第1項の評議において，裁判員に対し，構成裁判官の合議による法令の解釈に係る判断及び訴訟手続に関する判断を示さなければならない。
④ 裁判員は，前項の判断が示された場合には，これに従ってその職務を行わなければならない。
⑤ 裁判長は，第1項の評議において，裁判員に対して必要な法令に関する説明を丁寧に行うとともに，評議を裁判員に分かりやすいものとなるように整

理し，裁判員が発言する機会を十分に設けるなど，裁判員がその職責を十分に果たすことができるように配慮しなければならない。

(評決)
第67条 ① 前条第1項の評議における裁判員の関与する判断は，裁判所法第77条の規定にかかわらず，構成裁判官及び裁判員の双方の意見を含む合議体の員数の過半数の意見による。
② 刑の量定について意見が分かれ，その説が各々，構成裁判官及び裁判員の双方の意見を含む合議体の員数の過半数の意見にならないときは，その合議体の判断は，構成裁判官及び裁判員の双方の意見を含む合議体の員数の過半数の意見になるまで，被告人に最も不利な意見の数を順次利益な意見の数に加え，その中で最も利益な意見による。

(構成裁判官による評議)
第68条 ① 構成裁判官の合議によるべき判断のための評議は，構成裁判官のみが行う。
② 前項の評議については，裁判所法第75条第1項及び第2項前段，第76条並びに第77条の規定に従う。
③ 構成裁判官は，その合議により，裁判員に第1項の評議の傍聴を許し，第6条第2項各号に掲げる判断について裁判員の意見を聴くことができる。

(補充裁判員の傍聴等)
第69条 ① 補充裁判員は，構成裁判官及び裁判員が行う評議並びに構成裁判官のみが行う評議であって裁判員の傍聴が許されたものを傍聴することができる。
② 構成裁判官は，その合議により，補充裁判員の意見を聴くことができる。

[解説]
(1) **趣旨等**　法66条ないし69条は，評議と評決の方法等について規定している。裁判員の関与する場面については，まず，評議の際，裁判長が，論点を丁寧に説明し，裁判員の発言する機会を十分に設けるなど，裁判員がその職責を十分に果たすことができるように配慮しなければならないことを定めている。

また，評決に関する特則として，構成裁判官および裁判員の双方の意見を含む合議体の員数の過半数の意見によって決せられるとされている。他方，裁判官のみの合議によるべき判断のための評決は，当然に構成裁判官のみで行うことになるが，裁判員の傍聴を許し，その意見を聴くこともできるとされている。

(2) **裁判員の関与する評議**　裁判員の関与する判断のための評議は，構成裁判官と裁判員が行う（法66①）。評議は，非公開で行われる（裁75①）。裁判員は，それに出席して意見を述べなければならない（法66②。裁判官の意見を述べる義務につき裁76参照）。評議の際に，裁判官のみで判断する法令の解釈や訴訟手続に関する判断が行われることもあり得るが，その判断は裁判官のみが行ってそれを示し（法66③），裁判員はそれに従わなければならない（同④）。評議を開き，整理するのは裁判長であるが（裁75②），裁判長は，裁判員に対して必要な法令に関する説明を丁寧に行い，分かりやすく評議を整理し，裁判員の発言する機会を十分に設けるなど，裁判員が職責を十分に果たすことができるように配慮しなければならない（法66⑤）。裁判員制度の意義を生かすとともに，公正な裁判を確保するためには不可欠な要請であり，規則50条も，「構成裁判官は，評議において，裁判員から審理の内容を踏まえて各自の意見が述べられ，合議体の構成員の間で，充実した意見交換が行われるように配慮しなければならない」旨規定している。

(3) **裁判員の関与する評決**　裁判員の関与する判断のための評決は，構成裁判官および裁判員の双方の意見を含む合議体の員数の過半数の意見による（法67①）。裁判員も裁判官と同じ1票を持ち，基本的には単純多数決（裁77①参照）で決せられるが，構成裁判官または裁判員のみによる多数では被告人に不利益な判断（検察官が立証責任を負う事実の認定）をすることができないこととされている。裁判官と裁判員が協働して裁判の内容を決めるという裁判員制度の趣旨と，法による公平な裁判を受ける権利を保障している憲法の趣旨を考慮したものである。[1] したがって，たとえば，被告人の犯人性が争われた事件で，

---

1) この評決方法に関し合憲性に疑問とするものとして，香城敏麿「裁判員制度の合憲性」現代刑事法61号24頁，西野喜一「日本国憲法と裁判員制度」判時1874号3頁・1875号3頁。ちなみに，最大判平23・11・16刑集65巻8号1285頁（資料4）は，この評決要件を含む裁判員法上の諸制度を摘示した上で，裁判員制度を合憲と判断している。

過半数となる裁判員5ないし6人が犯人性を認める意見であったとしても，裁判官全員が否定的意見であれば，検察官が立証責任を負う犯罪事実を認定できないことになり，無罪が言い渡される。

　量刑について意見が3説以上に分かれ，いずれの説も過半数（裁判官と裁判員の1人以上を含む）にならないときは，被告人に最も不利な意見を順次利益な意見に加えることによって過半数に達する意見とする（法67②）。これは，裁判所法77条2項にならった規定であり，同様に解釈される。

　(4) 裁判官のみによる評議　構成裁判官のみの合議によるべき判断のための評議は，当然，裁判官のみが行う（法68①）。その評議は，裁判所法の規定に従って行われる（同②）。すなわち，評議は裁判長がこれを開いて整理し（裁75②前段），評議においては裁判官は意見を述べなければならず（裁76），過半数の意見で決せられる（裁77①②）ことになる。また，構成裁判官の評議は，公行しない（裁75①）。もっとも，法68条3項により，裁判官は，その合議により，裁判員に評議の傍聴を許し，その意見を聴くことができるとされている（審理の立会いにつき法60参照）。裁判官のみが判断すべき法令の解釈や訴訟手続に関する判断であっても，事柄によっては，有罪・無罪の判断や量刑の判断と関連することなどもあるからである。[2] 補充裁判員も，裁判員が傍聴を許された評議を傍聴することができ，裁判官から求められれば意見を述べることもできる（法69）。補充裁判員は，いつ正規の裁判員に代わることになるか分からないためである（補充裁判員の権限等につき前記Ⅳ解説(4)参照）。

［経緯］

　審議会意見書は，「一つの裁判体を構成する裁判官と裁判員の数及び評決の方法については，裁判員の主体的・実質的関与を確保するという要請，評議の実効性を確保するという要請等を踏まえ，この制度の対象となる事件の重大性の程度や国民にとっての意義・負担等をも考慮の上，適切な在り方を定めるべきである。ただし，少なくとも裁判官又は裁判員のみによる多数で被告人に不利な決定をすることはできないようにすべきである。」とし（Ⅳ第1の1(1)），検

2）　たとえば，訴因変更請求の許否は，訴訟手続に関する判断であるが，変更される訴因が認定できるかという事件の実体判断と密接に関連しているから，裁判員らのその時点での心証の方向性を確認しておく必要がある。なお，前記Ⅴ経緯参照。

討会においても，たたき台として，同意見書に沿った内容の3案，すなわち，本法と同内容であるA案のほか，単純多数決によるが，被告人に不利な裁判は裁判官1名以上と裁判員1名以上が賛成するものでなければならないとするB案，単純多数決によるが，被告人に不利な裁判は裁判官の過半数と裁判員1名以上が賛成するものでなければならないとするC案が示された。これに対し，委員の中には，合議体の3分の2以上の特別多数決とすべきであるという意見もあったが，現行の単純多数決と異なる要件とする合理的根拠はないなどの理由から，A案を支持する意見が大勢を占めた（4回・14回・24回議事録参照）。なお，B案については，最終的な評決であれば，疑わしきは被告人の利益にとの原則が適用される刑事事件ではA案と同じことになり，その途中の論点ごとに行われる評決であれば，被告人に有利か不利かの判断が必ずしも明らかでないことも少なくないなどの問題が指摘された（14回議事録参照）。

また，たたき台は，訴訟手続に関する判断と法令の解釈について，裁判官の過半数の意見によって決せられるという本法と同内容の案を示していたが，その点には異論がなかった。

［課題］

(1) **評議における裁判官の役割**　本制度は「法律専門家である裁判官と非法律家である裁判員とが相互のコミュニケーションを通じてそれぞれの知識・経験を共有し，その成果を裁判内容に反映させる」ものであるから（審議会意見書Ⅳ第1の1(1)ア），裁判官らは，その趣旨が実現できるように努めなければならない。評議の場では，まず，裁判長または主任裁判官が，当該事件における争点と裁判所が判断すべき事項を確認し，これに関する当事者の主張を踏まえながら（もし当事者が論告・弁論の際に主張・立証の要点を示した書面等を提出していれば，それを用いるなどして），争点に関する裁判員の意見を引き出すことになる。その際，当事者間に争いのない事実や証拠によって明確になった事実，対立する証拠の内容と問題点などについて，裁判員の理解を確認しつつ，裁判官から適宜説明を加えるなどして議論していく。このようにして裁判員と裁判官の意見を聴き，意見の一致しない点や疑問が指摘された点について検討を進め，意見が

---

3) 裁判員になじみのない事象に関する経験則の説明につき，第4章Ⅳ注(7)参照。

一致すれば次の論点に移るようにすることによって，争点に対する裁判所としての判断をまとめていくことになる。[4]

　評議が実質的なものとなるためには，何よりもまず，当事者の主張・立証活動が分かりやすいものでなければならない。裁判官が説明しなければ理解できないような活動であれば，裁判官が裁判員を主導する立場となってしまい，一般国民の意見を裁判に反映させることは困難となる。逆に，当事者の活動が分かりやすいものであれば，裁判官は，裁判員と同じ立場で，ともに当事者の活動を評価する立場に徹することが可能となり，裁判員の意見を裁判に反映させることが容易になる。

　評議の基本的な流れはこれまでの裁判官のみによる合議の場合と何ら変わりはないが（なお後記(4)参照），その各段階において裁判員への配慮が求められることになる。すなわち，裁判官が意見を述べるよりも前に裁判員の意見を聴くなどして，できるだけ裁判員の素直な感想や意見を引き出し，それに耳を傾けて取り入れられるものは取り入れるとともに，それでも意見の異なる点については，意見を押し付けることにならないように十分な配慮をしながら，どうして異なるのかを分かりやすく説明し，そのような過程を繰り返しながら互いに納得できるまで議論を重ねる必要がある。また，実体法の解釈等の法律問題を説明する必要が生じた場合も，裁判員が理解しやすいように説明する必要がある。さらに，事案によっては，証拠裁判主義等の刑事裁判の基本原則（第3章Ⅱ5解説(7)参照）について，具体的な証拠関係を踏まえて，改めて説明すべき場合もあろう（後記実情参照）。

　このような評議を行うためには，裁判官には，これまで以上の対話力が要求されるから，その面での研さんが望まれる。特に，裁判長は，そのような評議を実現させる上での責任者であり，法66条5項が定めているように，裁判員がその知識や経験を裁判内容に反映させるという職責を十分に果たすことができるように配慮しなければならない。このように，裁判官にとってはこれまで以上の配慮が必要になるが，そのような評議が実現できれば，裁判員経験者の多

---

4) なお，この部分の記載は，主として事実認定に関する評議を念頭に置いている。量刑評議については，前記Ⅴ課題(2)・実情(2)も参照。

くが司法に対する良き理解者となり，司法に対する国民の信頼も一層高まることが期待できる。

(2) **中間的評議の重要性**　裁判員と裁判官の評議は，証拠調べが終わってから始められるものではなく，それ以前から，機会を設けて行っておく必要がある。審理開始の当初の段階においては，裁判官が，事件の争点や，関連する法令とその解釈などを分かりやすく説明し，裁判員からの質問に答えるなどして，どのような点に注目して審理に臨めばよいかなど，裁判官と裁判員の間で共通の認識を形成しておくことが望ましい。また，証拠調べの段階においても，次の証人尋問のポイントとなる点を確認しておくなど，裁判員が的確に心証を形成できるように配慮する必要がある。証拠調べと並行して意見交換をしておくことにより，意見を述べやすい雰囲気を作り出すことができるほか，各自の問題意識や，その時点での心証の程度・方向性等を互いに認識し合うことが可能となる。特に，争点が多数であったり，争点が複雑で取り調べられる証拠が多かったりして，多数開廷を要するような場合は，節目節目でそのような中間的評議を行い，それまでの証拠調べの結果を整理・確認し，疑問点を解消しておくよう努めるべきである。そのような評議ができていれば，それ以降の証拠調べも効率的に進められるし，また，最終的な評議も充実したものとなるであろう（後記実情参照）。

なお，最終的な判断は弁論終結後に行うべきものであるから，中間的評議を行うにあたっては，それが準備的な意見交換であって結論を出す必要はないことなどを裁判員に説明しておくことが望まれる（規51参照）。

(3) **評議における証拠の確認**　最終的な評議は，論告・弁論が終わると，それに引き続いて行われることになる。裁判員にとっても分かりやすい審理が短期間に集中的に行われた直後の評議であるとはいえ，議論の過程で証拠を再確認する必要がなくなるわけではない。その場合，証拠物や証拠書類（写真・図面等）については，提出された取調べ済みの証拠を再確認することになる。証人尋問や被告人質問については，各人の作成したメモ（手控え）や映像・音声

---

5) 中間的評議の重要性については，吉丸眞「裁判員制度の下における公判手続の在り方に関する若干の問題」判時1807号10頁，松本芳希「裁判員制度の下における審理・判決の在り方」ジュリ1268号93頁参照。

データ[6]などで確認することになる。

(4) **評議の在り方** 評議においては，判決において示すべき有罪・無罪の結論とその理由（特に争点に関する判断とその理由）について，それを示すことができる程度の意見交換や議論を行う必要がある。ところが，裁判員は，基本的にその事件以外には裁判に関与した経験のない非法律家であり，過度の負担を強いることはできないから，評議においても，必要不可欠な論点以外に多くの時間を割くことは困難である。それによって，判決の理由も，従来のものに比べると要点に絞ったものに変化してきている（前記Ⅲ課題と実情(2)・第4章Ⅲ3実情参照）。この点は，従来の実務を前提としても，事実の認定等の理由が精緻に過ぎたものが少なくなかったのであって，改善されるべきであったといえるが，裁判員が審理に加わることに伴って，当然に生じる変化である[7]。たとえば，当事者間では深刻な争点になっていたとしても，裁判員と裁判官の評議においてほぼ異論のなかった論点などは，法律家の感覚が国民の健全な社会常識と合致しているものと理解することができるから，必要最小限度の理由説明で足りることが多くなろう。

[**実情**]

制度施行前には，国民の感覚を引き出すために裁判官が意見を押しつけることがあってはならないという点を過度に心配するあまり，評議において裁判官は基本的に黙っていた方が良いのではないかという意見も見られた。しかし，裁判や法律が専門ではない裁判員に裁判の判断者としての役割を適切に果たしてもらうためには，その前提として，法令の趣旨や解釈など，法的な判断枠組みに属する事項について裁判員に分かりやすい説明をし，理解を得ておくことが不可欠であり，それを行うのは裁判官しかいない。また，黙ってばかりいた

---

6) 本法施行と同時に，音声認識システムによって得られた認識結果（文字データ）を映像・音声データとリンクさせ，認識結果をインデックスとして用いられるようにしておき，評議において，確認したい証言部分等の映像・音声データを検索して再生できるシステムが導入された。通常は，メモ（裁判官の作成したものによることが多い）の参照により記憶喚起できるが，それができない場合や，微妙な表現を再確認したい場合などは，このシステムを利用している。

7) この点につき，中谷雄二郎=合田悦三「裁判員制度における事実認定」現代刑事法61号42頁，松本時夫「裁判員制度の予想できる具体的運用について」法の支配133号44頁，松本芳希・前掲ジュリ1268号95頁等参照。

のでは，裁判官が法律専門家としての特性を発揮して合議体の一員としての役割を果たしたことにならず，裁判員と裁判官の協働も実現できない。そこで，実際の評議においては，裁判員から率直な意見が積極的に述べられるように配慮しつつ，裁判官も積極的に発言しているのが実情といえる。具体的には，議論が法的に見てやや偏っていると思われる場合であっても，最初から自分の意見を表明するのではなく，まずは，別の視点からの疑問を提示することによって裁判員の他の意見を引き出すように努めるなどして，多角的な意見交換が実現されるように配慮しながら発言しているのが通例である[8]。

また，最終的な評議を充実したものにするためには，そこに至るまでの過程で裁判員と密に話をし，当事者の主張や証拠調べの内容を適切に理解してもらえるよう疑問の解消等に努めておくことが不可欠であるという点は，裁判員裁判の経験の蓄積によって，今日では裁判官の基本的認識になっている。そのため，そのすべてを「中間的評議」と呼ぶかどうかはともかく，前記課題(2)で指摘したようなきめ細かな対応は，日常的に行われている。

---

[8] 裁判員と裁判官の評議の実情につき，裁判員制度の運用等に関する有識者懇談会（以下「有識者懇談会」という）24回議事概要4頁以下参照（最高裁ウェブサイト掲載）。

第3章
裁判員の選任

I 選任される裁判員

1 概　要

> 選任される裁判員
> 1　裁判員の選任資格；　20歳以上の有権者
> 2　欠格事由（法14）；　義務教育を終了しない者，
> 　　　　　　　　　　　禁錮以上の刑に処せられた者，
> 　　　　　　　　　　　心身の故障のため職務の遂行に著しい支障がある者等
> 3　就職禁止事由（法15）；　立法権や行政権の中枢を担う者，
> 　　　　　　　　　　　　　法律専門家，司法関係者，
> 　　　　　　　　　　　　　禁錮以上の刑に当たる罪で起訴されている被告人，逮捕・勾留されている者等
> 4　不適格事由；　事件関係者等（法17），
> 　　　　　　　　不公平な裁判をするおそれがあると認められた者（法18）
> 5　辞退事由（法16）；　70歳以上の者，
> 　　　　　　　　　　　常時通学する学生・生徒，
> 　　　　　　　　　　　過去5年以内に裁判員・検察審査員の職にあった者，
> 　　　　　　　　　　　病気，同居の親族の介護・養育，自ら処理しなければ著しい損害を生じさせる重要な用務，日時を変更できない社会生活上重要な用務，重大な災害により著しい被害を受けた生活再建のための用務等があり，職務を行うことが困難である者等

> 妊娠中や出産後間もない者，職務を行うこと等により，自己または第三者に身体上，精神上または経済上の重大な不利益が生ずると認められる相当の理由がある等の理由で，職務を行うことが困難である者等

　裁判員は，衆議院議員の選挙権を有する者の中から無作為抽出の方法で選ばれた候補者を母体として選任される。その候補者の中で，制度の趣旨から裁判員となることが相当でない者，すなわち欠格事由（法14）・就職禁止事由（法15）・不適格事由（法17・18）に該当する者は除かれ，また，国民に過大な負担を強いることはできないため，辞退の申立てをした者の中で，裁判所が辞退事由（法16）に当たると認めた者も除かれることになる。

2　選任資格

> **（裁判員の選任資格）**
> 第13条　裁判員は，衆議院議員の選挙権を有する者の中から，この節の定めるところにより，選任するものとする。

[解説]

　裁判員は，衆議院議員の選挙権を有する者，すなわち「日本国民で年齢満18年以上の者」（公選9①）のうち，当分の間は「満20年以上の者[1]」の中から，選任される（法13）。したがって，公職選挙法11条1項（選挙権を有しない者），同法252条（選挙犯罪に因る処刑者に対する選挙権の停止）または政治資金規正法28条により選挙権を有しない者は，もちろん対象外となる（法21①参照）。補充裁判員

---

1) 公職選挙法等一部改正法（平成27法43）により，選挙権を有する者の年齢を「満18年以上」に引き下げる旨の改正がなされたが（平成28年6月19日施行），同法附則10条1項により，裁判員法の適用に関しては，「満18年以上満20年未満の者」については，当分の間，法15条1項各号に掲げる者（就職禁止事由のある者）とみなすこととされている（なお，後記課題参照）。

も同様である（法19）。なお，後記3解説(5)参照。

　裁判所によって選任された裁判員・補充裁判員は，非常勤の裁判所職員，すなわち非常勤の国家公務員として扱われる。したがって，裁判所職員臨時措置法が適用されて，本法に規定のある事項を除き，国家公務員法が準用され，公務上の災害または裁判所への通勤による災害を受けた場合には，国家公務員災害補償法による補償を受ける[2]。なお，裁判員・補充裁判員につき収賄罪が成立し得ることについては，第6章Ⅱ解説(1)参照。

[経緯]

　審議会意見書は，「裁判員の選任については，広く国民一般の間から公平に選任が行われるよう，選挙人名簿から無作為抽出した者を母体とすべきである。その上で，裁判員として事件を担当するにふさわしい者を選任するため，公平な裁判所による公正な裁判を確保できるような適切な仕組み（欠格・除斥事由や忌避制度等）を設けるべきである。」としていた（Ⅳ第1の1(2)ア）。検討会においては，たたき台として，裁判所の管轄区域内の衆議院議員の選挙権を有するものとした上で，それ以上に限定しない（20歳以上とする）A案と，25歳以上とするB案，30歳以上とするC案の3案が示され，A案を支持する意見と，B案あるいはB案またはC案を支持する意見に大きく分かれた。後者は，裁判員制度の趣旨は「裁判内容に国民の健全な社会常識がより反映されるようにする」こと（審議会意見書Ⅳ第1の1）であるから，社会に出てある程度経験を積んだ者がふさわしいなどとするものであり，前者は，社会常識を反映させるには広く国民各層から選出するのが望ましいなどとするものであった（14回・24回議事録参照）。B案またはC案とする意見を含めB案を支持する意見が多かったことから，座長ペーパーは25歳以上としていたが，どちらかの意見が理由において優れているというわけではなかったということもあって，与党協議後に示された骨格案において，20歳以上とすることとされた。

　なお，無作為抽出とする点については，選定委員会において裁判員としてふさわしいと判断した者を選任する委員会方式を主張する意見もあったが，採用

---

2)　裁判員候補者および選任予定裁判員についても，裁判所の呼出しに応じて裁判員等選任手続のために裁判所との間を移動する経路において，あるいは選任手続中に災害を受けた場合は，同様に扱われる。

されなかった（後記Ⅱ2経緯参照）。

[課題]

　日本国憲法の改正手続に関する法律（平成19法51）3条において，「年齢満18年以上の者」が憲法改正のための国民投票の投票権を有するとされ，同法の改正法（平成26法75）附則3項で，満18年以上満20年未満の者が国政選挙に参加することが可能になるよう公職選挙法等の規定について必要な法制上の措置を講ずるものとされたことを受けて，公職選挙法等一部改正法（平成27法43）により，選挙権を有する者の年齢が「満18年以上」に引き下げられたが，同法附則10条1項により，裁判員の選任資格の関係では，当分の間，これまで同様「満20年以上」の運用が継続されることになっている（前記解説注(1)参照）。同法附則11条においては，国民投票の投票権や選挙権を有する者の年齢が「満18年以上」とされたことを踏まえ，民法，少年法その他の法令の規定について検討を加え，必要な法制上の措置を講ずるものとされており，民法の成人年齢や少年法の適用年齢等については，すでに議論や検討が開始されている。裁判員の選任資格についても，これらの法令における取扱いの方向性等も踏まえながら，今後，検討が行われることになろう。本法が，裁判員の選任資格を衆議院議員の選挙権を与えられるのと同一の年齢とした上記の経過から見れば，18歳に引き下げるのが筋だとも考えられる反面，裁判における判断に加わる年齢的な資格を高校生が含まれ得るところまで引き下げることが適切かについては異なる意見もあり得ると思われるだけに，十分な意見交換を経て結論を出すことが望まれる。[3]

3　欠格事由

（欠格事由）
第14条　国家公務員法（昭和22年法律第120号）第38条の規定に該当する場合のほか，次の各号のいずれかに該当する者は，裁判員となることができない。
　(1)　学校教育法（昭和22年法律第26号）に定める義務教育を終了しない者。ただし，義務教育を終了した者と同等以上の学識を有する者は，この限りでない。

　3）「生徒」であることは，辞退事由にはなるが，辞退しなければならないわけではない。

(2) 禁錮以上の刑に処せられた者
(3) 心身の故障のため裁判員の職務の遂行に著しい支障がある者

[解説]
 (1) **趣旨等** 法14条は，裁判員の欠格事由を定めている。裁判員としての職務を遂行するのに必要な能力を有しない者などを制限的に列挙し，欠格事由としている。まず，国家公務員法38条に該当する場合（成年被後見人または被保佐人，懲戒免職の処分を受け当該処分の日から2年を経過していない者等）は，裁判員となることができない。裁判員または補充裁判員に選任されれば国の司法権を担うことになり，裁判所の非常勤職員として扱われることなどから，裁判官の場合と同様に，欠格事由とされたものである。ほかに，本条1ないし3号に該当する者も，裁判員となることができない。本条は補充裁判員についても準用される（法19）。
 (2) **1号** 「義務教育を終了しない者」とは，学校教育法の定める小学校および中学校の修業年限を終えない者をいう。同号ただし書により，義務教育終了と同程度の学識を有する者は裁判員となることができるが，その判断に際しては，文書の理解力や会話能力などが考慮されることになる。裁判所から送付される質問票への回答の記載や，質問手続における応答なども判断資料となり得る。外国で教育を受けるなどして日本の義務教育を終了しておらず，日本語を理解する能力のない者は，本号に該当すると解される（後記経緯参照）。
 (3) **2号** 「禁錮以上の刑に処せられた者」とは，死刑，無期または有期の懲役もしくは禁錮の刑の言渡しを受け，これが確定した者をいう。執行猶予の有無を問わない。もっとも，刑の執行猶予の言渡しを受け，取り消されることなく猶予期間を経過した者（刑27）と，禁錮以上の刑に処せられ，その刑の執行を終わりまたはその執行の免除を得た後，罰金以上の刑に処せられないで10年を経過した者（刑34の2）は，刑の言渡しが効力を失うから，本号には該当しない（なお少年法60参照）。また，恩赦として復権が行われたときは，資格を回復するので（恩赦9・10），本号には該当しなくなる（なお恩赦3・5参照）。
 (4) **3号** 「心身の故障のため裁判員の職務の遂行に著しい支障がある

者」とは，心身の故障のため理解力や判断力が十分でなく，裁判員としての職務遂行が著しく困難な者をいい，その故障の種類・程度によっては事件の内容に関係なく困難な場合もあれば，具体的な対象事件との関係で困難な場合もあろう。たとえば，犯人の識別供述の信用性が問題となり，写真等の検討が不可欠となるような事件であれば，視覚障害の程度によっては職務の遂行が著しく困難となるであろう（後記経緯参照）。

(5) **裁判への影響**　これらの欠格事由に該当する者が裁判員として手続に関与した場合であっても，裁判員の関与する判断を含まないときは，すでになされた審理の効力には影響がないとされている（法64条1項による刑訴法377条1号の適用の特例）。単に審理に関与したにとどまり，裁判員が評決権を有する裁判が行われなかったり，それが行われる前に当該裁判員が交代したのであれば，審理の効力を問題とする必要がないからである。なお，その者が最後まで補充裁判員であれば，影響がないのは当然である。

［経緯］

検討会では，たたき台として，本法と同趣旨の案が示されたが，何らかの欠格事由を設けることに異論はなかった。もっとも，1号について，たたき台が「中学校を卒業しない者。ただし，中学校卒業と同等以上の学識を有する者は，この限りでない。」としていたのに対し，学歴を要件とするより，裁判員として必要とされる学識・能力の有無を直接とらえ，「日本語を理解できない者」とすべきであるとの意見もあったが（15回・24回議事録参照），求めていることは同じであり，ある程度客観的な基準を設ける方が望ましいということから，座長ペーパーでもたたき台の案が維持され，本法となった。

3号については，たたき台として，「心身の故障のため裁判員の職務の遂行に支障がある者」とする案と，そのような要件は設けない案が示され，後者を支持する意見もあったが，前者を支持する意見が大勢を占めた（5回・15回・24回議事録参照）。もっとも，裁判員としての職務の遂行に支障が生じるか否かは，故障の種類・程度や事件の内容に応じて異なるから，故障のある者を一律に欠格事由とすべきではなく，個々の事案に応じて判断すべきであるという意見を付け加える者が多かった。そのような議論を経て，座長ペーパーは，たたき台のような要件を設けるものとした。その後，法案の段階で「支障」が「著しい

支障」と改められたが，欠格事由である以上，職務の遂行に著しい支障があることを明確にしたものであって，その趣旨に変わりはないものと解される。

4 就職禁止事由

(就職禁止事由)
第15条 ① 次の各号のいずれかに該当する者は，裁判員の職務に就くことができない。
 (1) 国会議員
 (2) 国務大臣
 (3) 次のいずれかに該当する国の行政機関の職員
  (イ) 一般職の職員の給与に関する法律（昭和25年法律第95号）別表第11指定職俸給表の適用を受ける職員（(ニ)に掲げる者を除く。）
  (ロ) 一般職の任期付職員の採用及び給与の特例に関する法律（平成12年法律第125号）第7条第1項に規定する俸給表の適用を受ける職員であって，同表7号俸の俸給月額以上の俸給を受けるもの
  (ハ) 特別職の職員の給与に関する法律（昭和24年法律第252号）別表第1及び別表第2の適用を受ける職員
  (ニ) 防衛省の職員の給与等に関する法律（昭和27年法律第266号。以下「防衛省職員給与法」という。）第4条第1項の規定により一般職の職員の給与に関する法律別表第11指定職俸給表の適用を受ける職員，防衛省職員給与法第4条第2項の規定により一般職の任期付職員の採用及び給与の特例に関する法律第7条第1項の俸給表に定める額の俸給（同表7号俸の俸給月額以上のものに限る。）を受ける職員及び防衛省職員給与法第4条第5項の規定の適用を受ける職員
 (4) 裁判官及び裁判官であった者
 (5) 検察官及び検察官であった者
 (6) 弁護士（外国法事務弁護士を含む。以下この項において同じ。）及び弁護士であった者
 (7) 弁理士
 (8) 司法書士
 (9) 公証人

(10)　司法警察職員としての職務を行う者
　　(11)　裁判所の職員（非常勤の者を除く。）
　　(12)　法務省の職員（非常勤の者を除く。）
　　(13)　国家公安委員会委員及び都道府県公安委員会委員並びに警察職員（非常勤の者を除く。）
　　(14)　判事，判事補，検事又は弁護士となる資格を有する者
　　(15)　学校教育法に定める大学の学部，専攻科又は大学院の法律学の教授又は准教授
　　(16)　司法修習生
　　(17)　都道府県知事及び市町村（特別区を含む。以下同じ。）の長
　　(18)　自衛官
②　次のいずれかに該当する者も，前項と同様とする。
　(1)　禁錮以上の刑に当たる罪につき起訴され，その被告事件の終結に至らない者
　(2)　逮捕又は勾留されている者

［解説］

(1)　**趣旨等**　法15条は，就職禁止事由を定めている。裁判員の職務を遂行する能力はあるが，一定の職業に就いていることなどが積極的な障害事由となる場合である。なお，本条は補充裁判員についても準用される（法19）。

(2)　**1項**　1項には，いろいろな職種の者が掲げられているが，制度の趣旨，すなわち広く一般の国民が裁判に参加し，その感覚が裁判の内容に反映されるようにすることなどを考慮して，定められたものである。いくつかに大別することができる。まず，国会議員（1号），国務大臣（2号），国の行政機関の幹部職員（3号），都道府県知事・市町村長（17号）など，立法権または行政権の行使に関わる者である。三権分立の観点から，立法権や行政権の中枢を担う者が司法権を担う裁判員となるのは適当でないとされたものである。次に，裁判官・検察官・弁護士またはこれらの職にあった者（4～6号），その資格を有する者（14号），弁理士（7号），司法書士（8号），公証人（9号），裁判所・法務省・警察等の職員（10～13号），大学等の法律学の教授・准教授（15号），司法修習生（16号）など，法律専門家または司法関係者である。本制度が一般国民の

社会常識を反映させるという観点から，裁判官と同じ法律専門家が裁判員に加わるのは適当でないとされたものである。ほかに，自衛官 (18号) があるが，裁判員としての職務に優先する緊急事態への対応の必要性などが考慮されたのであろう。

　10号の「司法警察職員としての職務を行う者」は，刑訴法189条の一般司法警察職員と同法190条に基づいて特別法で定められた特別司法警察職員であるが，前者は13号にも該当するので，ここで問題となるのは後者である。司法警察職員等指定応急措置法の定める刑務所長その他の職員，営林局署の職員，公有林野の事務を担当する北海道吏員，船長その他の船員のほか，特別法の定める皇宮護衛官，狩猟取締りの事務を担当する都道府県職員，労働基準監督官，船員労務官，海上保安官・海上保安官補，麻薬取締官・麻薬取締員，鉱務監督官，漁業監督官・漁業監督吏員，自衛隊の警務官である。国税庁監察官も，司法警察職員ではないが捜査権を有するから，これに準ずるものと解されよう。

　(3)　**2項**　2項は，自らが被疑者や被告人の立場で刑事手続にかかわっている場合には，裁判員になることは適当でないという考えに基づいて定められたものである。

　1号の「禁錮以上の刑に当たる罪」とは，法定刑として死刑，無期または有期の懲役もしくは禁錮の刑が規定されている罪をいい，選択刑として罰金以下の刑が定められている場合も含まれる。「起訴され」とは，公判請求された場合のほか，公訴の提起と同時に即決裁判手続の申立て（刑訴法350の2），略式命令の請求（同法462）または交通事件即決裁判の請求（交通事件即決裁判手続法4）があった場合も含まれる。付審判決定（刑訴法266(2)）がされた場合も含まれる。「事件の終結に至る」とは，判決等の終局裁判が確定することをいう。

　2号の「逮捕又は勾留されている」とは，刑訴法の逮捕または勾留により現に身柄を拘束されていることをいい，どのような罪の嫌疑によるものであるか

4）　したがって，法定刑として禁錮以上の刑と罰金以下の刑が選択刑として定められている罪であれば，略式命令の請求があった場合も，1号に該当する。他方，罰金以下の刑が定められている罪であれば，簡易裁判所に公判請求された場合でも，1号には含まれない。そのようなケースは少ないし，たまたま事情を知ってそのような立場にある裁判員候補者が裁判員になるのを望まない当事者がいれば，理由を示さない不選任請求も可能であるから，含まれないことによる問題は生じないであろう。

を問わない。

(4) **裁判への影響**　これらの就職禁止事由に該当する者が裁判員として手続に関与した場合であっても，すでになされた審理の効力には影響がないとされている（法64条1項による刑訴法377条1号の適用の特例）。就職禁止事由は，裁判の内容の公正さにかかわるものではないからである。

[経緯]

　検討会では，たたき台として，本法とほぼ同様の案が示された。それに対しては，就職禁止事由が広過ぎるという意見や，就職禁止事由ではなく辞退事由とすることによって対応すべきであるという意見などもあったが，立法権や行政権の中枢を担う者，法律専門家，被告人等の立場で現に刑事手続にかかわっている者を除外する基本的な考え方については相当とする意見が多数を占めた（15回・24回議事録，座長ペーパーの説明参照）。もっとも，裁判員候補者を十分確保するためには，範囲を限定する方向で見直す必要があり，弁理士，司法書士，自衛官等の個々の職業に関しては，それを就職禁止事由とする合理性があるのかといった意見もあり（31回議事録参照），骨格案においても，「次に掲げる者は，裁判員となることができないものとすることが考えられるが，更に検討することとする。」とされていたが，最終的には，たたき台に沿った内容となった。

5　辞退事由

（辞退事由）
第16条　次の各号のいずれかに該当する者は，裁判員となることについて辞退の申立てをすることができる。
（1）年齢70年以上の者
（2）地方公共団体の議会の議員（会期中の者に限る。）
（3）学校教育法第1条，第124条又は第134条の学校の学生又は生徒（常時通学を要する課程に在学する者に限る。）
（4）過去5年以内に裁判員又は補充裁判員の職にあった者
（5）過去3年以内に選任予定裁判員であった者
（6）過去1年以内に裁判員候補者として第27条第1項に規定する裁判員等選任手続の期日に出頭したことがある者（第34条第7項（第38条第2項（第

46条第2項において準用する場合を含む。)，第47条第2項及び第92条第2項において準用する場合を含む。第26条第3項において同じ。）の規定による不選任の決定があった者を除く。)

(7) 過去5年以内に検察審査会法（昭和23年法律第147号）の規定による検察審査員又は補充員の職にあった者

(8) 次に掲げる事由その他政令で定めるやむを得ない事由があり，裁判員の職務を行うこと又は裁判員候補者として第27条第1項に規定する裁判員等選任手続の期日に出頭することが困難な者

　(イ) 重い疾病又は傷害により裁判所に出頭することが困難であること。

　(ロ) 介護又は養育が行われなければ日常生活を営むのに支障がある同居の親族の介護又は養育を行う必要があること。

　(ハ) その従事する事業における重要な用務であって自らがこれを処理しなければ当該事業に著しい損害が生じるおそれがあるものがあること。

　(ニ) 父母の葬式への出席その他の社会生活上の重要な用務であって他の期日に行うことができないものがあること。

　(ホ) 重大な災害により生活基盤に著しい被害を受け，その生活の再建のための用務を行う必要があること。

裁判員の参加する刑事裁判に関する法律第16条第8号に規定するやむを得ない事由を定める政令（平成20年1月17日政令第3号）

裁判員の参加する刑事裁判に関する法律（以下「法」という。）第16条第8号に規定する政令で定めるやむを得ない事由は、次に掲げる事由とする。

(1) 妊娠中であること又は出産の日から8週間を経過していないこと。

(2) 介護又は養育が行われなければ日常生活を営むのに支障がある親族（同居の親族を除く。）又は親族以外の同居人であって自らが継続的に介護又は養育を行っているものの介護又は養育を行う必要があること。

(3) 配偶者（届出をしていないが、事実上婚姻関係と同様の事情にある者を含む。)、直系の親族若しくは兄弟姉妹又はこれらの者以外の同居人が重い疾病又は傷害の治療を受ける場合において、その治療に伴い必要と認められる通院、入院又は退院に自らが付き添う必要があること。

(4) 妻（届出をしていないが、事実上婚姻関係と同様の事情にある者を含む。）又は子が出産する場合において、その出産に伴い必要と認められる入院若しくは退院に自らが付き添い、又は出産に自らが立ち会う必要があること。

(5) 住所又は居所が裁判所の管轄区域外の遠隔地にあり、裁判所に出頭することが困難であること。
(6) 前各号に掲げるもののほか、裁判員の職務を行い、又は裁判員候補者として法第27条第1項に規定する裁判員等選任手続の期日に出頭することにより、自己又は第三者に身体上、精神上又は経済上の重大な不利益が生ずると認めるに足りる相当の理由があること。

[解説]

(1) **趣旨等**　法16条は、裁判員の辞退事由を定めている。裁判員制度を導入する以上、できるだけ多くの国民が参加することが望ましいといえるが、他方、参加する個々の国民の負担をできるだけ軽減する必要もあることから、辞退事由が設けられている。本条は、補充裁判員についても準用される（法19）。

(2) **1～7号**　1号は、高齢を理由とする辞退事由であり、2号および3号は、裁判員としての職務に匹敵する重要な職務があること、または教育を受けるために常時通学していることを理由とする辞退事由である。4号ないし7号は、参加する国民の負担が過重になるのを防ぎ、負担の公平を図るという見地から、過去の一定期間内に裁判員、補充裁判員、検察審査員等の職務を行ったこと、選任予定裁判員（法90）であったこと、裁判員候補者として裁判所に出頭したこと（辞退の申立てが認められた場合を除く）を辞退事由としている。

(3) **8号**　8号は、その余の辞退事由であり、(イ)自らの出頭を困難とする病気等の存在、(ロ)同居の親族を介護・養育する必要性の存在、(ハ)自ら処理しなければ著しい損害を生じさせる重要な用務の存在、(ニ)日時を変更することができない社会生活上重要な用務の存在、(ホ)重大な災害により生活基盤に著しい被害を受けた場合の生活再建のための用務の存在か、以上の例示に準ずるような「その他政令で定めるやむを得ない事由」があり、裁判員の職務を行うことなどが困難であることを辞退事由としている。(ロ)ないし(ホ)は、いずれも、他の者が代わって行うことも予定を変更することもできない重要な用務を理由としており、その用務の重要性と、自ら行うことの必要性の強さが要件とされている。なお、(ホ)は、平成27年の改正において追加されたものである（後記経緯参照）。ここにいう「災害」とは、災害対策基本法（昭和36法223）2条に定める「災

害」と基本的に同様の意味になろうが，8号においては，裁判員制度の趣旨と個々の国民の負担の両面を考えた上で典型的に裁判員となる義務が免除されるべき場合が辞退事由として列挙されていることからすれば，生活基盤に及ぶような大きな被害を生じることが通常と考えられるような災害に遭った場合を挙げるのが相当であるので，「重大な災害」とされた。また，「生活基盤」とは，生活の基礎的な部分に位置付けられる財産や環境を意味し，具体的には，自宅，自営業の店舗，ライフライン（水道，電気など），自宅と外部を結ぶ交通手段等が含まれる。そして，「生活の再建のための用務」とは，生活全般の再建をするために必要な行為を意味し，修復行為を行うことや修復を業者に依頼することだけでなく，崩壊した自宅に代わる居住場所を探したり，生活に必要な物品を買い揃えることも含まれる。㈭は，生活基盤に著しい被害を受けた裁判員候補者自身が生活再建のための用務を行う場合を定めるものであるから，別居の親族が被害に遭い，その生活再建のための用務がある場合を含まない。

　政令（平成20政3）は，㈤ないし㈭に準ずるやむを得ない事由として，以下の事由を定めている。すなわち，(1)妊娠中または出産後8週間以内であること，(2)介護・養育を要する親族（同居の親族を除く）または親族以外の同居人について，自身が継続的に介護・養育を行っている場合に，その介護・養育の必要があること，(3)配偶者，直系親族，兄弟姉妹，同居人等が重い疾病・傷害の治療を受ける場合に，入通院または退院に自ら付き添う必要があること，(4)妻または子が出産する場合に，自ら入退院に付き添いまたは出産に立ち会う必要があること，(5)住所または居所が裁判所の管轄区域外の遠隔地にあり，出頭が困難であること，(6)以上のほか，裁判員の職務を行い，または選任手続期日に出頭することにより，自己または第三者に身体上，精神上または経済上の重大な不利益が生ずると認めるに足りる相当の理由があることである。

---

5) 「暴風，竜巻，豪雨，豪雪，洪水，崖崩れ，土石流，高潮，地震，津波，噴火，地滑りその他の異常な自然現象又は大規模な火事若しくは爆発その他その及ぼす被害の程度においてこれらに類する政令で定める原因により生ずる被害をいう」と規定され，災害対策基本法施行令（昭和37政288）1条において，上記の「政令で定める原因」として，「放射性物質の大量の放出，多数の者の遭難を伴う船舶の沈没その他の大規模な事故」が定められている。自然現象ばかりでなく，人為的原因によって生じた被害も含まれることになる。
6) もっとも，この場合でも，政令6号の辞退事由に該当する場合はあり得る。

(4) **手続等**　辞退事由は，職務従事予定期間（選任手続期日から裁判員の職務の終了見込み日まで）に存在することが必要である。辞退事由の有無は，主として以下の3段階で判断されることになる。まず，調査票への回答において辞退の申出があれば（後記Ⅱ2解説(3)参照），その後裁判員候補者に選定された段階において，受訴裁判所がそれを審査し，辞退事由に該当すると認めた場合は，呼び出されないことになる（法27①但書）。次に，事前質問票への回答において辞退の申出があり（後記Ⅱ3解説(4)参照），受訴裁判所が辞退事由に該当すると認めた場合は，呼び出されないか，呼出しが取り消される（法27⑤）。最後に，選任手続期日に辞退が申し立てられ（後記Ⅱ5解説(3)参照），受訴裁判所が辞退事由に該当すると認めた場合は，不選任となる（法34⑦）。できるだけ早い段階で判断できるようにすることにより，無用な呼出しや出頭をできるだけ減らし，裁判員候補者の負担の軽減を図ろうとしている。

　以上のように辞退事由に該当すると認められて選任手続期日に出頭する必要がなくなった者や，出頭して不選任となった者は，その年度内の別事件において，裁判員候補者として呼び出される可能性がある（法26③参照）。

［経緯］
　検討会では，たたき台として，本法とほぼ同様の案が示された。もっとも，8号については，「疾病その他やむを得ない事由により，裁判員として職務を行うことが困難であると裁判官が認めた者」とされていた。辞退を相当とする事由を法文に漏れなく掲げることはできないため，何らかの包括的規定を置く必要があることについては異論がなかったが，たたき台の表現では基準として明確でないため，より具体的な例示をすべきであるとの意見も強かった（15回・24回議事録参照）。この点は，国民の関心も高いから，どのような場合に辞退が認められるのかを具体的に明示することにより，判断にばらつきが生じないようにする方が，国民に不公平感を残さない上で有益であろう。このようなことが考慮されて，骨格案では「以下の事由その他のやむを得ない事由があ

---

7) 現在の実務においては，呼出状と事前質問票を一緒に送付しているので，事前質問票の回答により辞退事由が認められる場合は，呼出しを取り消しているが，場合によっては事前質問票だけを先に送付し，その回答により辞退事由が認められれば，呼出しをしない運用も考えられる（後記Ⅱ3解説(4)参照）。

り，裁判員として職務を行うことが困難であると裁判官が認めた者」とされ，(イ)重い疾病または傷害により，裁判所に出頭することが困難であること，(ロ)介護または養育が行われなければ日常生活に支障がある同居の親族の介護または養育を行う必要があること，(ハ)裁判員として職務を行うことによりその従事する事業に著しい損害が生じるおそれがあることの3つの事由が掲げられた（31回議事録参照）。その後，法案作成の段階で，(ハ)の事由が，重要な用務で自ら処理しないと損害発生のおそれがあることと要件が明確化されたほか，(ニ)社会生活上の重要な用務で他の期日に行うことができないものがあることという事由がさらに加わったが，辞退事由を具体的に例示することによって判断基準を明確化しようという方向性に沿ったものと解される。もっとも，その際に，柱書で「その他政令で定めるやむを得ない事由」が付け加わり，思想信条の自由に基づく辞退を認める趣旨とも報じられて，政令の定め方次第では辞退事由が厳しくも緩やかにもなり得たことから，その定め方が注目されていた（後記課題(2)参照）。

　見直し検討会においては，東日本大震災の発生を受けて，一部の裁判所において，明文の規定はないものの，一定の地域に住所を有する候補者に対して呼出状を送付しないという取扱いが行われたことを踏まえ（後記Ⅱ3経緯参照），甚大な災害発生等の非常事態時における候補者の呼出しと辞退事由の在り方について検討が行われた結果，呼出状を送付しない取扱いを可能にする根拠規定と新たな辞退事由の類型の規定の双方を置くべきであるとする意見が大勢を占めた（取りまとめ報告書15頁）。これを受けて，法制審議会に「重大な災害により生活基盤に著しい被害を受け，自らその再建のための措置を講ずる必要があること」を辞退事由に加える旨の諮問がなされ，同内容の答申を経て，平成27年改正法において(ホ)が追加された。答申と改正法の表現の違いは，すでに規定されていた本号(イ)ないし(ニ)の事由の表現との整合性を考慮したことによるものと思われる。

[課題]

（1）**辞退事由の判断**　辞退を緩やかに認めるか厳格なものとするかは，裁判員制度の運営に当たっても重要な事柄であり，国民の関心も高いところである。検討会においては，辞退を認めるか否かで不公平が生じないように，明確

な基準を示し,厳格に判断すべきであるという意見が多かったが,本書第2版においては,「本条8号に列挙された例示はかなり限定された事由であるから,公平感が失われることのないような厳格さが当然求められるものの,制度の理解を深め,定着を図るためには,それと同時に,国民に過重な負担感を抱かせることのないような柔軟な運用も必要となるであろう。両者の調整は決して容易な作業ではないが,裁判員の義務性と国民の負担との均衡を考えながら国民の社会経済生活の実態に沿った適切な運用が求められる。」と指摘した。この点については,制度施行前の段階で,各地で行われた模擬裁判における選任手続の結果等を踏まえた裁判官の意見交換会が行われており[8],その中で,「裁判員の義務性と国民の負担とのバランスに留意しつつ,相対的に,かつ,個別事情に応じ,国民の社会経済生活の実態に沿う適切かつ柔軟な運用を行うべきである」ことを判断の基本スタンスにすべきこと,「定型的・統一的な基準の作成は,必要性・相当性に疑問がある上,現実的でもない」こと,「判断の指針となるべき国民の社会経済生活の実相に係る参考資料[9]を各裁判体が共有することが必要かつ有益である」ことについては,意見が一致していた。そして,その後の様々な検討や意見交換を経て[10],制度施行段階では,前記の基本スタンスに基づいた「相対的で,個別事情に応じた柔軟な運用」を行うのが適切であるというのが,裁判官の考えの大勢となっており,その後,全国的にこの考え方に沿った弾力的運用が続いている[11]。

(2) **政令6号の辞退事由** 政令は,法16条8号(イ)ないし(ホ)の具体的事由に

---

8) 今崎幸彦「共同研究・裁判員等選任手続の在り方について―辞退事由の判断の在り方を中心にして」判タ1266号5頁参照。

9) 参加障害事由の実際を知るため,最高裁は,居住地域・生活スタイル・生活条件・年齢・職種・業種・企業規模を指標とする127グループへのインタビューを全国で実施し,その結果の横断的な分析を行った。また,各地の裁判所でも,制度周知等のために各種の企業・団体を訪問した際に参加障害事由についても聴取しており,その数は合計数千件に上った。これらは,ここにいう参考資料となっている。

10) その中では,特に「国民の社会経済生活の実態」,すなわち参加障害事由の有無や程度を適切に把握することの重要性が意識され,裁判官のそれまでの経験だけで拙速に判断すべきではないとの指摘が繰り返された。

11) 見直し検討会10回議事録参照。現在では,このような弾力的運用が,裁判官の「共通の相場観」(今崎・前掲9頁)になっているといえよう。その結果,「辞退が認められにくい」ことが制度運用上の問題点として指摘される状況にはない。

準ずるやむを得ない事由を掲げるものである。1ないし5号は具体的事由を掲げているが，6号は抽象的な定め方となっている。包括的な条項が必要であることは疑いがないが，「精神上の重大な不利益が生ずると認めるに足りる相当な理由」の存否については，判断が困難な場合が生じるおそれがある。特に，法案提出の直前の段階で政令への委任規定が設けられた経緯につき，自民党総務会の議論を反映して思想信条を理由とする辞退を政令で認めるためであると報じられたことがあり，そのような辞退事由を認めると極めて緩やかに辞退を認めることになりかねないなどと指摘されていたため，6号がそのような辞退を許容するものかが問題となる。この点につき，法務省は，裁判員としての職務を行うことがその思想信条に反する場合において，そのために精神的な矛盾や葛藤を抱え，職務を行うことが困難な程度に達するとき，たとえば，その者が，裁判所を含めた国家権力がそもそも存在すべきでないとの思想を有し，かつこれを実践する必要があると考えているため，裁判員としての職務を行うことが裁判所の存在や権力を認めることにつながり，自らの思想と両立し得ない場合といった，ごく例外的な場合のみがこれに該当すると説明している。政令は，法16条8号に列挙された場合と同程度にやむを得ないといえる場合を辞退事由として規定したものであり，辞退を認める範囲を拡大するものではないから，この説明の趣旨に沿って運用すべきであり，単に裁判員をやりたくないと思っているにすぎないような場合までが政令6号の辞退事由に該当するとはいえない。実務上，この辞退事由に該当するとされている場合としては，凄惨な状況を内容とする遺体の写真を証拠として調べることが不可避な事案において，通常の人と比較して，その種の写真を見ることによって受ける精神的衝撃が著しい候補者の例等がある（なお，前記解説注(6)参照）。

(3) **辞退率の上昇と出席率の低下**　個々の事件において選定された候補者（法26③）のうち辞退が認められた者の割合（辞退率）は，ほぼ毎年上昇し，平成27年には，制度が施行された21年より11.8ポイント高い64.9％となっている。

---

12) 田口守一「裁判員の要件」現代刑事法61号8頁，座談会「裁判員制度をめぐって」ジュリ1268号25〜28頁の田口守一，佐藤文哉，大川真郎，井上正仁発言，座談会「刑事司法改革関連法の成立と展望」現代刑事法67号29頁の桝井成夫発言等参照。
13) 第168回国会衆議院法務委員会議録3号の法務省刑事局長答弁参照。

他方，裁判員選任手続期日に出頭すべき候補者（法29①）の出席率の方は毎年低下し，平成27年は，21年より16.4ポイント低い67.5％となっている[16]。このような傾向が進んでいくと，裁判員裁判制度を導入した趣旨が没却されることになりかねないから，原因の分析[17]と対策[18]を十分に行う必要がある。

6 不適格事由

(事件に関連する不適格事由)
第17条 次の各号のいずれかに該当する者は，当該事件について裁判員となることができない。
(1) 被告人又は被害者
(2) 被告人又は被害者の親族又は親族であった者
(3) 被告人又は被害者の法定代理人，後見監督人，保佐人，保佐監督人，補助人又は補助監督人
(4) 被告人又は被害者の同居人又は被用者

---

14) 平成21年53.1％，22年53.0％，23年59.1％，24年61.6％，25年63.3％，26年64.4％，27年64.9％（「裁判員制度の実施状況等に関する資料」裁判所ウェブサイト参照）。
15) 選任手続期日への候補者の「出席率」については，「選定された裁判員候補者の中で選任手続期日に出頭した者の割合」と「選任手続期日に出頭すべき候補者の中で実際に出頭した者の割合」の二つの計算方法があり，前注記載の資料にも双方の数値が掲載されている。前者では選任手続期日より前に辞退が認められるなどして出頭義務を負わない者も母数に含まれるが，後者では出頭義務を負っている者だけが母数になるので，義務違反で不出頭の者の割合も分かる。本文で述べているのは，後者の意味での「出席率」である。
16) 平成21年83.9％，22年80.6％，23年78.3％，24年76.0％，25年74.0％，26年71.5％，27年67.5％（前記注(14)記載の資料参照）。
17) 原因について，有識者懇談会の席上で，最高裁側から，「審理予定日数の増加傾向」「雇用を巡る社会情勢の変化」「国民の制度に対する関心の度合いの低下」が挙げられている（25回議事概要7頁）。また，裁判員と話をする機会の多い第１審の裁判官の間では，制度が定着していくのに伴い，報道で取り上げられる内容が「長期間にわたって拘束された」「凄惨な遺体写真を見なければならなかった」「死刑にするかどうかの判断を迫られた」といった制度へのマイナスイメージを持たれるもので占められるようになり，裁判員経験者の9割以上が裁判員を務めたことを積極的に評価している理由である「裁判員の職務の実際」についての理解が深まっていないことも背景にあるのではないかという指摘がある。その他の要因も含め，今後，さらなる分析が必要である。
18) 制度施行前の広報が制度周知を目的としていたのに対し，最近は，裁判員の職務の実際・実像を伝えるための広報活動が行われるようになっている。たとえば東京地裁と大阪地裁における「出前講義」等の取組みにつき，前注記載の議事概要7頁参照。

> (5) 事件について告発又は請求をした者
> (6) 事件について証人又は鑑定人になった者
> (7) 事件について被告人の代理人，弁護人又は補佐人になった者
> (8) 事件について検察官又は司法警察職員として職務を行った者
> (9) 事件について検察審査員又は審査補助員として職務を行い，又は補充員として検察審査会議を傍聴した者
> (10) 事件について刑事訴訟法第266条第2号の決定，略式命令，同法第398条から第400条まで，第412条若しくは第413条の規定により差し戻し，若しくは移送された場合における原判決又はこれらの裁判の基礎となった取調べに関与した者。ただし，受託裁判官として関与した場合は，この限りでない。
>
> **（その他の不適格事由）**
> **第18条** 前条のほか，裁判所がこの法律の定めるところにより不公平な裁判をするおそれがあると認めた者は，当該事件について裁判員となることができない。

［解説］

　法17条および18条は，裁判員の不適格事由を定めている。前者は裁判官，検察審査員，精神保健審判員等の「除斥」（刑訴法20，検察審査会法7，心神喪失者等医療観察法10等）に対応し，後者は裁判官や裁判所書記官の「忌避」（刑訴法21・26）に対応するものであるが，検討会において，それらの用語は一般人には理解できないとする意見もあったため，「不適格事由」とされている。

　17条は，裁判の公正およびこれに対する国民の信頼を害するおそれのある客観的事情を取り上げ，不適格事由として類型的に規定したものであり，18条は，それ以外の非類型的事情によって不公平な裁判をするおそれのあることを不適格事由としたものである。前者は，各号いずれかの事由に該当すれば，法律上当然職務の執行から排除されることになり[19]，後者は，裁判所がその理由があると認めて不選任の決定をしたときに（法34④），排除されることになる。17条・

---

19) もっとも，法17条の不適格事由に該当する場合も，手続的にはそれに該当すると認められる必要があり，そのように認められると手続的にも排除される（法27①⑤・34④・41①・43①）。

18条の解釈は，刑訴法20条・21条の解釈を参考とすべきである。裁判官の忌避については，「裁判官がその担当する事件の当事者と特別な関係にあるとか，訴訟手続外においてすでに事件につき一定の判断を形成しているとかの，当該事件の手続外の要因により，当該裁判官によっては，その事件について公平で客観性のある審判を期待することができない場合に，当該裁判官をその事件の審判から排除し，裁判の公正および信頼を確保することを目的とする」制度であるところ（最一小決昭48・10・8刑集27巻9号1415頁），裁判員についても，事件の当事者と特別の関係にあるとか，手続外においてすでに事件につき一定の判断を形成していると認められれば，不適格とされる（後記課題参照）。また，法律に従わないで裁判をするおそれがある場合も，偏った裁判をするおそれがあるので，「不公平な裁判をするおそれがある」ときに該当すると解される。

17条各号に該当する者または18条に該当すると認められた者が裁判員として手続に関与した場合であっても，裁判員の関与する判断を含まないものであるときは，直ちに判決に影響するものではないが，それらの者が判断に加わった場合には，法律に従って判決裁判所を構成しなかったこと（刑訴法377(1)）に該当する（法64①。前記3解説(5)参照）。

17条および18条は，補充裁判員についても準用される（法19）。

［経緯］

検討会では，たたき台として，本法と同趣旨の案が示されたが，特段の異論はなかった（15回・24回議事録参照）。

［課題］

法18条の「不公平な裁判をするおそれ」を理由とする不選任請求は，将来において訴訟戦術として多用されるおそれがないとはいえないが，現在のところ，行使される例は稀である[20]。裁判員の場合には，裁判官に対する忌避申立てを認めるか否かの判断とは異なる考慮が必要になるが，理由を示さない不選任の請

---

[20] ちなみに，判決人員1人当たりの「理由あり不選任数」（法34④。「不公平な裁判をするおそれ」の存在だけではなく，欠格事由等の存在を理由とするものも含まれる）は，平成21年から26年までの平均で，概ね0.1人程度に止まっている。年別には，平成21年0.2人，25年0.0人（小数点2桁以下四捨五入）であり，22年から24年と26年が0.1人である（前掲「裁判員制度の実施状況等に関する資料」参照）。

求をそれぞれ4人まで行うことができるとされていることから考えると，基本的には，裁判官の場合と同様に解されることになるのではないかと思われる（前記解説参照）。もっとも，1件の裁判にのみ関与することとされている裁判員の場合，証拠法則等についての理解が資格要件ともなっている裁判官に比して，手続外で得られた情報等の持つ影響力が異なることは否定できないから，裁判官の場合には見られなかった不適格事由が認められる可能性もある。たとえば，およそどのような事件でも被告人は厳罰に（または最も寛大に）処すべきであると主張している者や，事件報道により被告人は当然に有罪（または無罪）であると主張している者などは，具体的事情によっては不適格とされるであろう。

7 補充裁判員への準用

> **（準用）**
> **第19条** 第13条から前条までの規定（裁判員の選任資格，欠格事由，就職禁止事由，辞退事由，事件に関連する不適格事由及びその他の不適格事由）は，補充裁判員に準用する。

［解説］
　法19条は，裁判員の選任資格等に関する規定が補充裁判員にも準用されるという当然のことを明記している。

II 裁判員の選任手続

1　概　　要

> 裁判員選任手続
> 　1　裁判員候補者名簿の調製
> 　　　（毎年，有権者の中から，翌年の裁判員候補者となる者をくじで選び，地方

　　　　裁判所ごとに裁判員候補者名簿を調製する。地方裁判所は，当該名簿に記載
　　　　された者にその旨を通知する。その際に調査票を用いて必要な質問をするこ
　　　　とができる）
　　2　裁判員候補者の呼出し
　　　　（事件ごとに，裁判員候補者名簿の中から抽選して一定数の者を選定し，選任
　　　　手続期日に呼び出す。その際に質問票を送付して回答を求めることもできる）
　　3　選任手続期日
　　　・　裁判員候補者に対する質問
　　　・　欠格事由，不適格事由等に該当する候補者に対する不選任決定
　　　・　辞退を申し立てた候補者が辞退事由に該当する場合は不選任決定
　　　・　両当事者の理由を示さない不選任請求に基づく不選任決定
　　4　裁判員・補充裁判員の選任
　　　　（不選任とならなかった候補者の中から裁判員・補充裁判員をくじなどで選
　　　　任）

　裁判員が選ばれるまでの具体的な手続の概要は，次のようなものである。まず，地方裁判所が，毎年，翌年に必要な裁判員候補者の員数を算定し，管轄区域内の市町村に割り当てる。その通知を受けた市町村の選挙管理委員会は，選挙権のある者の中から通知された員数の者をくじで選び，その名簿を地方裁判所に送付し，地方裁判所ごとに裁判員候補者名簿を調製する。そして，個々の対象事件の第1回公判期日が決まると，候補者名簿の中からさらに抽選してその事件の裁判員候補者を選定し，裁判員等選任手続の行われる期日に呼び出す。選任手続期日には，裁判員候補者が欠格事由・就職禁止事由・不適格事由等に該当しないか，不公平な裁判をするおそれがないかなどを判断するために，候補者への質問が行われ，それらの事由に該当する候補者については，請求または職権により不選任の決定がされる。また，辞退を申し立てた候補者が辞退事由に該当する場合も，不選任決定がされる。これに加えて，訴訟当事者は，一定数まで理由を示さない不選任の請求をすることができる。このような手続を経て不選任とならなかった裁判員候補者の中から，規則の定める方法で裁判員および補充裁判員が選任される。

選任手続の性格をどのように理解するかについては，争いがあった。呼び出される候補者の中から当事者が裁判員としてふさわしいと考える者を積極的に選び出すために行われるものと考えるか，裁判員は無作為抽出によって選ばれるのが原則形態であるから，裁判員に適さない者を排除するために行われるものと考えるかによって，質問手続の在り方も異なってくる。検討会での議論を経て本法が採用した内容に照らすと，後者と考えるべきである（後記3経緯，5経緯(5)等参照）。

2 裁判員候補者名簿の調製

（裁判員候補者の員数の割当て及び通知）
第20条 ①　地方裁判所は，最高裁判所規則で定めるところにより，毎年9月1日までに，次年に必要な裁判員候補者の員数をその管轄区域内の市町村に割り当て，これを市町村の選挙管理委員会に通知しなければならない。
②　前項の裁判員候補者の員数は，最高裁判所規則で定めるところにより，地方裁判所が対象事件の取扱状況その他の事項を勘案して算定した数とする。

（裁判員候補者予定者名簿の調製）
第21条 ①　市町村の選挙管理委員会は，前条第1項の通知を受けたときは，選挙人名簿に登録されている者の中から裁判員候補者の予定者として当該通知に係る員数の者（公職選挙法（昭和25年法律第100号）第27条第1項の規定により選挙人名簿に同法第11条第1項若しくは第252条又は政治資金規正法（昭和23年法律第194号）第28条の規定により選挙権を有しなくなった旨の表示がなされている者を除く。）をくじで選定しなければならない。
②　市町村の選挙管理委員会は，前項の規定により選定した者について，選挙人名簿に記載（公職選挙法第19条第3項の規定により磁気ディスクをもって調製する選挙人名簿にあっては，記録）をされている氏名，住所及び生年月日の記載（次項の規定により磁気ディスクをもって調製する裁判員候補者予定者名簿にあっては，記録）をした裁判員候補者予定者名簿を調製しなければならない。
③　裁判員候補者予定者名簿は，磁気ディスク（これに準ずる方法により一定の事項を確実に記録しておくことができる物を含む。以下同じ。）をもって

調製することができる。

(裁判員候補者予定者名簿の送付)
第22条 市町村の選挙管理委員会は、第20条第1項の通知を受けた年の10月15日までに裁判員候補者予定者名簿を当該通知をした地方裁判所に送付しなければならない。

(裁判員候補者名簿の調製)
第23条 ① 地方裁判所は、前条の規定により裁判員候補者予定者名簿の送付を受けたときは、これに基づき、最高裁判所規則で定めるところにより、裁判員候補者の氏名、住所及び生年月日の記載(次項の規定により磁気ディスクをもって調製する裁判員候補者名簿にあっては、記録。第25条及び第26条第3項において同じ。)をした裁判員候補者名簿を調製しなければならない。
② 裁判員候補者名簿は、磁気ディスクをもって調製することができる。
③ 地方裁判所は、裁判員候補者について、死亡したことを知ったとき、第13条に規定する者に該当しないと認めたとき、第14条の規定により裁判員となることができない者であると認めたとき又は第15条第1項各号に掲げる者に該当すると認めたときは、最高裁判所規則で定めるところにより、裁判員候補者名簿から消除しなければならない。
④ 市町村の選挙管理委員会は、第21条第1項の規定により選定した裁判員候補者の予定者について、死亡したこと又は衆議院議員の選挙権を有しなくなったことを知ったときは、前条の規定により裁判員候補者予定者名簿を送付した地方裁判所にその旨を通知しなければならない。ただし、当該裁判員候補者予定者名簿を送付した年の次年が経過したときは、この限りでない。

(裁判員候補者の補充の場合の措置)
第24条 ① 地方裁判所は、第20条第1項の規定により通知をした年の次年において、その年に必要な裁判員候補者を補充する必要があると認めたときは、最高裁判所規則で定めるところにより、速やかに、その補充する裁判員候補者の員数をその管轄区域内の市町村に割り当て、これを市町村の選挙管理委員会に通知しなければならない。
② 前3条の規定は、前項の場合に準用する。この場合において、第22条中「第20条第1項の通知を受けた年の10月15日までに」とあるのは「速やか

に」と，前条第1項中「した裁判員候補者名簿」とあるのは「追加した裁判員候補者名簿」と，同条第4項ただし書中「送付した年の次年」とあるのは「送付した年」と読み替えるものとする。

（裁判員候補者への通知）
第25条 地方裁判所は，第23条第1項（前条第2項において読み替えて準用する場合を含む。）の規定による裁判員候補者名簿の調製をしたときは，当該裁判員候補者名簿に記載をされた者にその旨を通知しなければならない。

［解説］
(1) **趣旨等** 法20条から25条までは，裁判員候補者名簿の調製のための手続を定めている。その概略は以下のとおりであり，より具体的な事柄が規則で定められている（規11～15）。調製された裁判員候補者名簿は，調製された年の次年において行われる，呼び出すべき裁判員候補者の選定（法26③）に用いられることになる。

(2) **裁判員候補者名簿の調製までの手続** 各地方裁判所（国法上の裁判所）は，毎年9月1日までに，対象事件の取扱状況その他の事項を勘案して，次年に必要な裁判員候補者の員数を算定して管轄区域内の市町村に割り当て，市町村の選挙管理委員会に通知する（法20。員数算定の際の考慮事項につき規11①，市町村に割り当てる方法につき同②，支部で取り扱う場合につき同③④参照）。通知を受けた市町村の選挙管理委員会は，選挙人名簿に登録されている者（選挙権を有しなくなった旨表示された者を除く）の中から通知された員数の者をくじで選定し，その氏名・住所・生年月日を記載（または電磁的に記録）した裁判員候補者予定者名簿を調製し（法21），その名簿を10月15日までに地方裁判所に送付する（法22）。

裁判員候補者予定者名簿の送付を受けた地方裁判所は，これに基づき，氏名・住所・生年月日を記載・記録した裁判員候補者名簿を調製する（法23。名簿の様式および支部で取り扱う場合の調製の仕方等につき規12参照）。なお，裁判員候補

---

1) 裁判員候補者予定者名簿と裁判員候補者名簿は，これらに記載・記録された者が自己に関する情報が記載・記録されている部分の開示を求める場合を除いて，開示してはならない（規12③）。開示が禁止される対象者には，訴訟関係人も含まれる。

者が死亡したり，選挙権を有しなかったり，欠格事由または就職禁止事由に該当すると認められた場合は，同名簿から消除される（法23③，消除の方法につき規13参照）。次年の1月1日時点で満20年未満の者についても，同名簿から消除される（公選法等一部改正法（平成27法43）附則10②，前記Ⅰ2解説参照）。

地方裁判所は，裁判員候補者を補充する必要があると認めたときは，速やかに，補充すべき員数を管轄区域内の市町村に割り当て，市町村の選挙管理委員会に通知し，追加した裁判員候補者予定者名簿の送付を受ける。この場合の追加した裁判員候補者名簿の調製までの具体的手続の流れは，本来の候補者名簿の場合と同様である（法24，規14）。

なお，以上の「市」は，政令指定都市においては「区」に適用される（法104）。

(3) **裁判員候補者への通知と地方裁判所による調査**　裁判員候補者名簿を調製したときは，地方裁判所は，当該名簿に記載・記録をされた者にその旨を通知しなければならない（法25）。この通知の際に，地方裁判所は，消除事由（法23③）に該当するか否か，辞退事由等があって呼出しを要しない場合（法27①但書）に該当すると見込まれるか否かを調査するため，裁判員候補者に対し，調査票を用いて必要な質問をし，または必要な資料の提出を求めることができる（規15）。裁判員候補者の事情を早期に把握し，消除や呼出し対象からの除外ができれば，候補者にとって負担の軽減になることによる。調査票による調査は，質問票（法30）とは別に規則が創設した手続であり，返送等の義務を課すものではないが，質問票に先立つ第1段階の調査といえる。[2][3]

---

2) 実務上は，法25条に基づく裁判員候補者名簿登載通知を発する全員に調査票を併せて送付している。この調査票の中で，辞退事由関係では，裁判員候補者に選定された場合に，「定型的辞退事由（1年間を通じて辞退を希望できる事由）に基づく辞退を希望するか」，「職務従事予定期間が特定の参加困難月であった場合に辞退事由の存在を理由に辞退を希望するか」の2点を調査している。ここで「定型的辞退事由」とされているのは，70歳以上，学生または生徒，過去5年以内に裁判員・検察審査員等の職にあった，重い疾病または傷害により，年間を通じて裁判所に出頭することが困難な場合である（法16(1)，(3)ないし(5)，(7)，(8)(イ)）。「参加困難月」は，2か月を上限とする特定の月で，仕事上の事情，重要な用事・予定，出産予定，重い疾病または傷害，介護，育児等（法16(8)(イ)ないし(ニ)，辞退政令(1)ないし(3)，(6)）の辞退事由があるときに希望できるものとしている。調査票で上記の希望をした者が候補者に選定された場合の扱いについては，後記3解説注(7)参照。なお，この段階で希望しなくても，事前質問票（後記3解説(4)参照）への回答や選任手続期日において辞退を申し出ることができる。

Ⅱ　裁判員の選任手続　93

[経緯]

　審議会意見書は，「裁判員の選任については，選挙人名簿から無作為抽出した者を母体とし，更に公平な裁判所による公正な裁判を確保できるような適切な仕組みを設けるべきである。裁判員は，具体的事件ごとに選任され，一つの事件を判決に至るまで担当することとすべきである。」としていたため（Ⅳ第1の1⑵），選任までの手続は自ずと限られたものとなった。検討会でも，たたき台として，「選挙人名簿をもとに裁判員候補者名簿を作成する手続を設けるものとする。裁判員候補者名簿には，毎年，翌年1年間に必要となると認められる員数の選挙人名簿被登録者をくじで選定して登載するものとする。」との案が示された。これに対しては，無作為抽出の方法ではなく選定委員会を作って選任するという意見もあったが，審議会意見書に反する上，委員会の構成をどのようなものとするかなどさらに困難な問題も少なくないことから，たたき台に賛成する意見が多かった（5回・15回議事録参照）。本法も，それに沿う内容となっている。

[課題]

⑴　**候補者の員数**　候補者の員数は，地方裁判所が対象事件の取扱状況その他の事項を勘案して算定することになる（法20②）。その場合には，予測した対象事件の数から必要な裁判員の数を算定し，併せて補充裁判員が必要となる事件の割合とその場合に必要な補充裁判員の数を想定し，それを基礎として，呼出しを受けた候補者が出頭する見込み，辞退が認められると予想される者の数，訴訟当事者が行使する可能性のある理由を示さない不選任請求の数などを考慮して，算定することになる（規11①参照）。[4]

⑵　**選挙管理委員会との連携の重要性**　裁判員候補者名簿の調製までの手続

3）　調査票とその資料についても，自己に関する情報の開示を求める場合を除き，開示は禁止される（規15②，前掲注⑴参照）。これらは，「訴訟に関する書類」（刑訴法40①・270①）に当たらないから，訴訟関係人の閲覧・謄写の対象ともならない。

4）　全国における裁判員候補者名簿記載者数は，1年間を通じて制度が施行された最初の年である平成22年には34万4900人であったが，年々減少し，27年には23万3800人となった。経験を重ねることで，人数決定の際に考慮すべき各要素の予測精度が向上したことや，対象事件の減少傾向等が反映されたものであろう。ちなみに，制度施行から平成27年末までを通じた名簿使用率（実際に選定された候補者数の割合）は40.5％であるが，各年別に見ると，25年以降は50％台で推移している（前掲「裁判員制度の実施状況等に関する資料」参照）。

は，基本的には検察審査員候補者名簿を調製する場合と同様であり，市町村選挙管理委員会が関与することになる。裁判員が有権者の中から選ばれる（法13）ためである。もっとも，検察審査員の場合，以前は，候補者について死亡，選挙権喪失のほか欠格事由と就職禁止事由に該当するに至ったときにも，市町村選挙管理委員会に通知義務を課していた（平成19年法60号による改正前の検察審査会法12）のに対し，裁判員の場合には，死亡または選挙権喪失のときにのみ通知義務を課すこととなった（法23④）。欠格事由や就職禁止事由に該当するか否かは，調査票（規15）・質問票（法30）の利用や，選任手続における質問（法34）などによって必ずチェックされることや，そのチェックをあらかじめ選挙管理委員会に行わせることの負担などが考慮されたのであろう（検察審査会法も改正されて同様の仕組みに改められた）。本制度の運用に当たっては，裁判所と市町村選挙管理委員会との連携が必要であり，各市町村に割り当てる員数を算定する基礎となる有権者数を通知する時期・方法や，選挙権喪失等の事由の発生を確認する時期・方法，その通知の時期・方法等の具体的な運用については，検察審査員の場合の経験も踏まえて，両機関で協議しながら運用されている。

3　裁判員候補者の呼出し

（呼び出すべき裁判員候補者の選定）
第26条　①　対象事件につき第１回の公判期日が定まったときは，裁判所は，必要な員数の補充裁判員を置く決定又は補充裁判員を置かない決定をしなければならない。
②　裁判所は，前項の決定をしたときは，審判に要すると見込まれる期間その他の事情を考慮して，呼び出すべき裁判員候補者の員数を定めなければならない。
③　地方裁判所は，裁判員候補者名簿に記載をされた裁判員候補者の中から前項の規定により定められた員数の呼び出すべき裁判員候補者をくじで選定しなければならない。ただし，裁判所の呼出しに応じて次条第１項に規定する裁判員等選任手続の期日に出頭した裁判員候補者（第34条第７項の規定による不選任の決定があった者を除く。）については，その年において再度選定することはできない。

④　地方裁判所は，検察官及び弁護人に対し前項のくじに立ち会う機会を与えなければならない。

（裁判員候補者の呼出し）
第27条　①　裁判所は，裁判員及び補充裁判員の選任のための手続（以下「裁判員等選任手続」という。）を行う期日を定めて，前条第3項の規定により選定された裁判員候補者を呼び出さなければならない。ただし，裁判員等選任手続を行う期日から裁判員の職務が終了すると見込まれる日までの間（以下「職務従事予定期間」という。）において次の各号に掲げるいずれかの事由があると認められる裁判員候補者については，この限りでない。
(1)　第13条に規定する者に該当しないこと。
(2)　第14条の規定により裁判員となることができない者であること。
(3)　第15条第1項各号若しくは第2項各号又は第17条各号に掲げる者に該当すること。
(4)　第16条の規定により裁判員となることについて辞退の申立てがあった裁判員候補者について同条各号に掲げる者に該当すること。
②　前項の呼出しは，呼出状の送達によってする。
③　呼出状には，出頭すべき日時，場所，呼出しに応じないときは過料に処せられることがある旨その他最高裁判所規則で定める事項を記載しなければならない。
④　裁判員等選任手続の期日と裁判員候補者に対する呼出状の送達との間には，最高裁判所規則で定める猶予期間を置かなければならない。
⑤　裁判所は，第1項の規定による呼出し後その出頭すべき日時までの間に，職務従事予定期間において同項各号に掲げるいずれかの事由があると認められるに至った裁判員候補者については，直ちにその呼出しを取り消さなければならない。
⑥　裁判所は，前項の規定により呼出しを取り消したときは，速やかに当該裁判員候補者にその旨を通知しなければならない。

（非常災害時における呼出しをしない措置）
第27条の2　裁判所は，前条第1項本文の規定にかかわらず，第26条第3項の規定により選定された裁判員候補者のうち，著しく異常かつ激甚な非常災害により，郵便物の配達若しくは取集が極めて困難である地域又は交通が途絶

し若しくは遮断された地域に住所を有する者については，前条第1項の規定による呼出しをしないことができる。

(裁判員候補者の追加呼出し)
第28条 ① 裁判所は，裁判員等選任手続において裁判員及び必要な員数の補充裁判員を選任するために必要があると認めるときは，追加して必要な員数の裁判員候補者を呼び出すことができる。
② 第26条第3項及び第4項，第27条第1項ただし書及び第2項から第6項まで並びに前条の規定は，前項の場合に準用する。この場合において，第26条第3項中「前項の規定により定められた員数」とあるのは，「裁判所が必要と認めた員数」と読み替えるものとする。

(裁判員候補者の出頭義務，旅費等)
第29条 ① 呼出しを受けた裁判員候補者は，裁判員等選任手続の期日に出頭しなければならない。
② 裁判所の呼出しに応じて裁判員等選任手続の期日に出頭した裁判員候補者には，最高裁判所規則で定めるところにより，旅費，日当及び宿泊料を支給する。
③ 地方裁判所は，裁判所の呼出しに応じて裁判員等選任手続の期日に出頭した裁判員候補者については，最高裁判所規則で定めるところにより，裁判員候補者名簿から消除しなければならない。ただし，第34条第7項の規定による不選任の決定があった裁判員候補者については，この限りでない。

(質問票)
第30条 ① 裁判所は，裁判員等選任手続に先立ち，第26条第3項(第28条第2項において準用する場合を含む。)の規定により選定された裁判員候補者が，職務従事予定期間において，第13条に規定する者に該当するかどうか，第14条の規定により裁判員となることができない者でないかどうか，第15条第1項各号若しくは第2項各号又は第17条各号に掲げる者に該当しないかどうか及び第16条各号に掲げる者に該当するかどうか並びに不公平な裁判をするおそれがないかどうかの判断に必要な質問をするため，質問票を用いることができる。
② 裁判員候補者は，裁判員等選任手続の期日の日前に質問票の送付を受けた

> ときは，裁判所の指定に従い，当該質問票を返送し又は持参しなければならない。
> ③ 裁判員候補者は，質問票に虚偽の記載をしてはならない。
> ④ 前3項及び次条第2項に定めるもののほか，質問票の記載事項その他の質問票に関し必要な事項は，最高裁判所規則で定める。

［解説］

(1) **趣旨等** 法26条から30条までは，具体的事件について裁判員候補者を選定して呼び出すなど，裁判員選任手続の期日までの手続等について定めている。より具体的な事柄が規則で定められている（規16～23）。

(2) **呼び出すべき候補者の選定** 裁判所（裁判官のみの構成による受訴裁判所）が対象事件について公判前整理手続を行い，審理計画を立てた上で，[5]裁判長が第1回公判期日を指定することになる。それと並行して，裁判所は，原則的合議体によるか例外的合議体によるか（法2③参照）や，補充裁判員を置くか置かないか，置く場合には何名置くかを決定するとともに，審判に要すると見込まれる期間その他の事情（たとえば，審理予定時間に照らし辞退事由の認められる者が多いと予想されること，不適格を理由とする不選任請求や理由を示さない不選任請求がされる可能性など）を考慮して，呼び出すべき裁判員候補者の員数を定める（法26①②）[6]（なお，後記課題と実情(3)参照）。

地方裁判所（国法上の裁判所）は，その員数の候補者を候補者名簿の中からくじで選定し，選定録を作成する（法26③本文，規16）。もっとも，その年にすでに選任手続期日に出頭したことのある候補者は，辞退の申立てが認められて不選任となった者を除き，再度候補者として選定されることはない（法26③但書。なお法29③参照）。したがって，現実に裁判員または補充裁判員を務めた者のみでなく，選任手続期日に出頭したが不適格事由があったり，理由を示さない不選任請求がされたり，最終的なくじで選ばれなかったりした者も，同じ年に再

---

5) 現在の実務では，公判前整理手続がこの段階に至れば，同手続終結前でも選任のための手続を開始するのが通例であることにつき，第2章Ⅲ課題と実情(3)参照。
6) 選定する裁判員候補者数の決定に際して考慮される要素については，合田・前掲（第2章Ⅳ注(4)）「裁判員選任手続を巡って」174頁以下参照。

度呼び出されることはない。なお，この呼び出すべき候補者を選定するくじには，当該事件の検察官と弁護人に立ち会う機会を与えなければならない（法26④）。

(3) **候補者の呼出し**　この選定の結果を受けた裁判所は，裁判員等選任手続の期日を定めて，選定された裁判員候補者を呼び出す（法27①）。

ただし，例外的に呼び出さない場合もある。1つは，法27条1項各号に定める事由があると認められる候補者である。職務従事予定期間（選任手続の期日から裁判員の職務が終了すると見込まれる日までの間）において，選挙権を失うこと，欠格事由または就職禁止事由に該当すること，事件に関連する不適格事由に該当すること，あるいは辞退の申立てがあって辞退事由に該当することが認められる候補者が挙げられている。もう1つは，災害非常時の場合であって，候補者が「著しく異常かつ激甚な非常災害により，郵便物の配達若しくは取集が極めて困難である地域又は交通が途絶し若しくは遮断された地域に住所を有する者」の場合には，呼出しをしないことができるとされている（法27の2）。この後者の場合は，東日本大震災での経験を踏まえ，平成27年改正法によって，追加されたものである（後記経緯参照）。ここにいう「災害」の意味についても，災害対策基本法の「災害」と同意義である（前記Ⅰ5解説(3)注(5)参照）。「著しく異常かつ激甚な非常災害」とは，阪神淡路大震災，新潟県中越地震，東日本大震災のような極めて重大な災害を意味する。「郵便物の配達若しくは取集が極めて困難」とは，道路が崩壊して郵便物の集配人が移動できないような場合だ

---

7) 調査票（規15）の回答において，定型的辞退事由による辞退や参加困難月についての辞退を希望していた者（前記2解説注(2)参照）が，呼び出すべき候補者に選定された場合には，その段階で回答記載の事由による辞退の申し出があるものとして扱い，辞退事由の存在が認められれば，呼出状を送付しない。また，後記(4)記載の分離発送方式を採った場合は，質問票の回答によって，辞退事由等の存在が認められれば，呼出状を送付しないことになる。

8) 東日本大震災の経験を踏まえて，同時に追加された辞退事由（法16(8)㊋）については，前記Ⅰ5解説(3)・同経緯参照。法27条の2の趣旨は，同条にあるような災害の被害を受け，交通が途絶するなどした地域に住所を有する候補者は，選任手続期日に出頭したり，裁判員の職務を行うことが困難であることは明らかであり，また，仮にそのような候補者が辞退の申立て等をすれば，これが認められることは明らかであるものの，その申立てを行うこと自体が困難であるのが通常であり，過料の制裁を伴う出頭の法的義務を生じさせる呼出しを行うことは，現実に過料に処されることは考えにくいとしても，なお，過重な負担を負わせるもので相当でないことから，これを避ける点にある。

けではなく、郵便局が破壊されたり職員が出勤できないことにより郵便業務を行うことができないなどの理由によって、郵便の配達や取集が極めて困難になっていることをいう。また、「交通が途絶し若しくは遮断された」とは、道路や線路が破壊されて交通が途絶したり、放射線物質が漏出したことにより道路の交通規制が行われるなどして交通が遮断されることをいう。「呼出しをしないことができる」とされたのは、呼出しをしないこととされた地域に住所を有する候補者であっても、選定されたその候補者が、自分については呼び出してほしいと申し立て、呼出しが可能である場合には呼び出す余地を残す趣旨である。

また、いったん呼び出した候補者であっても、その後、出頭すべき期日までに法27条1項各号の事由が認められた候補者については、直ちに呼出しを取り消さなければならない（法27⑤⑥）。なお、そのような事情によって候補者を追加して呼び出す必要が生じたような場合の手当として、裁判所は、追加して必要な数の候補者を呼び出すことができるとされている（法28）。

呼出しは、出頭すべき日時・場所、職務従事予定期間、出頭に応じないと過料の制裁があることなどを記載した呼出状を送達して行われる（法27②③、規18）。選任手続期日と呼出状の送達との間には、少なくとも2週間の猶予期間

---

9) この点で、法16条8号(ホ)が「重大な災害」としているのより限定的である。これは、辞退事由は、裁判員候補者の具体的事情を個別に判断することを前提に、裁判員制度の趣旨と個々の国民の負担を衡量して裁判員となる義務を免除すべき典型的な場合がどのようなものかを定めるものであるのに対し、本条の場合は、一定の地域に住所を有する者に対する呼出しを一律に除外する措置を可能とするのであるから、特に例外的な場合に限定されるべきであると考えられたことによる。

10) 法27条1項各号の事由が認められる候補者について、判明したのが呼出しの前後のいずれかに応じて、呼び出さなかったり、呼出しを取り消すこととされているのは、裁判員として選任されない事由のあることが明白な候補者、特に辞退を求めている辞退事由該当者まで選任手続期日に出頭させるのは過重な負担を負わせることになるとの考慮によるものと思われる。

11) 規18条は、呼出状に職務従事予定期間を記載しなければならないとしているが、実務では、単に期間を示すのではなく、裁判員の職務（審理・評議・判決の各手続への出席）を果たすために裁判所に出頭を要すると見込まれるすべての日を具体的に記載している。

12) 実務においては、「呼出状」という名称に抵抗を感じるとの指摘があることを踏まえ、文書の表題を「裁判員選任手続期日のお知らせ」とした上で、呼出状であることを付記している。付記する理由は、裁判員法において、呼出しの方法が「呼出状の送達」に限定されており（法27②）、本文記載の出頭義務、過料の制裁、旅費等の支給、一度出頭した候補者の名簿からの消除といった点も、適法な呼出しの存在を前提とするものであるから、候補者に送付した書面が法に規定されている「呼出状」であることを明確にするためである。

を置かなければならない（法27④，規20）。なお，呼出状の発送時期については，特段の事情のない限り，選任手続期日の6週間前までに発送すべきものとされている（規19）。呼出しを受けた裁判員候補者が日程調整に必要と思われる期間等を考慮して，訓示的に余裕のある発送時期を定めるとともに，追加呼出し（法28）があり得ることや，迅速な裁判の要請等との調整を図り，より短い猶予期間が定められたものである。

呼出しを受けた候補者は，選任手続期日に出頭しなければならず（法29①），正当な理由がなく出頭しないときは，10万円以下の過料に処せられる（法112(1)）。出頭した候補者には，旅費，日当，宿泊料が支給される（法29②）。また，1度呼出しを受けて出頭した裁判員候補者については，辞退を申し立てて認められた場合を除き，その年に再び呼び出されることはないから（法26③），候補者名簿からも消除される（法29③，規13）。

(4) **質問票**　裁判所は，選任手続に先立ち，選定された裁判員候補者に対し，選任資格の有無のほか，欠格事由，就職禁止事由，事件関連不適格事由，辞退事由に該当するかどうかや，不公平な裁判をするおそれがないかどうかについて判断するのに必要な質問をするため，質問票を用いて回答を求めることができる（法30①）。欠格事由等に該当する者が選任手続期日に出頭しなくてもよいようにするとともに（法27⑤参照），選任手続期日における質問（法34①）を簡略化させるのに役立つからである。調査票（前記2解説(3)）に続く，第2段階の調査といえる。質問票には，上記判断に必要な質問や，返送の期限，虚偽記載に関する制裁等が記載され（規22），これに関連して必要な資料の提出が求められることもある（規23）。候補者は，質問票に虚偽の記載をしてはならず，虚偽の記載をして提出した場合には30万円以下の過料に処せられ（法111），場合によっては併せて50万円以下の罰金に処せられる（法110）。

質問票としては，選任手続期日に先立って送付される事前質問票と，選任手続期日の当日に交付される当日質問票が考えられるが，実務上は，ほとんどの事件でその双方が用いられている。事前質問票は，通常は呼出状とともに送付されているが（同時発送方式），長期間の審理が必要となる事件等においては，まず質問票を送付し，回答結果等から辞退事由に該当する候補者等を除いて呼出状を発送することも考えられよう（分離発送方式）。事前質問票においては，

呼出し取消し等の判断ができるように，欠格事由，就職禁止事由，辞退事由に関する質問が主とされ，当日質問票においては，事件に関連する不適格事由や不公平な裁判をするおそれに関する質問が主とされている。

[経緯]

　裁判員候補者の呼出しについては，検討会において，次のようなたたき台が示された。すなわち，裁判官が，公判期日が定まったときに，必要な数の裁判員候補者を候補者名簿からくじで選定し，質問手続を行う期日を定めて裁判員候補者を呼び出し，事前に欠格事由等を確認するため質問票を送付するという内容であった。このうち，「必要な数」をどのように考えるかについては議論があり，裁判員としてふさわしい者を選ぶために，3倍以上の候補者を一律に呼び出す必要があるとする意見と，呼び出される候補者の負担を考えると，個別の事件に応じて裁判所が必要と考える人数を呼び出せば足りるとする意見に分かれた。本法は，後者の意見に沿ったものとなっている。その余の点については，基本的な考え方に異論はなかった(15回・24回議事録参照)。

　見直し検討会においては，東日本大震災の際に，仙台地裁，福島地裁，同庁郡山支部，盛岡地裁の4庁において，震災と原発事故の被災地域のうち，呼出状の送達や質問票の返送が困難であったり，選任手続期日に出頭するのが困難であると認められる地域に住所を有する候補者に対して，明文の規定はないものの，当面の措置として，呼出状を送付しないという措置を採り，その後の郵便・交通事情の回復等に照らして措置を解除した地域もあるが，原発事故の関係では，その措置を続けている地域もあることを踏まえ，甚大な災害発生等の非常事態時における候補者の呼出しと辞退事由の在り方が検討された。その結果，呼出状を送付しないという取扱いを可能にする根拠規定と新たな辞退事由の類型の規定の双方を置くべきであるとする意見が大勢を占めたが，前者の規

---

13) 見直し検討会14回議事録，法制審議会刑事法（裁判員制度関係）部会3回議事録参照。なお，仙台地裁で採られたこの措置について，仙台高判平24・9・13高検速報24年3号は，「法27条1項ただし書きが，裁判員候補者として呼び出すことが無益であったり過重な負担となることを避けるという趣旨であることなどに照らすと，天災等の例外的な事情によって甚大な被害を受けた一定の地域に居住する候補者を呼び出すことが明らかに無益であったり，多くの者が辞退を申し出る高い蓋然性があることを合理的に推認できる場合には，一律に呼び出さない措置を採ることを同項は許容している」旨判示して，違法はないとしている。

定を置くに当たっては，裁判所が呼出しを行うか否かの判断の裁量があまりに大きくなったり，裁判員を務めてみたいという候補者を広く排除するような仕組みとすることのないよう配慮すべきであるとの指摘がなされた（取りまとめ報告書15頁）。これを受けて，法制審議会に「法第27条第1項又は第97条第2項の規定にかかわらず，裁判員候補者又は選任予定裁判員を裁判員等選任手続の期日に呼び出すに当たり，著しく異常かつ激甚な非常災害により，交通が途絶し若しくは遮断され又は郵便物の取集，運送若しくは配達が極めて困難である地域に住所を有する者については，法第27条第1項又は第97条第2項の呼出しをしない措置を採ることができるものとすること」との諮問がなされ，その旨の答申を経て，平成27年改正法によって，27条の2が追加された。[14]

[課題と実情]

(1) **第1回公判期日の指定** 受訴裁判所が公判前整理手続によって争点整理を行い，審理計画を立てた後，裁判長が第1回公判期日を指定することになるが，裁判員候補者の選定，呼出し等に要する期間と，裁判員等選任手続に要する時間を考えて，その期日を指定することになる。選任手続に要する時間についても，公判前整理手続において両当事者の意見を聴いて審理計画に組み込む必要がある。[15] 午前中で選任手続が終わり，午後には公判審理を開始できる場合には，第1回公判期日を選任手続と同じ日の午後に指定することが可能であるし，選任手続に要する時間がより短いと見込まれる場合には，選任手続に引き続いて公判期日を開くことができるように，「○月○日午前10時（同時刻から行われる裁判員等選任手続終了後引き続き）」というような指定をすることも可能と解されよう。訴訟当事者は選任手続から出席し，被告人も必要に応じて同手続に出席するので（法32参照），そのような指定の方法でも不利益は生じないと思われるからである。なお，公判前整理手続で立てられた審理計画によると数日間の審理を要する見込みという事件であれば，まとめて一連の公判期日を指定

---

14) 答申と法27条の2には，表現上の違いがあるが，実質的な差異はない。なお，選任予定裁判員の関係については，法97条5項の改正の形が採られた。

15) 実例を重ねることにより，選任手続期日に要する時間のおおよその予測はできるようになっているので，裁判所がそれを告げ，当事者に特に異論がなければ，そのとおりの時間枠とするのが通例である。

することになり，また，証人尋問の予定があれば，それぞれの証人を尋問予定日時に召喚するか在廷させる手配をしておくなどの必要もある。

　他方，選任手続期日を第1回公判期日より何日か前とすることも，可能である。選任手続期日と公判期日の指定の在り方については，個別の事件ごとに，審理予定期間や地域の実情（公共交通機関の便，天候等）などを踏まえつつ，間隔をあけることによるメリットとデメリット（選任手続期日と公判期日の間隔をあければ，選任されなかった裁判員候補者のスケジュールの再調整が容易になり得る反面，トータルの出頭日数が増え，裁判員・補充裁判員に選任された者の負担が増す場合もあり得ること，別の日とすることによって，選任された裁判員等について新たな参加障害事由が生じる可能性があり，そのことをあらかじめ考慮に入れて多くの補充裁判員を選任しておく必要が生じることなど）を総合考慮して判断すべき事柄である。実務的には，選任手続期日と第1回公判期日を別の日とする運用が多くなっている。[16]

　(2) **呼び出すべき裁判員候補者の選定方式**　呼び出すべき裁判員候補者は，受訴裁判所がその員数を定め，その事件の訴訟当事者に立会いの機会を与えて地方裁判所が選定することとされており（法26④），1度選任手続期日に出頭すれば，辞退の申立てが認められた場合を除き，裁判員に選任されなくても，同じ年に再度選定されることはないとされている（同③）から，ある事件で選定された裁判員候補者が同時に他の事件の候補者ともなるということは想定されていない。対象事件を並行して審理することのない多くの地方裁判所では，それで足りるであろう。しかし，複数の対象事件の選任手続が並行して行われるような規模の裁判所では，ある程度の員数の候補者を流用できる方が便利なように思われる。それにより，各受訴裁判所が呼び出すべき候補者の員数を定める際にも，万一の場合に備えて員数を増すようなことをせずにすみ，結局は各受訴裁判所の定める員数の単純な合計数より少ない員数で足り，呼び出されて不選任となる候補者の数をそれだけ少なくすることができ，国民の負担の軽減

---

[16]　制度施行当初は，選任手続に引き続いて公判を開く方が負担が少ないとして審理計画を立てることが多かったが，裁判員経験者の意見も踏まえた試行錯誤の結果，次第に選任手続期日と第1回公判期日を別の日とする取扱いが増加し（見直し検討会12回議事録参照），庁によっては，それが大部分になっている。選任手続期日の翌日に第1回公判期日を行う例から，1週間や10日程度あける例まであるが，2，3日程度の間隔を置くことが多いようである。

にも資するように思われるからである。このような方策は，現行法の下では採用し難いものの，対象事件数が増大した場合などは，立法論として検討される余地があろう。

(3) **呼び出すべき裁判員候補者の数**　これを決める際の考慮要素については前記解説(2)で触れたが，予測で決めなければならないものが多いだけに，経験の蓄積による精度の向上があるとはいえ，必然的に不確実性が伴い[17]，実際の判断には困難が伴う。選任手続期日に出席する候補者数が不足して，必要な数の裁判員等が選任できなくなれば，裁判の進行に影響するだけではなく，選任手続期日に出席した候補者に無駄足を踏ませることにもなりかねない[18]。他方で，最終的に選任する裁判員と補充裁判員の数は決まっているので，選任手続期日に出頭義務を負う候補者数が多すぎると，期日に出頭したが不選任になる候補者が増える[19]。国民の負担をなるべく必要最小限に抑えつつ，裁判の進行に影響がない運用をするために，実務では，選任手続期日に実際に出頭する候補者数が20人台になることを目標に手続面での工夫をするようになっている[20]。具体的には，近い時期の辞退率や出席率等を念頭に置きながら，その目標の範囲に収めるために発送する必要のある呼出状の数を想定した上で，「呼び出さない措置」(前記解説注(7)参照)の対象者がいることも勘案して選定数(法26②)を定め，選定された者の中から「呼び出さない措置」を採る者を除いた実際の数が発送を予定している数より不足していれば，追加選定を行う[21]。その後，事前質問票の回答により，呼出しを取り消す者が予想より多くなれば，必要に応じてその

---

17) 同一の候補者名簿から同時期に呼び出すべき候補者を選定した複数の事件の間でも，事前質問票による辞退申出の割合が2倍以上異なるといったことは，実務上珍しいことではない。
18) このような事例では，出頭した候補者の中から選任可能な数の者をまず選任したとしても，不足分の追加選任手続を行わなければならず，結局，呼出し段階で知らせていたのとは異なる時期を実際の職務従事期間とせざるを得ないから，スケジュールの再調整や，場合によっては新たな辞退事由の発生を理由とする辞退申出等の負担を負わせることになる。
19) 選任手続期日に出頭するに際しては，あらかじめスケジュール調整をしておく候補者が相当数いるであろうし，経験者の感想からしても，裁判員になるかもしれないということで精神的緊張を感じる候補者が多いと思われる。
20) 見直し検討会10回議事録参照。
21) この追加選定は，法28条が根拠となるが，通常は最初の選定と同一日か翌日までに行い，最初の選定の対象者と同一時期に呼出状を発送する。

段階で追加選定・呼出し（法28）を行うというものである。ある程度確実な数で始めて，小まめに修正しながら手続を進め，20人台の出頭は確保するけれども，他方で国民にかける負担は過大にならないようにするという考え方である。統計で見ると，制度施行から平成27年末までの判決1件当たりの平均値で，選定数が94.6人，呼出状の送付数が67.4人，選任手続期日出頭数が28.8人である。

(4) **裁判員候補者選定の際の訴訟当事者の立会い**　呼び出すべき裁判員候補者を地方裁判所がくじで選定する際には検察官および弁護人に立ち会う機会を与えなければならないとされている（法26④）。検察審査員の選定の場合（検察審査会法13②）を参考にして，選定手続の公正を担保しようとしたものと考えられる。しかし，裁判員候補者の選定の場合は，立会人が選定された者の氏名等を確認しながら行う検察審査員の選定とは異なり，立会人には，選定された候補者の氏名をその場では知らせないことを前提としている。というのは，法31条1項が，選定されて呼び出されるべき裁判員候補者の氏名については，裁判

---

22) 呼出状の送達と選任手続期日の間には2週間の猶予期間を置く必要がある（規20）。最初に発送する呼出状を選任期日の6週間前までに発送するようにしている（規19条は訓示規定であるが，実務はそれに従って運用されている）のと対比すると，この段階で呼出しを受ける候補者には短時間でスケジュール調整をしなければならない負担が生じるが，この段階での呼出数も可能な限り絞り込むようにしている（前記注⑳の議事録参照。なお，この措置を採った場合には，選任手続期日において，近い時期の呼出しになった経緯を説明している）。あらゆる意味での国民の負担がなく選任手続を進めることは不可能であるから，このような工夫は相当なものというべきであろう。

23) 前掲「裁判員制度の実施状況等に関する資料」の同期間の速報値による。

24) 各年別で見ると，平成25年までは，選定数が80ないし90人台，呼出状送付数が60人台で推移していたのが，26年以降は，選定数が100人を超え，呼出状送付数も70人台となっている。辞退率や出席率の変化（前記Ⅰ5課題(3)参照）が影響しているものであろう。

25) 選任手続期日の出頭者数は，平成21年が38.1人，22年が32.2人であったのが，23年に29.0人になり，24年以降は27人台で推移している。本文で述べた選定や呼出状送付の数を増加させる調整によって，安定した20人台の出頭者が確保されているといえよう。ちなみに，検証報告書6頁は，選任手続期日の理由なし不選任請求直前の人数（期日の出席者から当日辞退が認められた者等を除いた数）が24人程度であることを「適正な規模」としているところ，この段階での数値は，24年から27年まで23人台を維持している。

26) ただし，選任手続期日において辞退を認められる者が多数生じると見込まれる場合には，確保すべき出頭者数を20人台よりも増加させることになる。辞退申出数に与える影響が大きいのは，職務従事予定期間の長さと事件の内容であるが，前者の影響については，大部分が事前質問票段階で現れるので，選任手続期日段階においては，後者の影響の点を中心的に勘案することが多い。

長が選任手続期日の2日前までに訴訟当事者にそれを記載した名簿を送付することとしており，この規定は，あまり早く知らせることには弊害があるという意見をも考慮して設けられた規定だからである（後記4経緯参照）。呼び出すべき候補者の氏名を訴訟当事者に何日前に知らせるかは裁判長が判断する事柄であって，候補者選定を行う地方裁判所がそれ以前に勝手に氏名を知らせることは許されないものと解される。このように，この立会いは，くじが適正に行われることや，その年にすでに選任手続期日に出頭したことのある者を除くという手続も公正に行われることを担保するためのものであるが，選定された候補者の氏名を立会人に知らせずに行うことから，くじのシステムの公正さの確認にとどまるので，制度施行当初は当事者が立ち会う例があったが，その後はほとんどなくなっている。

(5) **辞退事由該当性を判断する時期と主体**　裁判員候補者名簿に登載された旨の通知と併せて送付される調査票の回答において辞退を希望した者が呼び出すべき候補者に選定された場合，回答内容が辞退事由に該当するとして呼出しをしない措置を採るか否かは，受訴裁判所が判断する（法27①但書）。具体的な職務従事予定期間との関係で定まる辞退事由について，受訴裁判所が判断すべきは当然として，これと関係なく該当することが明白な辞退事由（定型的辞退事由）もあるから，辞退事由によっては地方裁判所が判断できる方途を設けておいた方が効率的だったのではないかとも思われる。もっとも，地方裁判所において，調査票の回答を集計・整理し，受訴裁判所（またはこれを構成するであろう裁判官）との間で，定型的辞退事由の申出数やその内訳等についてあらかじめ情報を共有するなど，一定の運用上の工夫をすれば，実質的にほぼ同様の効率化を図ることが可能であろう。

---

27) たとえば，調査票の回答において70歳以上であることを理由に辞退を申し出ている候補者については，呼び出すべき候補者に選定されたとしても，受訴裁判所の判断により呼出しをしないことになるから（法27①但書），実際に呼び出される人数は，選定された人数よりも少なくなる。したがって，呼び出すべき候補者数を過不足なく定めるためには，裁判員候補者名簿全体に占める定型的辞退事由申出者数の割合など，調査票の回答を集計・整理した結果を十分に踏まえる必要がある。大規模庁では，数名の裁判官で作業チームを作り，調査票の回答に定型的辞退事由による辞退希望が記載されているものについては，辞退事由該当可能性を準備的に検討し，その結果を各裁判体で共有するようにしているところもある。

4 裁判員候補者に関する情報の開示

(裁判員候補者に関する情報の開示)
第31条 ① 裁判長(第2条第3項の決定があった場合は，裁判官。第39条を除き，以下この節において同じ。)は，裁判員等選任手続の期日の2日前までに，呼び出した裁判員候補者の氏名を記載した名簿を検察官及び弁護人に送付しなければならない。
② 裁判長は，裁判員等選任手続の期日の日に，裁判員等選任手続に先立ち，裁判員候補者が提出した質問票の写しを検察官及び弁護人に閲覧させなければならない。

[解説]
　法31条は，裁判員候補者に関する情報を訴訟当事者に開示する時期，方法等について定めている。
　訴訟当事者としては，裁判員を選任するに際して，裁判員候補者の事件との関係の有無などを確認する必要があると考えられる。そこで，その判断材料が得られるようにするため，裁判長は，選任手続期日の2日前までに，呼び出した候補者の氏名を記載した名簿を検察官と弁護人に送付するとともに，同期日に，選任手続に先立って，候補者の提出した質問票の写しを検察官と弁護人に閲覧させる(法31)。訴訟当事者が，候補者について不選任の請求をするか否かを判断する資料を提供するものであるが，選任手続がアメリカの一部法域で行われている費用と時間のかかる陪審員選任手続のようなものとはならないように，開示は氏名のみで2日前までとされ，また，候補者に関するプライバシーを保護するため，質問票については閲覧できるにとどめられている。被告人に対しては，弁護人が必要な範囲で伝達することとして，開示の必要性とプライバシー保護等の要請との調整を図っている。訴訟当事者が正当な理由なく候補者の氏名や質問票に記載した内容を漏らしたときは，1年以下の懲役または50万円以下の罰金に処せられる(法109)。

[経緯]
　裁判員候補者に関する情報を訴訟当事者に事前に開示する点については，検

討会において，たたき台として，「裁判官は，質問手続の日より○日前に，召喚した裁判員候補者の氏名を記載した名簿を検察官及び弁護人に送付するものとする。裁判官は，質問手続の日に，当該手続に先立ち，裁判員候補者の質問票に対する回答の写しを，検察官及び弁護人に閲覧させることができるものとする。」との案が示された。事前の氏名の開示については，たたき台の案を相当とし，数日前までとする意見もあったが，訴訟当事者が事前に氏名を開示される必要性があるとしても，あまり早く行うべきではないという意見もあった。後者は，あまり早くすると，候補者について綿密な身辺調査を行うなどして選任・不選任の資料とするような事態が生じかねないことを理由とするものであった（15回・24回議事録参照）。本法は，訴訟当事者の必要性と弊害の防止という両方の要請のバランスを考えたものと理解される。

なお，質問票の回答書を閲覧させる点については，たたき台として，(a)それが関係者の名誉または生活の平穏を著しく害するおそれがあると認められるときに，閲覧の全部または一部を制限できるとする案と，(b)正当な理由なく回答内容を漏らした者に対し罰則を設けるという案が示されたが，前者を支持する意見がなかったこともあり（15回議事録参照），後者に沿う内容となっている。

5 裁判員等選任手続

（裁判員等選任手続の列席者等）
第32条 ① 裁判員等選任手続は，裁判官及び裁判所書記官が列席し，かつ，検察官及び弁護人が出席して行うものとする。
② 裁判所は，必要と認めるときは，裁判員等選任手続に被告人を出席させることができる。

（裁判員等選任手続の方式）
第33条 ① 裁判員等選任手続は，公開しない。
② 裁判員等選任手続の指揮は，裁判長が行う。
③ 裁判員等選任手続は，第34条第4項及び第36条第1項の規定による不選任の決定の請求が裁判員候補者の面前において行われないようにすることその他裁判員候補者の心情に十分配慮して，これを行わなければならない。

④　裁判所は，裁判員等選任手続の続行のため，新たな期日を定めることができる。この場合において，裁判員等選任手続の期日に出頭した裁判員候補者に対し当該新たな期日を通知したときは，呼出状の送達があった場合と同一の効力を有する。

(被害者特定事項の取扱い)
第33条の2　①　裁判官，検察官，被告人及び弁護人は，刑事訴訟法第290条の2第1項又は第3項の決定があった事件の裁判員等選任手続においては，裁判員候補者に対し，正当な理由がなく，被害者特定事項（同条第1項に規定する被害者特定事項をいう。以下この条において同じ。）を明らかにしてはならない。
②　裁判長は，前項に規定する裁判員等選任手続において裁判員候補者に対して被害者特定事項が明らかにされた場合には，当該裁判員候補者に対し，当該被害者特定事項を公にしてはならない旨を告知するものとする。
③　前項の規定による告知を受けた裁判員候補者又は当該裁判員候補者であった者は，裁判員等選任手続において知った被害者特定事項を公にしてはならない。

(裁判員候補者に対する質問等)
第34条　①　裁判員等選任手続において，裁判長は，裁判員候補者が，職務従事予定期間において，第13条に規定する者に該当するかどうか，第14条の規定により裁判員となることができない者でないかどうか，第15条第1項各号若しくは第2項各号若しくは第17条各号に掲げる者に該当しないかどうか若しくは第16条の規定により裁判員となることについて辞退の申立てがある場合において同条各号に掲げる者に該当するかどうか又は不公平な裁判をするおそれがないかどうかの判断をするため，必要な質問をすることができる。
②　陪席の裁判官，検察官，被告人又は弁護人は，裁判長に対し，前項の判断をするために必要と思料する質問を裁判長が裁判員候補者に対してすることを求めることができる。この場合において，裁判長は，相当と認めるときは，裁判員候補者に対して，当該求めに係る質問をするものとする。
③　裁判員候補者は，前2項の質問に対して正当な理由なく陳述を拒み，又は虚偽の陳述をしてはならない。
④　裁判所は，裁判員候補者が，職務従事予定期間において，第13条に規定する者に該当しないと認めたとき，第14条の規定により裁判員となることがで

きない者であると認めたとき又は第15条第1項各号若しくは第2項各号若しくは第17条各号に掲げる者に該当すると認めたときは，検察官，被告人若しくは弁護人の請求により又は職権で，当該裁判員候補者について不選任の決定をしなければならない。裁判員候補者が不公平な裁判をするおそれがあると認めたときも，同様とする。
⑤　弁護人は，前項後段の場合において同項の請求をするに当たっては，被告人の明示した意思に反することはできない。
⑥　第4項の請求を却下する決定には，理由を付さなければならない。
⑦　裁判所は，第16条の規定により裁判員となることについて辞退の申立てがあった裁判員候補者について，職務従事予定期間において同条各号に掲げる者に該当すると認めたときは，当該裁判員候補者について不選任の決定をしなければならない。

（異議の申立て）
第35条　①　前条第4項の請求を却下する決定に対しては，対象事件が係属する地方裁判所に異議の申立てをすることができる。
②　前項の異議の申立ては，当該裁判員候補者について第37条第1項又は第2項の規定により裁判員又は補充裁判員に選任する決定がされるまでに，原裁判所に対し，申立書を差し出し，又は裁判員等選任手続において口頭で申立ての趣旨及び理由を明らかにすることによりしなければならない。
③　第1項の異議の申立てを受けた地方裁判所は，合議体で決定をしなければならない。
④　第1項の異議の申立てに関しては，即時抗告に関する刑事訴訟法の規定を準用する。この場合において，同法第423条第2項中「受け取つた日から3日」とあるのは，「受け取り又は口頭による申立てがあつた時から24時間」と読み替えるものとする。

（理由を示さない不選任の請求）
第36条　①　検察官及び被告人は，裁判員候補者について，それぞれ，4人（第2条第3項の決定があった場合は，3人）を限度として理由を示さずに不選任の決定の請求（以下「理由を示さない不選任の請求」という。）をすることができる。
②　前項の規定にかかわらず，補充裁判員を置くときは，検察官及び被告人が

理由を示さない不選任の請求をすることができる員数は，それぞれ，同項の員数にその選任すべき補充裁判員の員数が1人又は2人のときは1人，3人又は4人のときは2人，5人又は6人のときは3人を加えた員数とする。
③　理由を示さない不選任の請求があったときは，裁判所は，当該理由を示さない不選任の請求に係る裁判員候補者について不選任の決定をする。
④　刑事訴訟法第21条第2項の規定は，理由を示さない不選任の請求について準用する。

（選任決定）
第37条　①　裁判所は，くじその他の作為が加わらない方法として最高裁判所規則で定める方法に従い，裁判員等選任手続の期日に出頭した裁判員候補者で不選任の決定がされなかったものから，第2条第2項に規定する員数（当該裁判員候補者の員数がこれに満たないときは，その員数）の裁判員を選任する決定をしなければならない。
②　裁判所は，補充裁判員を置くときは，前項の規定により裁判員を選任する決定をした後，同項に規定する方法に従い，その余の不選任の決定がされなかった裁判員候補者から，第26条第1項の規定により決定した員数（当該裁判員候補者の員数がこれに満たないときは，その員数）の補充裁判員を裁判員に選任されるべき順序を定めて選任する決定をしなければならない。
③　裁判所は，前2項の規定により裁判員又は補充裁判員に選任された者以外の不選任の決定がされなかった裁判員候補者については，不選任の決定をするものとする。

（裁判員が不足する場合の措置）
第38条　①　裁判所は，前条第1項の規定により選任された裁判員の員数が選任すべき裁判員の員数に満たないときは，不足する員数の裁判員を選任しなければならない。この場合において，裁判所は，併せて必要と認める員数の補充裁判員を選任することができる。
②　第26条（第1項を除く。）から前条までの規定は，前項の規定による裁判員及び補充裁判員の選任について準用する。この場合において，第36条第1項中「4人（第2条第3項の決定があった場合は，3人）」とあるのは「選任すべき裁判員の員数が1人又は2人のときは1人，3人又は4人のときは2人，5人又は6人のときは3人」と，前条第1項中「第2条第2項に規定

する員数」とあるのは「選任すべき裁判員の員数」と読み替えるものとする。

(宣誓等)
第39条 ① 裁判長は,裁判員及び補充裁判員に対し,最高裁判所規則で定めるところにより,裁判員及び補充裁判員の権限,義務その他必要な事項を説明するものとする。
② 裁判員及び補充裁判員は,最高裁判所規則で定めるところにより,法令に従い公平誠実にその職務を行うことを誓う旨の宣誓をしなければならない。

(最高裁判所規則への委任)
第40条 第32条から前条までに定めるもののほか,裁判員等選任手続に関し必要な事項は,最高裁判所規則で定める。

[解説]
(1) **趣旨等** 法32条から40条までは,裁判員および補充裁判員を選任する手続等について定めている。より具体的な事柄が規則で定められている(法40,規24~37)。

(2) **選任手続の方式等** 裁判員と補充裁判員を選任するために行われる裁判員等選任手続は,裁判官,裁判所書記官のほか,検察官および弁護人が出席して行われ,裁判所が必要と認めた場合には被告人を出席させることができる(法32,後記経緯(1)参照)。裁判官は,原則的合議体では3人の裁判官であり,裁判長がこの手続を指揮する(法33②)。例外的合議体であれば1人の裁判官がこれを行うことになる。検察官のみでなく,弁護人も出席しなければ,この手続を行うことはできない(出席の機会を与えるだけでは足りない)。なお,選任手続期日の通知につき規17条,同期日の変更につき規21条参照。

選任手続は,裁判員候補者のプライバシーに関することなども明らかになり

---

28) 原則としては,弁護人が出席しなければ裁判員等選任手続を行うことはできないが,同手続は公判審理ではなく,職権により公正な裁判体を構成するための方策も確保されているのであるから,弁護人が出席の機会を与えられながら合理的な理由なく出席しないような場合には,例外的に手続を行うことができると解されよう(辻裕教・解説s・曹時59巻12号103頁参照)。もっとも,公的弁護を担う日本司法支援センターが設立されて(総合法律支援法),裁判員制

得るため，非公開で行われる（法33①）。裁判員候補者についての，不公平な裁判をするおそれがあることなどを理由とする不選任の請求や理由を示さない不選任の請求は，その面前では行わないようにするなど配慮しなければならない（同③）。裁判員候補者の心情に配慮することを訴訟関係人に求めた規定である。

(3) **質問手続** 裁判長は，裁判員候補者について，選任資格があるか，欠格事由・就職禁止事由・事件関連不適格事由に該当しないか，申し立てられた辞退事由に該当するか，不公平な裁判をするおそれがないかを判断するため，必要な質問をすることができる（法34①）。陪席の裁判官，検察官，被告人または弁護人は，裁判長に対し，必要と思われる質問をするよう求めることができる（同②，後記経緯(2)参照）。候補者は，質問に対して正当な理由なく陳述を拒んだり，虚偽の陳述をしてはならず（同③），それに反した場合には30万円以下の過料に処せられる（法111）。虚偽の陳述をした場合には，過料のほか50万円以下の罰金に処せられることもある（法110）。

裁判所は，裁判員候補者が，職務従事予定期間において，選挙権を有しないか，欠格事由・就職禁止事由・事件関連不適格事由に該当するか，不公平な裁判をするおそれがあると認めたときは，訴訟当事者の請求によりまたは職権で，不選任の決定をしなければならない（法34④）[29]。また，辞退を申し立てた裁判員候補者が辞退事由に該当するときも，不選任決定をしなければならない（同⑦）。なお，弁護人は，裁判員候補者が不公平な裁判をするおそれがあることを理由として不選任の請求をする場合には，被告人の明示の意思に反することができない（同⑤）。

(4) **不選任請求の却下と異議申立** 訴訟当事者のした不選任の請求（法36条による理由を示さない不選任の請求を除く）を却下する場合には，裁判所は，決定で理由を示さなければならない（法34⑥）[30]。この却下決定に対しては，異議の申

度対象事件についても国選弁護人候補者の指名等が迅速に行われるようになっているため，そのような事態が生じることはないようである。なお，選任手続についても，検察官または弁護人が訴訟手続に関する法規に違反してその迅速な進行を妨げた場合，裁判所は刑訴規則303条の処置請求をすることができる（規68）。

29) 公判審理が開始された後に裁判員または補充裁判員について欠格事由等のあることが判明した場合には，訴訟当事者の請求または職権により解任することができるとされている（法41①(6)(7)・43①②③参照）。

立てをすることができ，対象事件の係属する地方裁判所（受訴裁判所以外の合議体）が判断することになる（法35①③．後記経緯(3)参照）。異議申立てには刑訴法の即時抗告の規定が準用される（同④．なお規33）。そこで，この異議申立ては，当該裁判員候補者を裁判員または補充裁判員に選任する決定がされるまでに，口頭または書面でしなければならないとされ（法35②），また，受訴裁判所による再度の考案と異議審への記録の送付の期間は，即時抗告より短い24時間以内とされている（同④）。異議申立てがされても選任手続は停止されない（最一小決平25・3・15刑集67巻3号319頁）ものの，この点を早期に決着させる必要があることによる（後記経緯(3)参照）。

(5) **理由を示さない不選任請求**　検察官と被告人には，それぞれ，理由を示さない不選任を請求する権利が認められている。裁判員候補者については，原則的合議体の場合に4人，例外的合議体の場合に3人，また，補充裁判員を置く場合には，選任される補充裁判員の員数の半分（端数は切り上げ）を限度として，理由を示さずに不選任の請求をすることが認められる（法36①②）。英米法系の陪審員制度において認められているいわゆる専断的忌避（peremptory challenge）にならった制度である（後記経緯(4)参照）。この請求があると，法で認められた限度内であれば，裁判所は，不選任の決定をしなければならない（同③）。なお，

---

30)　訴訟当事者による不選任の請求には，裁判員候補者が欠格事由・就職禁止事由・事件関連不適格事由に該当する，あるいは不公平な裁判をするおそれがあるという理由を示して行う請求（法34④）と，理由を示さない請求（法36）がある。後者の場合，裁判所は，その員数以内の請求であれば不選任の決定をしなければならない（法36③）が，前者の場合には，その理由が認められれば不選任の決定を，認められなければ請求を却下することになる。

31)　受訴裁判所としては，選任手続を終えるまでに異議申立ての状況が把握できるので，必要に応じて，法26条1項による決定を変更して補充裁判員の員数を増やし，異議審が不選任決定したとしても十分な補充裁判員を選任することにより，対応することもできる。なお，異議申立てがされても，当該裁判員候補者が最終的にくじで外れるなどして裁判員または補充裁判員に選任されなかった場合には，異議申立ては申立ての利益を失うものと解される（上記最一小決平25・3・15参照）。

32)　判決人員1人当たりの「理由なし不選任数」は，平成21年が5.0人，22年が4.0人であったが，23年から26年までは，3.5人から3.7人の間で推移している。法36条3項からして，これらの数値は理由なし不選任請求権が行使された数とほぼ一致していると解される。

33)　理由を示さない不選任請求が本法の定める員数の限度を超えてされた場合，それは不適法であるから，却下されることになる。これに対する不服申立てを認める規定はないから，抗告をすることもできない。

弁護人は，被告人のために不選任の請求を行うことができるが，被告人の明示した意思に反することはできない（同④→刑訴法21②）。

不選任請求は，両当事者に対し交互に1名ずつ請求する機会を与え（規34①），検察官が先に請求するものとし（同③），被告人が複数いる場合は被告人間での請求の順序をあらかじめ定めておかなければならない（同④）。不選任の請求をした場合には，相手方にその裁判員候補者を知る機会を与えなければならず（同②），不選任の請求をしなかったときは，以後請求することができなくなる（同⑤）。

(6) **選任決定**　裁判員候補者の不選任請求に関する判断等の手続が終わった時点において，不選任の決定がされなかった候補者の員数が法定の裁判員の員数を超えている場合には，規則の定める方法で，必要な員数の裁判員を，次いで補充裁判員をそれぞれ選任する（法37①②，後記経緯(5)・課題と実情(3)参照）。補充裁判員については，裁判員に選任されるべき順序を定めて選任することになる。

規則は，質問や不選任に関する手順を含めた選任方法につき，(ア)候補者全員に質問を行った上，辞退の申立ておよび理由つき不選任の請求に対する判断と，理由を示さない不選任請求による不選任の決定をした後，くじで選任すべき候補者を選ぶ方式（全員質問方式）を原則とする旨定めている（規35①）。候補者全員の負担の実情を考慮した判断を可能にし，かつ，候補者に与える公平感を重視した方法であるが，例外として，(イ)あらかじめくじで選任されるべき順序を決め，その順序に従って質問し，辞退および理由つき不選任の判断をし，必要な候補者数に満ちた時に質問を打ち切って理由を示さない不選任請求による不選任決定をするという方式（質問打切り方式）を採用することができる（同②）。すべての候補者に質問することが，選任手続を迅速に終えるために相当でないと認められる場合に，この方式が採用されることになる。また，(ウ)候補者の出頭状況および質問票の記載状況等に照らし，選任の可能性のある裁判員候補者が余ると見込まれる場合には，質問手続を実施する前に，くじで質問を受けるべき候補者を決めることができる（同③）。事前の予想を大きく上回る出頭者があって，予定した時間内に選任手続を終えることが困難であるような場合の対応策として，質問を受けるべき候補者をくじで決め，それ以外の候補者は不選

任決定をして速やかに退庁できるようにしたものである。

必要な員数の裁判員と補充裁判員を選任しても，候補者が残った場合には，その候補者につき不選任の決定をする（法37③）。逆に，必要な裁判員の員数に満たない数の候補者しか残らなかった場合には，不足した員数の裁判員（併せて必要な補充裁判員）を選任するため，再度，呼び出すべき裁判員候補者を選定して，選任手続を行うことになる（法38）。なお，必要な裁判員の員数を満たしている場合には，必要とされた補充裁判員が1人も選任できなかったとしても，選任手続を終了させて，審理に入ることができる。事件によっては，その後裁判員が欠けたときに裁判員を（必要により補充裁判員も）追加選任する（法46）方法で対応すれば足りることもあるであろうが，補充裁判員を置く必要性の強い事案では，審理に入る前に補充裁判員を追加選任（法47参照）しておく方がよい場合も少なくないであろう。

(7) **説明と宣誓**　選任された裁判員と補充裁判員に対しては，裁判長が，その権限，義務その他必要な事項を説明する（法39①）。この点につき，規則は，「裁判長は，裁判員及び補充裁判員に対し，その権限及び義務のほか，事実の認定は証拠によること，被告事件について犯罪の証明をすべき者及び事実の認定に必要な証明の程度について説明する。」と定めている（規36）。この段階で，刑事裁判の基本的な証拠法則である証拠裁判主義，犯罪事実の立証責任，必要な証明の程度についても，裁判員に分かりやすく説明するのが有益と考えられるからである。[35] 規則の定める基本的な証拠法則に関する説明以外の事項については，選任手続において説明することができないわけではないが，裁判員が理解しやすいように，一度に大量の説明をするのではなく，手続の進行に応じて，中間評議の場（第2章Ⅵ課題(2)参照）などで段階的に説明するのが有益であろう。

裁判員と補充裁判員は，法令に従って公平誠実にその職務を行うことを宣誓しなければならない（法39②）。宣誓の方式は，規則で定められている（規37）。

---

34)　現在の実務ではこのような事態が生じないように工夫していることにつき，前記3課題と実情(3)参照。

35)　実務では，裁判長が基本的な証拠法則等に関して説明する案として，最高裁の刑事規則制定諮問委員会で示されたもの（吉田智宏「裁判員の参加する刑事裁判に関する規則の概要」判タ1244号9頁参照）をベースにした説明が行われている。

宣誓しなければ解任事由となり（法41①(1)），正当な理由がなく宣誓を拒んだときは，10万円以下の過料に処せられる（法112(3)）。

(8) **選任手続調書等**　裁判員等選任手続の期日における手続については，裁判員等選任手続調書が作成される（規25）。規則により，その記載要件（規26），署名押印と認印（規27），整理期限（規28），陳述等の録音と録音体の引用（規29・30），記載の正確性に関する異議申立て（規31），同調書の証明力（規32）などが定められている。裁判員・補充裁判員等の氏名については，謄写の対象とならない（規66①）ものの，公判調書等は謄写の対象となるため，裁判員・補充裁判員のプライバシー保護に配慮して，その氏名に代えて記載すべき符号を決めておき，公判調書等にはその符号を記載することとされている（規26①(15)・46①(1)）。

(9) **被害者特定事項の取扱い**　法33条の2は，平成27年改正法によって追加されたものである（後記経緯(7)参照）。裁判員等選任手続においては，出頭した候補者に事案の概要が説明されるし，また，事件に関連する不適格事由（法17）や不公平な裁判をするおそれ（法18）の有無を判断するための質問をすることができるため（法34），それらの機会に被害者特定事項（氏名および住所その他の当該事件の被害者を特定させることになる事項）[36]が裁判員候補者に伝わる事態が想定され得るが[37]，裁判員等選任手続については，公判段階における被害者特定事項秘匿制度の規定が適用されず，裁判員または補充裁判員に選任されなかった候補者には守秘義務も課されていなかったため，被害者の立場から懸念の声

---

[36] 刑訴法290条の2の被害者特定事項秘匿決定における定義である。
[37] もっとも，実務上は，平成27年の改正前から性犯罪を中心として被害者のプライバシーへの配慮がなされてきた。事案の概要の説明においては，被害者の氏名や住所を明らかにしないのはもちろん，犯行場所も被害者の特定に関係する場合には市区町村名程度以上には明らかにしないようにした上で，そのような概括的な説明を聞いて事件に心当たりがあるかもしれない候補者に申し出てもらって個別質問において具体的な確認を行う取扱いとし，その個別質問においても，裁判長の側から被害者特定事項を明らかにして確認するのではなく，当該候補者が心当たりがあるかもしれないと思う事件の内容を述べてもらって，それを裁判所や検察官，弁護人の把握している被害者特定事項と照合するという工夫をすることにより，被害者特定事項を明らかにせずに必要な判断ができるようにしていた（見直し検討会10回・15回議事録，法制審議会刑事法（裁判員制度関係）部会4回議事録参照）。また，被害者のプライバシーに対する配慮は，被害者特定事項秘匿決定がされていない事件でも必要に応じて行われており，この点も，引き続き維持されるべきである。

があった。そこで，被害者の権利利益の保護に万全を期し，被害者に安心感を与え，司法に対するより確かな信頼を確保するために，本条が追加された。本条の適用対象となるのは，被害者特定事項秘匿決定（刑訴法290の2①③）がなされた事件である。1項では，同決定のあった事件の裁判員等選任手続において，裁判官，検察官，被告人および弁護人が，正当な理由がなく被害者特定事項を候補者に明らかにすることを禁じている。2項では，被害者特定事項秘匿決定のなされた事件の裁判員等選任手続において，候補者に被害者特定事項が明らかにされたときは，裁判長がその候補者に明らかにされた被害者特定事項を公にしてはならない旨を告知するものとしている。候補者には，被害者特定事項秘匿決定がされている事件かどうかや，何が被害者特定事項に当たるのかが分からない場合があることを慮って，候補者にとって守秘義務（本条③）の範囲が明確になるよう裁判長が告知することとされたものである。およそ被害者特定事項が明らかにされた以上は，候補者にそれを公にしないことを求めるべきであるので，1項の正当な理由の有無にかかわらず，選任手続で被害者特定事項が明らかにされた場合には，すべて本項による裁判長の告知が行われることになる。被害者特定事項秘匿決定がされた事件でも，選任手続で被害者特定事項が明らかにされなければ本項による告知の必要はない。また，告知の対象となる候補者は，その被害者特定事項を明らかにされた候補者のみである。そして，3項では，2項の告知を受けた裁判員候補者または裁判員候補者であった

---

38) 本条の趣旨がこのように理解されるのは，前注記載の運用により，被害者のプライバシーが実際に侵害される事態が防止されていたためである。そうである以上，本条の追加によって，正当な理由があればより広範に被害者特定事項を明らかにして良いことになるわけではなく，実務としては，これまでどおり前注記載の配慮や工夫を続け，本条を適用しなくても済む運用を行うべきである。

39) 候補者が被害者と一定の関係を有し，事件に関連する不適格事由（法17）や不公平な裁判をするおそれ（法18）があるか否かを判断するために必要であれば，「正当な理由」が存在することになる。

40) この決定がされていない事件では，被害者特定事項が明らかになっても本条の適用はなく，裁判長の必要的告知や候補者の守秘義務は生じない。

41) 明らかにされた場合にも，告知が必要になるのは，明らかにされた事項についてのみである。

42) 個別質問で1人の候補者に対してのみ被害者特定事項が明らかにされた場合には，本項による告知が必要なのは，その候補者のみである。

43) 3項の守秘義務は2項の告知を受けたことが前提となっているから，2項で必要とされる告知を裁判長がしなかった場合には，守秘義務は発生しない。

者[44]に対して，裁判員等選任手続において知った被害者特定事項[45]を公にしてはならないという守秘義務を課している。「公にする」の意義は法101条と同様であり，態様としては，書籍や文書の出版・頒布，放送，インターネットのホームページへの掲載その他が考えられる。本項の守秘義務には罰則はない。また，被害者特定事項秘匿決定が取り消されれば（刑訴法290の2④），それ以降は，本項の守秘義務は存続しない。

[経緯]

(1) **質問手続の出席者** この点については，たたき台として，法32条と同内容のものが示された。被告人の出席については，候補者のプライバシー等との関係で被告人が常に出席しているのは適当でなく，その必要もないと考えられるため，裁判所が必要と認めるときに出席させるものとされた。また，質問手続は，候補者のプライバシー保護の観点から非公開とされた。検討会においては，被告人の出席を原則とすべきであるという意見も一部にはあったが，必要と認める場合に出席できるとすれば足りるとする意見が多く，その余の点には，特段の異論がなかった（15回・24回議事録参照）。

(2) **具体的な質問手続** たたき台として，裁判員候補者への質問は裁判官が行い，検察官と弁護人は必要と考える質問を裁判官に求め，裁判官が相当と認めるときにその事項を質問するとの案が示された。このうち，訴訟当事者が裁判員候補者に直接質問することを認めるべきか否かについては，検討会においても両論あり，弁護人としては直接質問する必要性が高いとの意見も主張されたが，質問手続が技巧的になり，裁判員候補者に与える心理的負担も大きくなること，質問手続がいたずらに長期化し，アメリカの一部法域で行われている費用と時間のかかる陪審員選任手続（Voir Dire）のようなものになりかねないことなどを理由に反対する意見も多かったため（15回・24回議事録参照），たたき台に沿った法文となった。

(3) **不選任請求の却下決定に対する不服申立て** たたき台として，「当事者は，

---

44) 不選任になり名簿から消除されても守秘義務は継続する。また，裁判員・補充裁判員に選任された場合でも，選任手続においてのみ明らかになった被害者特定事項については本項による守秘義務が発生し，その後の裁判員等の職務遂行上知った被害者特定事項については，法9条2項による守秘義務が発生するということになる（こちらには，法108条に罰則がある）。

45) 2項により裁判長が告知した事項に限られる。

理由付き忌避の申立てを却下する決定に対しては不服申立てをすることができるものとする。」という案が示され，座長ペーパーにおいて，理由付き忌避の申立ての場合のみでなく，欠格事由や就職禁止事由に基づく申立ての場合を含むものとされた。検討会においては，不服申立てを認めるのはよいが，上級審に対する抗告とはせずに地方裁判所に対する不服申立てとすべきである旨の指摘があった(15回議事録参照)。裁判官の忌避申立てを却下する決定に対しては即時抗告が認められているが(刑訴法25)，裁判員の場合にも抗告とすると，高等裁判所が担当することとなって，土地によっては記録の送付等にかなり時間を要することもあり，公判審理の開始が遅れることによる裁判員の負担も大きくなることが懸念されたからである。本法は，そのような事情を考慮して，地方裁判所の別の合議体が判断する異議申立てとしている。[46]

(4) **理由を示さない不選任の請求**　　たたき台として，「当事者は，それぞれ○名につき理由を示さずに忌避ができるものとする。裁判官は，理由を示さない忌避があった裁判員候補者について，当該裁判員候補者を選任しない旨の決定をするものとする。」という案が示された。検討会においては，員数をどの程度とするかについては意見が分かれたが，そのような制度を設けること自体は多数から支持された(15回議事録参照)。裁判員が有権者の中から無作為抽出で選ばれること，不適格事由等の不選任とされる事由が限定され，裁判員候補者に対する質問等では明らかにならない事柄も残り得るため，具体的な根拠に基づいて「不公平な裁判をするおそれがある」とまでいえる場合は実際上かなり限られると考えられること，公正でない疑いのある候補者を当事者が排除できるようにすることによって，裁判体の公正さがより確保されることなどが考慮されたものと思われる。なお，その員数は，座長ペーパーにおいては，裁判員の員数を4人とする場合であれば，「それぞれ3ないし4人(ただし，補充裁判員がおかれる場合には，補充裁判員の数を加えた員数とする。)」とされ，理由を示さない不選任の制度を置く以上，それを行使できる数があまり少ないと意味がないが，他方，あまり多くすると，呼び出すべき裁判員候補者の数が多くなり過ぎて，実際上の取扱いが困難になる上，当事者が訴訟戦略的に使うという弊害

---

46) 類似の制度として，少年の観護措置決定(少年鑑別所送致)に対する異議申立てがある(少年法17の2等参照)。

を招くおそれがあると説明された（座長ペーパーの説明，29回議事録参照）。

(5) **最終的な裁判員の選任方法**　たたき台として，「裁判官は，質問手続において選任しない旨の決定がなされなかった裁判員候補者の中から，裁判員及び補充裁判員となるべき者を無作為抽出するものとする。」という案が示され，定数の裁判員等が残るまで理由を示さない不選任を行うという意見もあったが，多くの者はたたき台を支持した。もっとも，無作為抽出の方法としては，改めてくじで選任する方法や，裁判員候補者にあらかじめ番号を付し，その順番に選任する方法が指摘された（15回・24回議事録参照）。

(6) **宣誓等**　たたき台として，「選任された裁判員及び補充裁判員に対し，裁判官が，裁判員の心得を教示し，裁判員らは，宣誓するものとする。」との案が示された。基本的内容に異論はなかったが，教示の方法について，一般的なものをあらかじめ作っておき，個別事案に応じて適宜修正すべきであるが，ビデオの上映など様々な工夫があり得るなどという指摘があった（16回議事録参照）。

(7) **被害者特定事項の取扱い**　見直し検討会においては，「被害者等に対する配慮のための措置」に関する検討の中で，「裁判員等選任手続における被害者等のプライバシー等の保護を通じたその負担への配慮の在り方」が取り上げられた。現在の選任手続においても被害者のプライバシーに配慮した運用がなされているので[47]，その上で，裁判員法上に被害者のための配慮義務規定を置くかどうかは立法判断の問題であるという指摘はあったが，「被害者の懸念についての一つの解決策になり得る」「被害者等への配慮のための運用に明確な根拠が与えられ，ひいては，被害者等に対しても，裁判員裁判への信頼感を高めることにつながる」等の選任手続における被害者等の心情に対する配慮を義務付ける規定を設けるべきではないかとの肯定的な意見が多く示され，それ自体については，反対意見は見られなかった（取りまとめ報告書21頁）。法制審議会には，「一　裁判官，検察官，被告人及び弁護人は，刑事訴訟法第290条の2第1項又は第3項の決定があった事件の裁判員等選任手続においては，裁判員候補者に対し，正当な理由がなく，被害者の氏名，住所その他の被害者を特定させることとなる事項を明らかにしてはならないものとすること。」「二　裁判員候

---

47)　前記解説注(37)参照。

補者又は裁判員候補者であった者は，一の事件の裁判員選任手続において知った被害者の氏名，住所その他の被害者を特定させることとなる事項を公にしてはならないものとすること。」が諮問され，刑事法（裁判員制度関係）部会では，守秘義務の規定を置くかどうかについての検討等が行われた上，諮問どおりの答申となり，法案提出段階で裁判長の告示の点が追加されて，法案のとおり成立した。

[課題と実情]

(1) **質問手続** 質問手続をどのように行うのがよいかは，施行前に行った模擬選任手続等を参考にして，効率的で，しかも裁判員候補者の負担も少ない方法が検討された。

選任手続期日の当日は，最初に，呼び出された候補者全員を対象として，裁判員制度の意義と呼び出された理由のほか，これからの手続の流れや質問手続の趣旨，参加する事件の概要[48]などを分かりやすく説明し，次いで，候補者全員に対し，当日質問票[49]への回答を求め，その後に口頭での質問を行うことになる。

裁判員・補充裁判員の選任方法としては，全員質問方式が原則とされている（前記解説(6)参照）が，全員質問方式において口頭で質問する場合，具体的には，次のような方法が効率的で，しかも候補者の負担が少ないとされ，この方法による裁判体が多いようである。すなわち，事前質問票と当日質問票への回答内容から個別の質問が必要な候補者[50]や，個別に質問されることを希望する候補者[51]を除いて[52]，まず同時に質問（集団質問[53]）を行い，その中で個別質問が必要とな

---

48) 裁判員裁判事件については，原則的に事件名を含む開廷情報が各地の裁判所のウェブサイトに掲載されるが，具体的な「事件の概要」の説明は，選任手続期日において，出頭した裁判員候補者に対して行われる。

49) 当日質問票や質問手続において質問する事項については，選任手続を行う前に（たとえば公判前整理手続の際に），当該事件の争点との関連性等を考慮に入れながら，両当事者とも十分に協議し，あらかじめ確定しておくことが望ましい。また，その際，候補者に対する質問は，辞退希望に関するもののほか，不公平な裁判をするおそれの有無を判断するための必要最小限度のものに限られることにつき，事前に両当事者との間で確認しておくことが重要であろう。

50) たとえば，事前質問票の回答の記載だけでは事情がはっきりせず，直ちには辞退事由の有無を判断しかねるような場合には，その候補者に個別質問を行うのが通例となっている。

51) 個別質問の希望の有無は，当日質問票により確認する場合と，集団質問で口頭で確認する場合がある。前者の場合は，質問票の回答により，その候補者に個別質問を行うことが確定する。

った者と集団質問から除いていた者に対し，次に個別的に質問する方法である。

(2) **質問事項** 質問できる事項は，法34条1項によって限定されており，それを超えて理由なし不選任請求権を行使する資料を得るための質問をするようなことは，許されていない。したがって，専ら候補者の能力や人柄，評議への向き不向き等を探るような質問は許されない。これに対し，不公平な裁判をするおそれに関する質問は許容されるが，不公平な裁判をするおそれの意義（前記Ⅰ6解説参照）に照らし，その判別に意味のある質問か否かを検討した上，候補者のプライバシー保護の要請や時間的制約等の観点も，併せ考慮する必要がある。また，不公平な裁判をするおそれに関する質問であるとしても，直接的な関連がない前提的な質問から始めるのではなく，結論に関わる概括的な質問をし，必要に応じて関連事項を質問する方法を採るのが相当であろう。[54]

(3) **選任の方法** 裁判員候補者の中からどのような方法で裁判員・補充裁判員を選任するかにつき，規則は，全員質問方式，質問打切り方式，くじで質問を受ける候補者を絞る方式を用意している（前記解説(6)参照）。全員質問方式が原則であるが，選任手続期日における候補者の出頭状況や，事前質問票への回答状況等を考慮して，他の方式を採用すべきか適切に判断することが求められる。

(4) **裁判員等への説明** 選任された裁判員・補充裁判員に対しては，裁判長が基本的な証拠法則を説明しなければならないが（前記解説(7)参照），当事者が冒頭陳述や弁論でその点に言及する場合には，裁判員等が混乱しないように，

---

52) 実際は，便宜上，個別質問を行うことが確定している者も含め，出頭した候補者全員がいる場所で，全員に対して質問を行っている。

53) 「全体質問」と呼ぶ庁もある。なお，庁によっては，全体に一度に質問する（この場合，候補者待合室に質問手続に列席すべき者等が赴いて行うのが通常である）のではなく，いくつかのグループに分けて，質問手続室で集団質問することもある。個別質問は，いずれの庁においても，質問手続室で行われている。

54) 最高裁の刑事規則制定諮問委員会で示された質問イメージでは，当日質問票において，事件との特別の関係の有無，同種犯罪被害経験の有無，事件の報道への接触の程度について質問し，その回答に応じて，裁判長が質問手続において関連の質問をすることとされている。また，裁判長は，質問手続において，公平な判断をできない特別な事情があるか質問するほか，事件類型（警察官等の捜査官証人が予定されている事件，死刑の適用が問題となる事件）に応じて追加的に質問することがあるとしている（吉田智宏・前掲注(35)11頁参照）。この範囲を超える相当な質問は想定し難いし，行われてもいない。

裁判長の説明と実質的に矛盾することなく，表現等においても異なるものとならないようにすべきである。[55]

(5) **出席率の低下**　　前記Ⅰ5課題(3)参照。

Ⅲ　裁判員等の義務・解任等

1　裁判員・補充裁判員の義務

（裁判員の義務）
第9条　① 裁判員は，法令に従い公平誠実にその職務を行わなければならない。
② 裁判員は，第70条第1項に規定する評議の秘密その他の職務上知り得た秘密を漏らしてはならない。
③ 裁判員は，裁判の公正さに対する信頼を損なうおそれのある行為をしてはならない。
④ 裁判員は，その品位を害するような行為をしてはならない。

（出頭義務）
第52条　裁判員及び補充裁判員は，裁判員の関与する判断をするための審理をすべき公判期日並びに公判準備において裁判所がする証人その他の者の尋問及び検証の日時及び場所に出頭しなければならない。

（公判期日等の通知）
第53条　前条の規定により裁判員及び補充裁判員が出頭しなければならない公判期日並びに公判準備において裁判所がする証人その他の者の尋問及び検証の日時及び場所は，あらかじめ，裁判員及び補充裁判員に通知しなければならない。

---

55) その他の説明事項であっても，当該事件で取り上げられることが確実な事柄について，当事者間あるいは当事者と裁判所の間で異なる説明方法をすると裁判員等が混乱するおそれが強い場合には，公判前整理手続等において，両当事者と裁判所が共通の表現を用いるように打ち合わせておくことが望まれる。

(評議の秘密)
第70条 ① 構成裁判官及び裁判員が行う評議並びに構成裁判官のみが行う評議であって裁判員の傍聴が許されたものの経過並びにそれぞれの裁判官及び裁判員の意見並びにその多少の数(以下「評議の秘密」という。)については,これを漏らしてはならない。
② 前項の場合を除き,構成裁判官のみが行う評議については,裁判所法第75条第2項後段の規定に従う。

[解説]

(1) **裁判員・補充裁判員の義務** 裁判員・補充裁判員は,法令に従って公平誠実にその職務を行わなければならず,裁判の公正さに対する信頼を損なうおそれのある行為や,裁判員の品位を害する行為をしてはならない(法9①③④,補充裁判員につき法10④)。また,裁判員・補充裁判員は,宣誓の義務(法39②),裁判員の関与する判断をするための審理が行われる公判期日等に出頭する義務(法52)を負う。なお,出頭義務のある公判期日の日時等については,裁判所はあらかじめ裁判員等に通知しなければならない(法53)。

裁判員は,そのほか,評議に出席して意見を述べる義務(法66②),裁判官の示した法令の解釈等に従って職務を行う義務(同④),判決等の宣告期日に出頭する義務(法63①)を負う。宣告期日についても,裁判所はあらかじめ裁判員に通知しなければならない(同②)が,裁判員が出頭しなくても宣告が妨げられることはない(同①但書)。

以上の義務に反した場合には,解任事由となる(後記2参照)ほか,10万円以下の過料に処せられる事由ともなり得る(法112)。

(2) **守秘義務** さらに,裁判員および補充裁判員ならびにそれらの職にあった者は,評議の秘密(すなわち,評議の経過ならびにそれぞれの裁判官・裁判員の意見およびその多少の数)その他の職務上知り得た秘密を漏らしてはならないなどの義務を負う(法9②・10④・70①)。この義務に反した場合には,裁判員等の職にあるときは解任事由となる(後記2参照)ほか,刑罰を科されることもあり得る(法108,第6章Ⅱ解説(3)参照)。

法70条1項は,裁判員が関与して行う評議(法66①参照)と,裁判員が傍聴し

た構成裁判官のみによる評議（法68③参照）について，評議の秘密を守る義務を定めている。これは，裁判所法75条2項後段と同趣旨の規定であり，裁判官と裁判員・補充裁判員の全員が対象となっており（裁判員と補充裁判員については，法9条2項・10条4項で明記されている），構成裁判官のみで行う評議についても同条項に従う旨を定める法70条2項と合わせて，裁判員の関与する事件の評議全体に及ぶことになる。

「評議の経過」とは，評議がどのような過程を経て結論に至ったかの道筋をいう。「それぞれの裁判官及び裁判員の意見並びにその多少の数」とは，議論された各論点について裁判官と裁判員が表明した意見の内容と，これに賛成または反対した意見の数をいい，評決の際のものに限らず，評決に至るまでに表明された意見も含まれる。なお，後記課題参照。

［経緯］

検討会では，たたき台として，本法とほぼ同様の内容の案が示され，守秘義務の内容を除いては，概ね異論がなかった（15回・25回議事録参照。なお，たたき台には，裁判官の示した法令の解釈に従う義務がなかったが，そのような義務も明記する必要があるとの指摘があった）。たたき台は，守秘義務につき，「裁判員及び補充裁判員並びにこれらの職にあった者は，評議の経過並びに各裁判官及び裁判員の意見並びにその多少の数その他の職務上知り得た秘密を漏らしてはならないものとする。」としていたところ，守秘義務の期間を限定すべきという意見，守秘義務の範囲を裁判官と裁判員の個別意見の内容，評決結果，合議体で秘密とする旨を合意した事項に限定すべきという意見，自己の意見の公表は許すべきという意見などもあったが，たたき台を支持する意見が多数であった。支持する意見は，守秘義務が，裁判の信頼性や評議における自由な意見交換を確保し，事件関係者のプライバシーや秘密を保護するために欠かせないものであり[1]，仮に期間の経過で必要性がなくなるとしても短い期間ではなく，一律に決められないこと，たとえ自分の意見であっても，それを公表すれば評議の内容が明らかになり，他の構成員の意見も分かってしまうし，裁判員であった者が実際に

---

1) 評議における自由な発言を確保する上で守秘義務を課すことが不可欠であり，裁判員をお互いに守るためのものでもあることについては，座談会「裁判員制度をめぐって」ジュリ1268号24頁の井上正仁発言参照。

述べた意見とは異なることを自分の意見と公表したような場合には，誤解や紛糾を生じさせ，裁判の信頼性を損なうこと，守秘義務は裁判員自身の保護にもつながることなどを理由とするものであった[2]（15回・18回・25回・29回議事録，座長ペーパーの説明参照）。

なお，見直し検討会においても，守秘義務の罰則の対象範囲を変更すべきではないとの意見が多かったことにつき，第6章Ⅱ経緯(3)参照。

[課題]

守秘義務の範囲については，衆議院法務委員会において，その明確化に配慮することを求めた附帯決議がなされ，参議院法務委員会においても，「守秘義務の範囲が明確かつ分かりやすいものとなるよう，広く国民に説明するよう努めること」を求めた附帯決議がなされた。検討会での議論を前提とすると，事件の内容にわたらないものであれば，裁判官の言動や印象，裁判所の施設や雰囲気，あるいは裁判員として参加した感想などを述べることは範囲外であり，また，事件に関することであっても，公開の法廷で行われた手続やそこで説明された内容，言い渡された判決の内容となっていること（判決書に記載されていること）をその限度で述べることも範囲外である。これに対し，判決の内容とはなっていない評議された事柄の内容，その評議された順序などのほか，最終判断に関する評決のみでなく，それに至るまでに評議された論点に関する評決等における裁判官と裁判員の意見あるいはその多少の数などは，守秘義務の範囲内と解される。以上が主な例であり，守秘義務の範囲は解釈上は決して不明確なものではないが，裁判員となる国民に対して説明する際には，できるだけ明確で，しかも理解しやすい形で示す必要があろう[3]。

---

2) 守秘義務は，裁判員等に関する個人情報の保護（法101），裁判員等への接触の規制（法102），裁判員等に対する威迫罪（法107）等とも相俟って，裁判員または裁判員であった者らが，被告人の関係者を含む周囲の者らから，評議における当該裁判員等の意見等をむやみに尋ねられたりするのを避けることができるようにする機能等も有するのであって，その意味では裁判員自身を保護するものといえる（検討会29回議事録参照）。

3) 裁判所では，裁判員等経験者の意見交換会を開いているが，守秘義務の範囲についての裁判官の説明については，良く理解できたという意見と，そうではなかったという意見の双方が見られる。「守秘義務があるのは，評議室内における事件の話についてである。」という趣旨の説明が分かりやすいという評価を得ているが，今後も一層の工夫が必要である。

2 裁判員・補充裁判員の解任

（請求による裁判員等の解任）
第41条 ① 検察官，被告人又は弁護人は，裁判所に対し，次の各号のいずれかに該当することを理由として裁判員又は補充裁判員の解任を請求することができる。ただし，第7号に該当することを理由とする請求は，当該裁判員又は補充裁判員についてその選任の決定がされた後に知り，又は生じた原因を理由とするものに限る。
(1) 裁判員又は補充裁判員が，第39条第2項の宣誓をしないとき。
(2) 裁判員が，第52条若しくは第63条第1項に定める出頭義務又は第66条第2項に定める評議に出席する義務に違反し，引き続きその職務を行わせることが適当でないとき。
(3) 補充裁判員が，第52条に定める出頭義務に違反し，引き続きその職務を行わせることが適当でないとき。
(4) 裁判員が，第9条，第66条第4項若しくは第70条第1項に定める義務又は第66条第2項に定める意見を述べる義務に違反し，引き続きその職務を行わせることが適当でないとき。
(5) 補充裁判員が，第10条第4項において準用する第9条に定める義務又は第70条第1項に定める義務に違反し，引き続きその職務を行わせることが適当でないとき。
(6) 裁判員又は補充裁判員が，第13条（第19条において準用する場合を含む。）に規定する者に該当しないとき，第14条（第19条において準用する場合を含む。）の規定により裁判員若しくは補充裁判員となることができない者であるとき又は第15条第1項各号若しくは第2項各号若しくは第17条各号（これらの規定を第19条において準用する場合を含む。）に掲げる者に該当するとき。
(7) 裁判員又は補充裁判員が，不公平な裁判をするおそれがあるとき。
(8) 裁判員又は補充裁判員が，裁判員候補者であったときに，質問票に虚偽の記載をし，又は裁判員等選任手続における質問に対して正当な理由なく陳述を拒み，若しくは虚偽の陳述をしていたことが明らかとなり，引き続きその職務を行わせることが適当でないとき。
(9) 裁判員又は補充裁判員が，公判廷において，裁判長が命じた事項に従わ

ず又は暴言その他の不穏当な言動をすることによって公判手続の進行を妨げたとき。
② 裁判所は，前項の請求を受けたときは，次の各号に掲げる場合の区分に応じ，当該各号に規定する決定をし，その余の場合には，構成裁判官の所属する地方裁判所に当該請求に係る事件を送付しなければならない。
　(1) 請求に理由がないことが明らかなとき又は請求が前項ただし書の規定に違反してされたものであるとき　当該請求を却下する決定
　(2) 前項第１号から第３号まで，第６号又は第９号に該当すると認めるとき　当該裁判員又は補充裁判員を解任する決定
③ 前項の規定により事件の送付を受けた地方裁判所は，第１項各号のいずれかに該当すると認めるときは，当該裁判員又は補充裁判員を解任する決定をする。
④ 前項の地方裁判所による第１項の請求についての決定は，合議体でしなければならない。ただし，同項の請求を受けた裁判所の構成裁判官は，その決定に関与することはできない。
⑤ 第１項の請求についての決定をするには，最高裁判所規則で定めるところにより，あらかじめ，検察官及び被告人又は弁護人の意見を聴かなければならない。
⑥ 第２項第２号又は第３項の規定により裁判員又は補充裁判員を解任する決定をするには，当該裁判員又は補充裁判員に陳述の機会を与えなければならない。ただし，第１項第１号から第３号まで又は第９号に該当することを理由として解任する決定をするときは，この限りでない。
⑦ 第１項の請求を却下する決定には，理由を付さなければならない。

（異議の申立て）
第42条　① 前条第１項の請求を却下する決定に対しては，当該決定に関与した裁判官の所属する地方裁判所に異議の申立てをすることができる。
② 前項の異議の申立てを受けた地方裁判所は，合議体で決定をしなければならない。ただし，前条第１項の請求を受けた裁判所の構成裁判官は，当該異議の申立てがあった決定に関与していない場合であっても，その決定に関与することはできない。
③ 第１項の異議の申立てに関しては，即時抗告に関する刑事訴訟法の規定を準用する。この場合において，同法第422条及び第423条第２項中「３日」と

あるのは，「1日」と読み替えるものとする。

（職権による裁判員等の解任）
第43条 ① 裁判所は，第41条第1項第1号から第3号まで，第6号又は第9号に該当すると認めるときは，職権で，裁判員又は補充裁判員を解任する決定をする。
② 裁判所が，第41条第1項第4号，第5号，第7号又は第8号に該当すると疑うに足りる相当な理由があると思料するときは，裁判長は，その所属する地方裁判所に対し，理由を付してその旨を通知するものとする。
③ 前項の規定による通知を受けた地方裁判所は，第41条第1項第4号，第5号，第7号又は第8号に該当すると認めるときは，当該裁判員又は補充裁判員を解任する決定をする。
④ 前項の決定は合議体でしなければならない。ただし，第2項の裁判所の構成裁判官は，その決定に関与することはできない。
⑤ 第1項及び第3項の規定による決定については，第41条第5項及び第6項の規定を準用する。

（裁判員等の申立てによる解任）
第44条 ① 裁判員又は補充裁判員は，裁判所に対し，その選任の決定がされた後に生じた第16条第8号に規定する事由により裁判員又は補充裁判員の職務を行うことが困難であることを理由として辞任の申立てをすることができる。
② 裁判所は，前項の申立てを受けた場合において，その理由があると認めるときは，当該裁判員又は補充裁判員を解任する決定をしなければならない。

（補充裁判員の解任）
第45条 裁判所は，補充裁判員に引き続きその職務を行わせる必要がないと認めるときは，当該補充裁判員を解任する決定をすることができる。

（裁判員の追加選任）
第46条 ① 裁判所は，第2条第1項の合議体を構成する裁判員の員数に不足が生じた場合において，補充裁判員があるときは，その補充裁判員の選任の決定において定められた順序に従い，補充裁判員を裁判員に選任する決定を

するものとする。
② 前項の場合において，裁判員に選任すべき補充裁判員がないときは，裁判所は，不足する員数の裁判員を選任しなければならない。この場合においては，第38条の規定を準用する。

（補充裁判員の追加選任）
第47条 ① 裁判所は，補充裁判員を新たに置き，又は追加する必要があると認めるときは，必要と認める員数の補充裁判員を選任することができる。
② 裁判員の選任に関する第26条（第1項を除く。）から第35条まで及び第36条（第2項を除く。）の規定並びに第37条第2項及び第3項の規定は，前項の規定による補充裁判員の選任について準用する。この場合において，第36条第1項中「4人（第2条第3項の決定があった場合は，3人）」とあるのは，「選任すべき補充裁判員の員数が1人又は2人のときは1人，3人又は4人のときは2人，5人又は6人のときは3人」と読み替えるものとする。

[解説]
(1) **義務違反等による解任**　(a) 解任事由　裁判員・補充裁判員は，前記1の義務に違反し，引き続きその職務を行わせるのが適当でないと認められるときや，その資格を有しなくなったことが明らかになったときなど，法41条1項各号所定の要件に該当する場合には，当事者の請求によりまたは職権で，解任される（法41・43）。41条1項に掲げられた解任事由は，宣誓義務に違反したとき（1号），公判期日等への出頭義務に違反し，引き続き職務を行わせるのが適当でないとき（2・3号），意見を述べる義務，構成裁判官の示した法令の解釈に従って職務を行う義務，守秘義務等に違反し，引き続き職務を行わせるのが適当でないとき（4・5号），選挙権を有しないか，欠格事由・就職禁止事由・事件関連不適格事由に該当するとき（6号），不公平な裁判をするおそれがあるとき（7号），質問票に虚偽の記載をしたり，質問に対して虚偽の陳述をしたりしていたことなどが明らかとなり，引き続き職務を行わせるのが適当でないとき（8号），公判廷において，裁判長が命じた事項に従わなかったり，暴言等によって公判手続の進行を妨げたとき（9号）である。当事者は，これらの事由に該当することを理由として解任を請求することができるが，7号につい

ては，選任決定の後にそれを知ったか，その後生じた原因を理由とする場合に限られる（法41①）。

　(b)　**解任の主体**　解任する主体は，当該裁判員を知る立場にある構成裁判官が判断する方が合理的で，訴訟経済にも資するといえるが，解任事由によっては，構成裁判官が自ら解任すると，異なる意見を有する裁判員を外したのではないかとの疑念を持たれるおそれもある。そこで，明らかに理由がない請求を却下する決定（法41②(1)）や，客観的事由（上記1～3・6・9号）による解任の決定は，受訴裁判所（裁判官のみによる）が行い（法41②(2)・43①），その他の事由（上記4・5・7・8号）による解任については，同じ地方裁判所の別の合議体が判断するものとされている（法41③④・43③④）。

　(c)　**手続等**　解任請求がされた場合，受訴裁判所は，自ら判断できるとき（前記(b)参照）を除き，同じ地方裁判所の別の合議体に請求事件を送付する（法41②）。受訴裁判所が職権で解任しようとする場合は，自ら判断できる場合を除き，別の合議体に理由を付して通知する（法43②）。解任請求について決定する際には，あらかじめ，検察官および被告人または弁護人の意見を聴かなければならない（法41⑤，規38①）。職権で解任決定をする場合も同様である（法43⑤，規38②）。また，解任を決定する際には，請求による場合も職権による場合も，手続上明白な事由（上記1～3・9号）を除き，当該裁判員または補充裁判員に陳述の機会を与えなければならない（法41⑥・43⑤）。なお，解任する決定は，当該裁判員または補充裁判員に通知しなければならず（規39），解任請求を却下する決定には，理由を付さなければならない（法41⑦）。却下決定に対しては異議申立てが認められているためである。

　(d)　**異議申立て**　解任請求を却下する決定に対しては，不選任請求の却下決定と同様（法35），同じ地方裁判所の別の合議体に異議の申立てをすることができる（法42，規40）。受訴裁判所の決定であるが，不選任請求却下決定に対する不服申立てと同様の理由で（前記Ⅱ5解説(4)参照），異議申立てとされている。

　なお，解任する決定は，当事者にとって不利益はなく，解任される裁判員等にとっても不利益処分とはいえないことから，不服申立ては認められていない（たたき台の説明参照）。

　(2)　**辞任の申立てによる解任**　裁判員・補充裁判員は，選任決定の後に生じ

た法16条8号の事由（やむを得ない辞退事由）により職務を行うことが困難であるときは，辞任の申立てをすることができ，受訴裁判所は，理由があると認めるときは，解任しなければならない（法44）。選任された後の解任は審理への影響もあり得るため，選任前の辞退事由より限られた場合しか認められないとしても，裁判員に過度の負担を課すこともできないため，両者のバランスを図ったものである。選任の際に申し立てることができたのに申し立てなかった事由は，除かれることになる[4]。

(3) **補充裁判員の解任** 補充裁判員については，上記(1)(2)の場合のほか，裁判所が，引き続き職務を行う必要がないと認めるときも，解任することができる（法45）。審理の進行状況等に照らして補充裁判員を残す必要がなくなった場合に，補充裁判員の負担から早期に解放できるようにした規定である。一部の補充裁判員の解任も可能と解されるが，その場合には，あらかじめ定められた順序の後の者から解任すべきであろう[5]。

(4) **追加選任** 解任等によって裁判員の員数が不足した場合，補充裁判員がいれば補充裁判員を裁判員に選任することになるが（法46①），補充裁判員もいない（あるいは補充裁判員全員がすでに裁判員に選任されていた）ときは，裁判員を追加して選任することになる（同②）。この場合には，当初の選任手続で必要な員数の裁判員が選任できず，不足する裁判員を追加して選任するときと同様の手続が採られる（同②→法38）。また，補充裁判員を新たに置くか追加する必要がある場合も，同様の手続を経て選任することになる（法47）。

[経緯]
　義務違反等を理由とする解任については，たたき台として，本法とほぼ同内容の案が示された。もっとも，たたき台は，解任の主体について，裁判員・補充裁判員が出頭義務に違反したことを理由とする場合およびやむを得ない場合

---

4) 現実の裁判員の解任のほとんどは辞任申立てによるものである。たとえば，平成26年に判決に至った1,202件で解任された裁判員は167人であるが，うち161人が辞任申立てによる解任であり，義務違反等による解任は6人であった（前掲「裁判員制度の実施状況等に関する資料」参照）。
5) 現実の補充裁判員の解任の大半は法45条によるものである。前注と同じく平成26年に判決に至った1,202件で見ると，解任された補充裁判員238人のうち168人が法45条による解任であり，68人が辞任申立て，2人が義務違反等による解任であった。

を除き，別の裁判官が判断するとしていたが，この点については，客観的にも明白な義務違反や選任資格のないことなどを理由とする場合には受訴裁判所も判断できることにしないと，その都度審理を中断しなければならなくなるなどの問題が生じるため，本法のような内容となっている（31回議事録参照）。

辞任の申立てによる解任が認められる場合について，たたき台は，「辞退を申し立てた裁判員又は補充裁判員につき，辞退事由に該当すると認めるとき」としていたが，選任された後にやむを得ない事由が生じた場合は辞任を認めるべきであるとしても，過去に裁判員に選任されたことがあるというような辞退事由を理由として選任後に申し立てても認めるべきではないとも考えられるため，骨格案の段階で本法のような内容に改められた。

3 裁判員・補充裁判員の任務の終了

（裁判員等の任務の終了）
第48条 裁判員及び補充裁判員の任務は，次のいずれかに該当するときに終了する。
(1) 終局裁判を告知したとき。
(2) 第3条第1項，第3条の2第1項又は第5条ただし書の決定により，第2条第1項の合議体が取り扱っている事件又は同項の合議体で取り扱うべき事件の全てを1人の裁判官又は裁判官の合議体で取り扱うこととなったとき。

［解説］

裁判員・補充裁判員の任務は，終局裁判が告知されたとき，または対象事件から除外する旨の決定（法3①・3の2①）もしくは非対象事件に訴因変更されて裁判官のみで取り扱う旨の決定（法5但書）がされたときに終了する（法48）。後者は，途中から裁判官のみで取り扱うことが決定された場合であるから，裁判員の任務が終了することになるのは当然である。前者については，裁判員を裁判書の作成にまで関与させる制度も考えられないではないが，終局裁判の告知までで任務が終了することにしたものである（後記経緯，第4章Ⅲ2解説参照）。終局裁判が有罪判決（刑訴法333・334），無罪判決（同法336），家庭裁判所移送決

定（少年法55）であれば，それを宣告するための公判期日にも出頭する義務があり（法63①），宣告によって裁判員の任務も終了することになる。これに対し，終局裁判が免訴判決，管轄違いの判決，公訴棄却の判決・決定であれば，その判断には裁判員は関与しないことになるから（法6②参照），その方向性が固まると評議への出席義務や宣告期日等への出頭義務も課されなくなるので，法的にはその裁判が告知されるまで任務は終了しないものの，それより前に任務から事実上解放されることになる。

[経緯]

検討会では，たたき台として，裁判員も判決書に署名押印することとし，署名押印時に任務が終了するというA案，裁判員も判決書に署名押印することとするが，任務は判決宣告時に終了するというB案，判決書には裁判官のみが署名押印するものとし，裁判員の任務は判決宣告時に終了するというC案が示されたが，C案が大勢を占めた（18回・25回議事録参照）。裁判員としての責任は，判決の形成に関与して宣告に立ち会うことで実質的に果たされており，判決書の署名押印のために再度裁判所に出頭してもらうのは過度の負担を強いることになるなどというのが，その理由であった。本法は，C案に沿ったものである。

4　日当等の支給

（旅費，日当及び宿泊料）
第11条　裁判員及び補充裁判員には，最高裁判所規則で定めるところにより，旅費，日当及び宿泊料を支給する。

[解説]

裁判員・補充裁判員に対し，その義務の履行ないし職務の遂行によって生じた損失を一定の限度内で弁償ないし補償するため，旅費，日当および宿泊料を支給することとされている。選任手続期日に出頭した選任予定裁判員および裁判員候補者についても，同様である（法29②）。

支給される額については，規則で定められている。まず，裁判員，補充裁判員および選任手続期日に出頭した選任予定裁判員・裁判員候補者に対し，刑事

事件の証人等に対して支給されるのと概ね同様に算定される額の旅費および宿泊料が支給される（規6・8・9）。日当の額は，裁判員および補充裁判員については1日当たり1万円以内において，選任手続期日に出頭した選任予定裁判員および裁判員候補者については1日当たり8000円以内において，それぞれ受訴裁判所が定めることとされている（規7）。

日当は，勤務の対価としての報酬ではなく，日当以外に休業補償や損失補償は認められていない。

5 公務所等に対する照会

（公務所等に対する照会）
第12条 ① 裁判所は，第26条第3項（第28条第2項（第38条第2項（第46条第2項において準用する場合を含む。），第47条第2項及び第92条第2項において準用する場合を含む。），第38条第2項（第46条第2項において準用する場合を含む。），第47条第2項及び第92条第2項において準用する場合を含む。）の規定により選定された裁判員候補者又は裁判員若しくは補充裁判員について，裁判員又は補充裁判員の選任又は解任の判断のため必要があると認めるときは，公務所又は公私の団体に照会して必要な事項の報告を求めることができる。
② 地方裁判所は，裁判員候補者について，裁判所の前項の判断に資するため必要があると認めるときは，公務所に照会して必要な事項の報告を求めることができる。

［解説］
　法12条は，裁判員・補充裁判員の選任または解任の判断をするために必要があるときに，裁判員候補者または裁判員・補充裁判員について，公務所または公私の団体に照会して，必要事項の報告を求められることを定めている。それらの者が裁判員に選任される資格を有するか，欠格事由・就職禁止事由・事件関連不適格事由に該当するか，辞退事由に該当するか，解任事由があるかなど，選任または解任の判断をするために必要な場合に行うことができる。1項は，選定された裁判員候補者または選任された裁判員・補充裁判員について受訴裁

判所が照会する場合，2項は，裁判員候補者名簿に記載された裁判員候補者について地方裁判所が照会する場合である。2項により照会する先は，公務所に限定されている。なお，1項は，選任予定裁判員に関し，選定の取消しの判断に必要がある場合について，準用されている（法98）。

公務所は，国家機関のみでなく地方公共団体の機関も含まれる。団体は，法人であるか否かを問わず，組織の実態があれば足りるが，個人は除外される。照会された公務所等は，報告の義務を負う。

なお，地方裁判所が市町村に対し裁判員候補者の本籍照会をする方法については，規則10条の定めがある。

第4章
裁判員の参加する裁判の手続

I 公判開始までの手続

1 概　要

　裁判員制度の対象事件が起訴されると，他の事件と同様，裁判所による公判前の準備（起訴状謄本の送達，国選弁護人の選任など）と，両当事者による公判活動のための準備などが進められるが，裁判員裁判では，審理に要すると見込まれる期間が明らかになっている必要があることから，必ず公判前整理手続に付される。この手続を経ることによって，争点を絞り，効率的で，しかも裁判員に分かりやすい集中的・計画的審理を実現させることが可能となる。すなわち，裁判員の拘束される期間をできるだけ短くし，争点に集中した審理を行うことによって，裁判員の負担が過重にならないようにすることができるとともに，裁判員が事件の実体に関して理解し，裁判官との評議を経て刑事裁判に実質的に関与できるようになる。また，公判前整理手続においては，請求された証拠の採否の決定まで行うことができるから，裁判員の関与しない訴訟手続に関する判断などは，可能であればこの段階ですませておくことが望まれる。

　また，従前，審理が長期化する一つの大きな要因となっていたのが鑑定，特に精神鑑定であった。裁判員が参加した審理を始めた場合には，鑑定のために長期間審理が中断するような事態を可能な限り避けるのが望ましいことから，公判開始前に鑑定を決定して調査等の作業を実施させ，予定された公判審理の中でその結果を報告させることができるようになった。

2 公判前整理手続

>（公判前整理手続）
>第49条　裁判所は，対象事件については，第1回の公判期日前に，これを公判前整理手続に付さなければならない。

[解説]

(1) **趣旨**　裁判を職業としない一般の国民に裁判員として参加してもらうためには，集中的な審理を短期間に，しかも計画的に行う必要がある。審理期間が長期になれば，裁判員の本来の職業や家庭等に過大の影響を及ぼし，出頭困難な事態の生じる可能性が高まるし，また，従前のように期日と期日の間隔があけば，前に取り調べた証拠に関する記憶が薄れ，かといって職業裁判官のようにその都度記録を精査し直すよう求めることもできず，判断者としての実質的関与が困難になるからである。このような理由から，充実した迅速な審理が不可欠であるため，裁判員制度対象事件については，公判前整理手続に付さなければならないとされている（法49）。公判前整理手続は，本法と併せて成立した刑訴法等一部改正法によって新設された制度であり（刑訴法316の2以下。本法に先立ち平成17年11月に施行された），証拠開示の拡充を図ることにより，両当事者に主張を尽くさせて争点を確定し，公判で取り調べる証拠を決定し，明確な審理計画を立てるための手続である。[1]

(2) **公判前整理手続で行うべきこと**　裁判員制度対象事件は，必ず公判前整理手続に付されることになり，その手続を担当する受訴裁判所において，公訴事実に争いがあるか，違法性阻却事由等の主張があるかといった有罪・無罪に影響する争点の有無と内容のみでなく，重要な量刑事情に関する争点の有無な

---

1)　公判前整理手続については，辻裕教「刑事訴訟法等の一部を改正する法律（平成16年法律第62号）について(1)(2)」曹時57巻7号1頁・8号19頁参照。公判前整理手続に付された事件においては，検察官および被告人または弁護人は，やむを得ない事由によって同手続において請求することができなかったものを除き，同手続が終わった後には証拠調べを請求することができない（刑訴法316の32①）。もっとも，この制度は，裁判所が職権で証拠調べをすることを妨げるものではない（同②）。

ども確定し，その争点に関する証拠を中心として両当事者の請求する証拠の採否を決定し（後記(3)），証人等の取調べ順序も決め，審理計画を立てることになる。具体的には，検察官は，証明予定事実記載書面を提出するとともにそれを証明する証拠を請求し，その証拠を被告人側に開示する。ほかにも，検察官は，検察官請求証拠の証明力を判断するために重要な一定類型の証拠や，被告人側が明らかにした主張に関連する証拠を，一定の要件の下に被告人側に開示しなければならない。他方，被告人側は，検察官請求証拠に対する証拠意見を明らかにするほか，公判期日においてすることを予定している事実上および法律上の主張があるときは，これを明らかにしなければならない。また，被告人側の証明予定事実があるときは，それを証明する証拠を請求し，検察官に開示する必要がある。以上のように，当事者双方が主張と立証方法を明らかにすることによって，争点を明確にし，審理計画も立てられるようになる。なお，裁判員制度対象事件では，事実関係に争いがなくても，情状に関する証拠調べなどを含めた審理計画を立てる必要がある。

　裁判所は，その審理計画において，第1回公判期日をいつ開き，どの程度連日的に期日を入れるか[2]，採用した書証の取調べにはどの程度の時間を当てるか，証人等はそれぞれ何日の何時から尋問するか，いつから被告人質問を行うか，論告，弁論，判決宣告はそれぞれいつを予定するかなどの公判審理の予定を立てるほか，補充裁判員および呼び出すべき裁判員候補者を何人とするかなども決定することになる。以上のほかにも，公判前整理手続において，裁判員等選任手続に要する見込み時間を確定しておく必要があるほか，選任手続において裁判員候補者に質問してもらいたい事項を当事者に出させておくことも考えられる（なお，後記実情(8)参照）。

　(3)　**証拠の採用**　　公判前整理手続では，証拠調べの請求などのほか，証拠の採否の決定まで行うことができる（刑訴法316の5(7)。採用された証拠の取調べ自体は公判期日で行う必要がある）。これは，争点整理と審理計画の確定のために両

2）　公判期日の指定に関しては，刑訴法281条の6により，審理に2日以上を要する事件について，できる限り，連日開廷し，継続して審理を行わなければならない旨法律で明記された（同様の規定をしていた刑訴規則179条の2をより実効性のあるものとするためであり，同条は平成17年の改正で削除された）。

当事者から主張される内容は，それが証拠の内容にわたる説明であっても，直ちに予断排除の原則に反するものではないという理解を前提に[3]，裁判員制度対象事件等の公判前整理手続に付す事件については，第1回公判期日前の段階であってもできるとされたものである[4]。証拠能力の判断を含む証拠の採否は，訴訟手続に関する判断であり，構成裁判官のみで判断することが可能であるし，裁判員をそのための手続にまで立ち会わせることの負担などが考慮されて，公判前整理手続で行うことができるとされており，また，そのための事実の取調べ（刑訴法43③，刑訴規33③）を行うこともできる。したがって，たとえば，供述調書の証拠能力の要件である供述者の供述不能（死亡等）に関する事実の取調べや，検証調書・鑑定書等の証拠能力の要件である作成の真正に関する証人尋問などを行うこともできる。もっとも，その証人尋問が併せて公訴事実の認定のための証拠ともなる場合は，その部分は裁判員の関与する公判期日等において取り調べる必要があるから，それと切り離して公判前整理手続で尋問する必要性の強い場合は少ないであろう（後記経緯参照）。

[経緯]

　審議会意見書は，「裁判員にとって審理を分かりやすいものとするため，公判は可能な限り連日，継続して開廷し，真の争点に集中した充実した審理が行われることが，何よりも必要である。そのためには，適切な範囲の証拠開示を前提にした争点整理に基づいて有効な審理計画を立てうるような公判準備手続の整備や一つの刑事事件に専従できるような弁護体制の整備が不可欠となる。」と指摘した（Ⅳ第1の1(4)ア）。それを受けて，検討会では，たたき台として，対象事件においては公判前整理手続を必要的なものとし，審理に要する見込み時間（日数）を明らかにするものとする旨の案が示されたが，特に異論は

---

3) 従前は第1回公判期日前に証拠の請求等を行うことを認める規定はなかったため，公判前整理手続の新設がいわゆる予断排除の原則に抵触しないか問題となる。しかし，当事者双方が参加しているところで，事件に関する当事者の主張とそれを立証するための証拠の標目等を聴き，証拠能力の有無や証拠開示の要件を判断するために証拠を確認することは，事件の実体についての心証を形成するものではないので，受訴裁判所が公判前整理手続を主宰しても予断排除の原則に反するものではない。

4) 公判前整理手続終了後は，公判における冒頭手続が終了するまで，証拠調べに関する手続はできない（刑訴法292。公判前整理手続終了後，第1回公判期日前になされた証拠採用決定を違法としたものとして，福岡高判平26・12・18高検速報1506号）。

なかった(16回議事録参照)。

　なお，公判前整理手続で行われる証拠の採否の決定に関し，違法収集証拠か否かや，自白の任意性の有無が問題となる場合には，裁判員の関与する公判期日で行うべきであるという意見もあったが，それらも構成裁判官のみで判断する訴訟手続に関する判断であるから，他の証拠能力の問題（たとえば，供述調書につき供述者の死亡）などと別異に扱うべきではないとの意見が大勢を占めた（第2章V経緯参照）。もっとも，本制度の対象事件においては，違法収集証拠か否かを判断するために必要な証人尋問等は実体にも関する場合が多いと思われること，任意性の判断はその自白の信用性の判断と密接に関連しているのが通例であるから，裁判員も関与した公判期日において行われることが多いと思われることなどの指摘もあり，運用に当たっては，裁判員の関与を求める意義を殊更に奪うことがないように留意しなければならない。

[課題]

　(1) 公判中心主義の審理を実現するための主張・証拠の整理　　裁判員が公判で的確に心証を得られる審理を実現するためには，必要なものに絞った分かりやすい主張・立証がなされることが必要である（後記Ⅱ1課題(1)参照）。したがって，公判前整理手続においては，当事者双方に主張を交換させたり，裁判所が釈明を求めたりすることにより，争点を絞って明確にする（真の争点に集中させる）必要がある。そのためには，それぞれの証拠がどのような事実を立証するものかを具体的に明確にさせる必要があり，たとえば，請求された書証の一部が不同意となってそれに代わる証人尋問が請求された場合などにおいても，不同意とした側はどのような点を争うのか，反対事実を積極的に主張するのか，請求した側は証人尋問によってどのような事実を立証するのか，それらの立証はなぜ必要なのかなどについて，裁判所と両当事者の間で確認し，共通の理解を図っておくべきである。また，証拠については，最良証拠を重複を避けてビジュアルな方法で取り調べられるようにするなど，裁判員にとって分かりやすいものとなるように，計画段階から努めなければならない。証人尋問についても，立証趣旨のみでなく，立証しようとする具体的事実を証明予定事実記載書面と対比するなどして確認し，尋問予定時間も明確なものとする必要がある。以上の作業をするためには，打ち合わせる回数を重ねることが必要となる場合もあ

ると思われるが，主張と証拠の整理が不十分なまま審理の開始を急ぐより，十分な整理を経て審理を始める方が一般的には望ましいといえよう[5]。

公判前整理手続は，争点と証拠を整理する手続であるが，当該事件でどのように主張を組み立て立証していくかは，本来，当事者の権限と責任で行うべきことであるから，裁判所が当事者の活動を無理に制約するのは相当でない[6]。もちろん，当事者の主張や立証方針が明確でなければ，裁判員は何が判断を求められている事項で，何のために証拠調べをしているのかすら理解できないであろうから，裁判所としてもそのような見地から疑問点について釈明したり，明確化するよう求めたりする必要がある[7]。その上で当事者が主張・立証の必要性等を一定程度説明した場合には，それを尊重することになろう。裁判所は，以上の経緯を踏まえ，訴訟法に従って関連性・必要性の有無と程度を判断することになる。また，争点と証拠を整理する際にも，刑事裁判の基本的な要請，すなわち公訴事実の存否を判断し適切な量刑をするために必要となる真相の解明や，被告人の権利保護の要請を充たす必要があることは，当然である。

(2) 争点を明示しない弁護方針への対応 刑訴法316条の17第1項は，被告人または弁護人に対し，証明予定事実その他の公判期日においてすることを予定している事実上および法律上の主張があるときは，公判前整理手続において明らかにすることを義務付けている[8]。従前の弁護活動をみると，弁護側の主張を明確にして（争点を絞って）防御活動を行うものも少なくなかったが，争点

---

5) もっとも，刑訴法316条の3第1項は，できる限り早期に公判前整理手続を終結させるように努めなければならないとしており，漫然と続けるべきでないのは当然である。

6) 最二小判平21・10・16刑集63巻8号937頁も，裁判所による争点整理および証拠の採否は，「当事者主義（当事者追行主義）を前提とする以上，当事者が争点とし，あるいは主張，立証しようとする内容を踏まえて，事案の真相の解明に必要な立証が的確になされるようにする必要がある。」などと判示し，公判前整理手続が当事者主義に基づいて行われるべきことを明らかにしている。

7) 最一小決平26・3・10刑集68巻3号87頁に付された横田裁判官の補足意見参照（第1審の公判審理が分かりづらいものとなった要因は，公判前整理手続において，当事者の主張・立証予定を基本的にそのまま受け入れただけで，判断の分かれ目を意識した争点整理を行わなかったことなど，裁判所の争点整理および審理計画の策定が不適切であったことにあると思われる旨指摘されている）。

8) 刑訴法316条の17は，自己に不利益な供述を強要するものとはいえないから，憲法38条1項に反するものではない（最一小決平25・3・18刑集67巻3号325頁）。

を明示せずに，公訴事実を全面的に争って検察官の主張・立証の弱い点を突き，いろいろな方角からの疑問点を指摘して合理的な疑いが残るなどと主張するものもあった。公判前整理手続を経た裁判員裁判では，このような弁護活動は少なくなると考えられている。そのような方法では，検察官の開示する証拠の範囲が広くならない上，裁判員に弁護側の立場を理解させることは困難になるからである。弁護人としては，少なくとも裁判員裁判においては，そのような弁護方針が効果的ではないことを十分理解しておく必要がある。

(3) **被告人の出頭**　公判前整理手続には，被告人は出頭の権利があり，裁判所も必要と認めるときに被告人の出頭を求めることができるが(刑訴法316の9①②)，弁護人と被告人との意思疎通が十分にできているような事案では，被告人の出頭が必要となることは少ないと思われる。被告人の出頭を求める必要が生ずるのは，弁護人が主張を明らかにしようとしないとか，被告人との意思疎通が十分でないなどの理由で争点を明確化できない場合や，審理開始前に被告人にも整理された争点の確認をしておくことが，その後の審理を計画どおり進行させる上で望ましいと考えられる場合などであろう[9]。被告人が出頭する場合は，その際に，争点と証拠を整理する過程における重要なポイントを確認しておくことが望まれる[10]。

(4) **その後の公判審理**　公判前整理手続を経た事件においては，裁判所は，定められた予定に従って公判審理を進行させるように努めなければならない(刑訴規217の28)。現実の公判審理においては，予定どおり進行できない事態の生ずる可能性が存在するが，まずは予定に従って進行するように努める必要がある。また，審理計画立案段階で一定程度の流動性が残る場合には[11]，予備日を設けたり，複数の証拠調べの順序を想定しておく等の工夫をする必要があるほか，予想外の事態により予定どおり進行できなくなった場合でも証拠調べの順序を変えて柔軟に対応することなども考慮すべきである。

---

9) なお，後記実情(9)参照。
10) 制度施行当初と比べると，弁護人の勧めによる場合も含め，被告人が権利の行使として出頭を希望する例が増えているというのが実務の感覚であるが，その場合においても，適宜本文記載の重要なポイントの確認が望まれる。
11) 審理期間が長期にわたる場合や，証人の健康状態によって出頭の見込みが流動的な場合などが典型である。

[実情]

(1) **公判前整理手続の長期化とその対策** 人証中心の審理を実現するためには関係者の記憶が新鮮なうちに証人尋問等を実施する必要がある上，判決までの期間の長期化は迅速な裁判の要請にもとり，被告人の身柄拘束の長期化にもつながりかねないところ，制度施行後しばらくの間，起訴後公判開始までの期間が長期化する傾向が見られたことから，[12] 種々の長期化防止策がとられた。

まず，裁判所の主導により，起訴後1週間程度を目処として最初の両当事者との打合せ（刑訴規178の10）の機会を持ち，その後も少なくとも弁護人が予定主張を明示するまでの間は，2週間程度の間隔で打合せの場を設け続けるようになった。これは，弁護人の予定主張明示までに時間を要することが長期化の大きな要因とみられたことから，円滑な公判準備の始動・進行を促すことを目的としたものである。最初の打合せでは，裁判所から，公判に至るまでのスケジュール感を説明するとともに，可能な場合には弁護人の応訴方針を聴取して，[13] 検察官に対し，関連の証拠の任意開示を促したり，証明予定事実記載書面に争点に関する主張を盛り込むように要請したりし，その後の打合せにおいても，当事者の準備の進捗状況を確認しながら，必要な調整等を行う。こうした運用を重ねることにより，検察官は，起訴後2週間程度で証明予定事実記載書面を提出して請求証拠を開示するのみならず，開示可能な証拠については弁護人に早期に任意開示するようになり，弁護人においても，証拠開示が得られるまで予定主張を明示しないといった頑なな対応は減少し，後の変更があり得ることを前提に，早い段階から暫定的な応訴方針を明らかにする例が多くなっている。

また，各当事者の基本的な方針が定まり，主要証人の数等から公判の最大日数が何日程度か見当がついた時点で，公判期日を仮予約する運用が広く行われている。これは，主張・証拠の整理を全て終えてから日程調整に入ったのでは

---

12) 検証報告書10頁。同報告書および「平成24年における裁判員裁判の実施状況等に関する資料」裁判所ウェブサイトによれば，平成22年から24年までの各年に終結した事件における公判前整理手続期間の平均値は，5.4月，6.4月，7.0月であった。これに伴って各年の平均審理期間も8.3月，8.9月，9.3月となっており，施行前（平成18年から20年までの公判前整理手続に付された裁判員制度対象事件の平均審理期間は6.6月）よりかなり長くなっていた。

13) 裁判員裁判対象事件の弁護人の約8割強は国選弁護人であり，通常は被疑者段階で選任されているから，暫定的なものであっても捜査段階における被告人の主張に基づく何らかの応訴方針を有していることが多いと思われる。

法曹三者や証人のスケジュールが合わず公判がさらに数か月先になってしまうおそれがあることから，そうした事態を回避するとともに，仮とはいえ公判の予定日を具体的に定めることによって，当事者がゴールを意識して準備を進めることを期待したものである。[14]

さらに，公判期日の指定についても，施行当初は公判前整理手続終了時に行われるのが通常であったが，公判実施までの期間短縮のため，証人の数や各尋問時間など大まかな審理計画が定まり，審理日数がほぼ確定した時点で，公判期日の指定および裁判員候補者の選定・呼出を行いつつ，さらに公判前整理手続を続ける中で書証の統合・整理や審理計画の詳細を詰めていく運用が一般的となっている。

こうした法曹三者による取組みの結果，追起訴（訴因変更），鑑定，弁護人の辞任・解任といった長期化要因のない自白事件では起訴後4，5か月で判決宣告に至る事件が増えるなど一定の成果が上がっている。しかし，否認事件も含めた裁判員裁判全体でみると，公判前整理手続の期間はあまり短縮されておらず，三者によるさらなる長期化原因の分析および取組みが求められる。[15]

(2) 検察官の証明予定事実　起訴後2週間を目処に検察官が提出する最初の証明予定事実記載書面は，争点を無用に拡散させないよう，[16]公訴事実および重要な情状事実に絞った簡潔なものとなっている。また，弁護人の予定主張が示されるなどして，公訴事実に争いがあることが明らかになった場合には，検察官において，証拠構造式の証明予定事実を提示するのが一般的である（殺意，正犯性等が争われる事案では，争点に関する主要な間接事実を列挙した書面が提出されるのが通常であり，被害者，目撃者の供述等の直接証拠を立証の柱とする事案では，当該供述の

---

14) この仮予約については，法曹三者において柔軟に運用することを前提として行っているものであり，実際にも，予定した日程での公判実施が困難になった場合には取り消されている。

15) 平成26年に終結した事件の公判前整理手続期間の平均値は，自白事件で5.4月，否認事件で8.5月，全事件で6.8月である（「平成26年における裁判員裁判の実施状況等に関する資料」裁判所ウェブサイト）。(1)項全般につき，検証報告書8頁以下，合田悦三「公判前整理手続の長期化」刑事法ジャーナル36号37頁，安東章「裁判員裁判のこれから—裁判官の視点」法律のひろば67巻4号27頁参照。

16) 公判前整理手続が導入された直後は，詳細で長文のものが多く，検察官が取り上げている以上は弁護人としても反論する必要があるとして，時間をかけて詳細な反論が提出された結果，手続が長期化する上に真の争点が不明確になるという事態も生じた。

信用性を基礎付ける補助事実を記した書面が提出されることも少なくない)。量刑が争点となる自白事件では、裁判所の求めに応じて、検察官が重要と考える情状事実(または項目)を記載したメモや証明予定事実記載書面を提出する運用も見られる。いずれにせよ、論告を意識し、事実認定や量刑判断に真に影響する重要な事実に主張を絞った主張書面が増えてきている[17]。

(3) **証拠開示**　検察官は、通例、起訴後2週間を目処に請求証拠を開示する際またはその後ほどなくして、類型証拠の開示請求があれば開示するような証拠を併せて任意に開示しているほか、類型証拠開示請求があった場合には、仮に類型証拠には該当しないと考える証拠であっても、開示の弊害がなければ任意に開示するなど、柔軟に対応している。このような運用がなされているため、証拠開示に関する裁定に至る例はかなり少なくなっている[18]。なお、平成28年5月に成立した刑訴法等一部改正法(平成28法54)では、類型証拠開示請求の対象が拡大されているほか、検察官請求証拠が開示された後に被告人または弁護人から請求があったときは、検察官は、速やかに、検察官が保管する証拠の一覧表(一定の例外事由がある場合を除き、証拠物の品名・数量、供述録取書の標目・作成年月日・供述者の氏名、それ以外の証拠書類の標目・作成年月日・作成者の氏名を記載したもの)を交付しなければならないとされている[19]。

(4) **弁護人による主張の明示**　公判前整理手続の導入後は、多くの弁護人が、争点整理や審理計画を意識した具体的な予定主張を明らかにしている[20]。裁判所も、主張および証拠を整理し、審理計画を策定する上で必要な場合には、

---

17)　田野尻猛「裁判員裁判への検察の取組」法の支配177号63頁。

18)　吉村典晃「証拠開示に関する実務上の運用と課題」刑法雑誌53巻3号36頁、遠藤邦彦ほか「共同研究・刑事証拠開示のあり方」判タ1387号53頁(弁護人側では、開示を受けた情報を検討し、現実的・具体的な弁護方針を確立することが重要であるという点が、検察官側では、早期の開示が弁護側の主張・証拠意見の早期明示に役立つという点がそれぞれ認識されるようになり、従来の相互不信が解消されてきたことが現在の円滑な運用の大きな一因であると分析されている)。なお、公判前整理手続における証拠開示に関する裁判例の動向等については、酒巻匡編著『刑事証拠開示の理論と実務』(判例タイムズ社・2009)参照。

19)　宇藤崇「証拠開示制度の拡充」刑事法ジャーナル44号32頁参照。なお、同改正法の当該部分は、平成28年6月3日の公布後6か月以内に施行される。

20)　近藤宏子「公判前整理手続における主張明示義務」松尾浩也=岩瀬徹編『実例刑事訴訟法Ⅱ』(青林書院・2012)100頁参照。なお、弁護人は予定主張等においていわゆるケース・セオリーを示すべきとの見解につき、後藤貞人=河津博史「裁判員裁判におけるケース・セオリー」自由と正義59巻8号102頁参照。

弁護人に対し，主張の有無やその具体的内容につき釈明を求めるべきである[21]。

(5) **主張・証拠の整理**　犯人性が争われている事件や被告人の覚せい剤の認識が争われている覚せい剤営利目的輸入事件などにおいて，検察官が複数の間接事実の主張・立証によって要証事実を推認できると主張する場合は，間接事実に関する主張・立証をポイントに絞った分かりやすいものとする観点から，公判前整理手続において，裁判所から，間接事実の体系（各間接事実の位置付け，推認過程，推認力の大小等）や証拠構造について検察官に釈明を求め，各間接事実の推認力等について三者でよく議論し，共通認識の形成に努めている例が多い。また，供述の信用性が争点となる直接証拠型の否認事件においても，目撃証人の視認状況や犯行現場に残された血痕等の痕跡など，客観性のある補助事実を立証する補助証拠の（証明力の程度自体ではなく）合理性や必要性について議論する中で，必要な主張・証拠の整理が行われている[22]。

自白事件においては，施行当初，裁判所が主張整理の結果として「争点は量刑である」と記すのみで，量刑事情について主張の嚙み合わせや争いの有無を全く整理しない例が見られた。しかし，量刑評議の在り方についての司法研究[23]が発表されて以降は，公判前整理手続において，法が予定する量刑判断の枠組みを踏まえ，当該事案が属する社会的類型や同種事案の量刑傾向における当該事案の位置付けを意識しつつ，主として犯情に関する量刑上の主張や関連の証拠について実質的な整理を行う運用が一般的となり，中には，そうした主張等の整理の結果を踏まえ，裁判所から，評議で参照することを予定している量刑グラフを両当事者に示し，意見等を聴取する例も見られるようになっている[24]。

---

21)　裁判員裁判ではないが，最二小決平27・5・25刑集69巻4号636頁に付された小貫裁判官の補足意見は，第1審裁判所は，公判前整理手続において，被告人の「自宅付近にいた」とのアリバイ主張につき，釈明を求めて具体的内容を明らかにさせ，それが不可能であるというのであればその理由も含めて記録として残しておくべきであったなどと指摘している。

22)　平木正洋「公判前整理手続の運営」前掲『実例刑事訴訟法Ⅱ』89頁，河原俊也＝岡崎忠之「争いのある事件についての争点整理の在り方(1)」判タ1392号41頁，特に間接事実につき，角田正紀ほか「裁判員制度の下における大型否認事件の審理の在り方」司法研究報告書60輯1号50頁参照。

23)　井田良ほか「裁判員裁判における量刑評議の在り方について」司法研究報告書63輯3号。

24)　裁判員裁判を担当する検察官および弁護人も，各地方裁判所に設置された専用端末を利用する方法によって，裁判員量刑検索システムにアクセスすることができる。

(6) **証拠の採否**　自白の任意性が争われて取調官の証人尋問等が必要な場合は，任意性の判断が信用性の判断と密接に関連するのが通例であることなどから，公判前整理手続では採否が留保され，公判での証人尋問の後に判断されるのが一般的な運用である。[25] 違法収集証拠か否かが問題となる場合，その判断のための証人尋問等が犯罪事実自体に関わらないときは，公判前整理手続において事実の取調べとして証人尋問等を行って裁判官のみで判断することもできるが，そのような場合の運用については，見解が分かれており，裁判員の負担の観点からできるだけ公判前整理手続で判断するのが望ましいとする見解もあるものの，[26] 違法収集証拠か否かが有罪・無罪に帰結するような重要な争点であるときには，公判期日にその審理を行うのが相当であるとする見解も少なくない。[27] また，実況見分調書の作成の真正に関する証人尋問については，公判前整理手続における事実の取調べとして実施された例もあるが，弁護人が実況見分調書を不同意とする趣旨が立会人の指示説明や被害者の被害再現の真実性を争うところにあることも多く，こうした場合であれば，同意が得られる図面等をまとめた統合捜査報告書を作成した上で，立会人や被害者の証人尋問を行う中で，供述内容の明確化の観点から必要に応じ再現写真を示すなどして対応するのが相当であろう。[28] なお，遺体写真等の裁判員に強い刺激を与える証拠の取扱いについては，後記Ⅱ3実情(2)参照。

(7) **審理計画**　第1回公判から判決までの実審理期間は，連日的開廷の実現により施行前に比して大幅に迅速化したが，施行後の推移を見ると，平成22年の4.9日から平成26年の8.2日へと徐々に増加している。この間の開廷回数が3.8回（平成22年）から4.5回（平成26年）とさほど変わらない一方で，評議時間は

---

[25]　もっとも，取調状況の録音録画により，任意性が争われる例は減少している。なお，任意性の判断資料として取調状況の録音録画を証拠採用した場合も，その取調べ（記録媒体の再生）は公判で行われている。

[26]　吉村典晃「裁判員裁判における証拠調べ」松尾浩也＝岩瀬徹編『実例刑事訴訟法Ⅲ』（青林書院・2012）180頁参照。

[27]　島田一＝蛯原意「裁判員裁判における証拠の関連性，必要性判断の在り方」判タ1401号123頁参照。なお，この点に関し，松尾浩也監修『条解刑事訴訟法〔第4版〕』（弘文堂・2009）730頁，今崎幸彦「公判前整理手続」井上正仁＝酒巻匡編『刑事訴訟法の争点』（有斐閣・2013）136頁参照。

[28]　島田＝蛯原・前掲132頁参照。

約502分（平成22年）から約674分（平成26年）へと大幅に伸びていることからすると，公判よりむしろ評議の時間が長くなっているものとみられ，評議時間が長いほうが充実した評議ができ，裁判員の満足度も高くなることも一因ではないかと指摘されている。[29]

(8) **法律概念等の説明方法**　殺意などの法律概念の適用が問題となっている事案においては，後記Ⅱ1のとおり，事案および争点の内容を踏まえ，的確で分かりやすい裁判員への説明方法を定め，裁判員に対する三者の説明に齟齬がないようにする必要があるところ，こうした事案の公判前整理手続においては，問題となる法律概念の説明案を裁判所が両当事者に提示し，双方の意見を聞いて共通認識とする運用が広く行われている。[30][31] さらに，こうした法律概念へのあてはめ（第2章Ⅴ課題(1)参照）が問題となる場合には，裁判員に当該概念の内実および外延について具体的なイメージを持ってもらうために，過去の裁判例の事案を適宜紹介するのが有用なこともあるが，裁判員に説明するこうした裁判例についても，公判前整理手続において裁判所が両当事者に提示してその了解を得ておく取扱いが見られるようになっている。

(9) **被告人の出頭**　実務では，争点と証拠の整理の結果を被告人に確認する最終の公判前整理手続期日（刑訴法316の24）のほか，公判期日を指定して裁判員候補者の選定数を定める公判前整理手続期日（前記(1)参照）についても，その後速やかに裁判員候補者の選定手続が始まり，公判期日の変更が困難となることから，被告人に出頭を促し，または出頭を求めてその意思を確認する例が少なくない。

　裁判員裁判の公判前における主張と証拠の整理については，三者による事前打合せ（刑訴規178の10）も多く活用されている。打合せと公判前整理手続のい

---

[29] 統計につき，検証報告書66・67頁，前掲「平成26年における裁判員裁判の実施状況等に関する資料」41頁，分析につき，座談会「裁判員制度の現状と課題」法の支配177号9頁の今崎幸彦発言，大寄淳＝福家康史「審理期間・審理計画の策定（一般）」判タ1407号14頁参照。

[30] 佐伯仁志ほか「難解な法律概念と裁判員裁判」司法研究報告書61輯1号8頁，遠藤邦彦「裁判員裁判における審理のあり方」前掲『刑事訴訟法の争点』205頁参照。なお，裁判員にはなじみのない事情に関する経験則（後記Ⅳ1注(7)参照）を当事者が主張している場合にも，公判前整理手続において，その説明方法等について三者で協議しておくことが望ましい。

[31] ちなみに，三者の共通認識が得られなかった場合は，構成裁判官の合議による法令の解釈を前提に判断することになる（法6②(1)・66③）。

ずれの形式によるべきかについては，事件の内容，各当事者の意向，打合せの時期や打ち合わせるべき内容等を踏まえて裁判所が判断するが，たとえば，起訴後間もない時期は，弁護人の方針が確定しておらず，証拠の開示等について検察官とインフォーマルに情報交換する必要性も高いことから，被告人の出頭しない打合せによる例が多い一方で，最終的な争点確認や証拠決定に至らない場合であっても，主張の整理が進み，部分的に争点も確認されるような段階に至ったときは，被告人の出頭意向を弁護人から聴取しつつも，被告人が出頭可能な公判前整理手続によっている例が少なくない。なお，手続への関心が強い被告人や接見の際の通訳に時間を要する外国人被告人の事件については，弁護人の要望を受けて，かなり早期の段階から，公判前整理手続により被告人出頭の下に主張と証拠の整理を行っている例もある。

3　第1回の公判期日前の鑑定

> **（第1回の公判期日前の鑑定）**
> **第50条**　①　裁判所は，第2条第1項の合議体で取り扱うべき事件につき，公判前整理手続において鑑定を行うことを決定した場合において，当該鑑定の結果の報告がなされるまでに相当の期間を要すると認めるときは，検察官，被告人若しくは弁護人の請求により又は職権で，公判前整理手続において鑑定の手続（鑑定の経過及び結果の報告を除く。）を行う旨の決定（以下この条において「鑑定手続実施決定」という。）をすることができる。
> ②　鑑定手続実施決定をし，又は前項の請求を却下する決定をするには，最高裁判所規則で定めるところにより，あらかじめ，検察官及び被告人又は弁護人の意見を聴かなければならない。
> ③　鑑定手続実施決定があった場合には，公判前整理手続において，鑑定の手続のうち，鑑定の経過及び結果の報告以外のものを行うことができる。

[解説]
　裁判員が加わって審理を開始した後に，鑑定のために長期間審理が中断するような事態が生ずるのは望ましくないことから（前記1参照），裁判員制度対象事件につき，公判前整理手続で鑑定を行うことが決定された場合において，結

果の報告までに相当期間を要するときは，公判開始前に，鑑定の経過および結果の報告を除くそれまでの事実行為を行うことができるようになった（法50）。

　鑑定とは，狭義では，特別の知識経験に属する法則を具体的事実に適用して得られた判断を報告することをいうが，広義では，その報告が裁判所に伝達されるまでの全過程を意味するとされている。[32] 本条にいう鑑定手続実施決定は，広義の鑑定に属する一連の作業のうち，鑑定の経過および結果の報告を除く部分を行うことの決定である。鑑定の決定（請求による場合も職権による場合もある）があると，通常は，鑑定人が選ばれた後，鑑定人尋問が行われる。鑑定人尋問においては，人定質問，宣誓の後，鑑定事項を告げて鑑定が命じられる。直ちに口頭で鑑定結果を報告できる場合は鑑定人尋問が続行されるが，資料の収集，調査，鑑定処分等の事実行為が必要な場合は，尋問は一旦打ち切られる。そして，口頭での報告が命じられると，後に鑑定人尋問が続行され，他方，書面での報告が命じられると，後に鑑定書が裁判所に提出されて，鑑定の経過と結果が報告される。[33] 本条にいう鑑定手続実施決定は，鑑定の経過と結果の報告を除くそれまでの手続を進め，精神鑑定であれば，鑑定人に被告人の問診・検査，被告人の親族等からの事情聴取，資料の収集・調査，鑑定書の作成等の事実行為を行わせることの決定である。裁判員制度対象事件については，公判前整理手続において，鑑定の決定のほかに鑑定手続実施決定をすることにより，鑑定の経過と結果の報告については公判前整理手続で行うことができない旨を明確にするとともに，報告の前段階として必要となる事実行為をすませておいて，裁判員の関与する公判審理で（計画された公判期日に）鑑定の経過と結果の報告をさせようとするものである。したがって，従前は一連の鑑定人尋問と考えられていたもののうち，鑑定を命じるまでの部分は，結果の報告までに相当期間を要する場合に限り，鑑定手続実施決定により公判前整理手続において行うことができる。[34]

---

32) 前掲条解刑事訴訟法297頁参照。
33) 前掲条解刑事訴訟法301頁参照。この場合，後に鑑定人であった者の証人尋問が行われる場合があるが，これは鑑定自体の手続とは別個の手続である。
34) 座談会「裁判員制度をめぐって」ジュリ1268号34頁の井上正仁発言参照。なお，決定の前に当事者から意見を聴かなければならないことにつき規41条，決定があった場合の公判前整理手続調書への記載事項につき規47条参照。

［経緯］
　検討会では，「迅速で，かつ，裁判員に分かりやすく，その実質的関与を可能とする証拠調べの在り方について検討し，必要な措置を講ずる」として，鑑定に関し，「一定の期間を要する，鑑定のための事実的措置は，できる限り，公判開始前に行うこと」という案が示された。鑑定の要否は，公判を開いて証拠調べをしてみないと判断できない場合もあるから，鑑定のために審理を中断せざるを得ないこともあるが，裁判員の関与する事件で審理の中断は望ましくないため，第1回公判期日前に鑑定の要否を判断できる場合には，鑑定人による調査等を進めさせ，鑑定の経過と結果の報告を公判廷で行わせることもできるようにするのが相当であるとの意見が大勢を占めた（19回議事録参照）。

［課題］
　(1) **公判前整理手続における鑑定の決定**　　鑑定の要否については，証拠調べを実施しなければ必要性を判断できない事案もあるが，審理開始後に鑑定のために長期間中断することはできるだけ避けるのが望ましいから，鑑定を命ずることになる可能性が強いようであれば，本条により公判開始前に鑑定を命ずることを検討すべきである。[35)][36)] したがって，従前の実務の運用に比して多少広めに鑑定が行われることになるが，その点の判断ができるようにするには，当事者において，鑑定が必要になるか否かを公判前整理手続で適切に主張する必要があり，また，裁判所においては，審理によりどのような事実が立証されることになるかという見通しを立てることが，従前に増して重要になる。

　(2) **鑑定に関する工夫の必要性**　　審理開始後に鑑定が採用される場合においても，そのために審理を中断する期間を短縮できるように工夫すべきである。これまでも指摘されていたように，前提とする事実を裁判所が明示して鑑定事項を限定したり，口頭による鑑定報告の方法を利用するなどして，鑑定期間を短縮できるように試みることが望まれる。

---

35) また，専門家の判断を得ておくことは，裁判員の判断のしやすさの面でもメリットがあると考えられる。
36) 裁判員制度対象事件において，責任能力の有無が公判における大きな争点になると予想される場合には，捜査段階においても，従前より広めに精神鑑定を行う（または簡易鑑定ではなく正式鑑定を行う）ことを考慮すべきである。そのような運用により，公判開始前に鑑定の要否を判断しやすくなるものと思われる。

また，審理において明らかになる新たな事情を踏まえた再鑑定の要否が問題となると予想されるような事案では，審理開始前の鑑定人に公判審理を傍聴してもらい，審理で明らかになった新たな事情を加えた場合に先の鑑定結果が異なってくるのか証言させることなども試みるに値するであろう（検討会19回議事録参照）。それによって，再鑑定が不要となる場合も考えられるからである。

なお，制度施行前に行われた法曹三者による模擬裁判等においては，鑑定の内容が裁判員にとって分かりやすいものとなるように，以下のような工夫も試みられた。すなわち，鑑定書について，詳細版と要約版を作成して，争いがなければ要約版のみを立証に用いること，鑑定結果に争いがある場合には口頭による報告を活用すること，鑑定人と両当事者が事前のカンファレンスを行い，分かりやすい証言ができるように準備すること，複数の鑑定結果が異なる場合には，鑑定人の対質尋問を行うことなどである。施行後も，それらの方策の有効性を検証しながら，さらなる工夫を続ける必要がある。

[実情]

(1) **鑑定の実施状況**　制度施行後，裁判員制度対象事件については，検察官による捜査段階での正式鑑定（嘱託鑑定）が増加したとされているほか，公判前整理手続段階での弁護人からの50条鑑定の請求についても，比較的柔軟に採用されている[37][38]。他方，裁判員裁判の公判開始後に被告人の精神鑑定が行われた例はないようである[39]。

(2) **鑑定に際しての工夫**　精神鑑定に関しては，嘱託鑑定も含め，鑑定結果が公判で報告される事件においては，鑑定作業の終了後に，公判前整理手続

---

37) 村越一浩＝坂口裕俊「精神鑑定が問題となる事案の審理計画・審理のあり方」判タ1414号103頁の注3・注7参照。検証報告書27頁によれば，制度施行後約3年間に，弁護人請求による精神鑑定（50条鑑定）が105件実施されている。なお，複数鑑定の適否，鑑定事項の定め方を含め，50条鑑定採否に当たっての考慮事項等についても，上記村越＝坂口103頁に引用の諸文献を参照。

38) 当初は，50条鑑定の採否を巡って，当事者双方が，それぞれ医師の見解等を含めた大量の資料およびそれらを踏まえた詳細な主張・反論を提出し，採否の決定までに長時間を要し，これが公判前整理手続の長期化要因として指摘されてきた。しかし，このような運用は，公判の準備段階であるという公判前整理手続の枠を超えるものであり，必要性に関する一定程度の合理的な主張があれば鑑定手続実施決定をすべきであると考えられるようになっている。

39) 検証報告書27頁。

において，法曹三者と鑑定人によるカンファレンスを開いて尋問と証言の内容を分かりやすいものとする準備をした上で，公判では，鑑定書自体は証拠調べせず，証人尋問の冒頭で鑑定人がレジュメ等を活用してプレゼンテーションを行い，その後に当事者から鑑定人に尋問を行う，という運用が広く行われている。複数鑑定の場合には，鑑定人の対質も活用されている。

II　公判手続

1　総　論

> **（裁判員の負担に対する配慮）**
> **第51条**　裁判官，検察官及び弁護人は，裁判員の負担が過重なものとならないようにしつつ，裁判員がその職責を十分に果たすことができるよう，審理を迅速で分かりやすいものとすることに努めなければならない。

[解説]

　法51条は，裁判員の負担の軽減という観点からのみでなく，裁判員が裁判官と協働して裁判できるよう実質的に担保するという観点からも，裁判員にとって理解しやすく迅速な審理となるよう訴訟関係者が努める必要があるとしている。訓示規定ではあるが，その重要性に照らし，特に規定されたものである（後記経緯参照）。裁判員が事件の実体的内容を十分理解できなければ，裁判官の判断に従うだけとなるおそれがあり，裁判官との協働による裁判といっても名ばかりのものとなるであろう。したがって，裁判員制度が成功するか否かは，

---

40) 裁判所が命じた鑑定人が公判で口頭で鑑定結果について述べる手続としては，「鑑定人尋問」と「鑑定人であった者の証人尋問」があるが，通常は，鑑定結果の報告は書面（鑑定書）で行い，公判では鑑定とは別個の手続である証人尋問の方式（前記注33参照）によっている。捜査段階の嘱託鑑定の場合は，証人尋問の方法しかない。
41) 検証報告書27頁，村越=坂口・前掲118頁のほか，佐伯ほか・前掲司法研究報告書61輯1号40頁以下参照。科学的証拠につき，岡田雄一ほか「科学的証拠とこれを用いた裁判の在り方」司法研究報告書64輯2号66頁以下参照。

迅速で分かりやすい審理を実現できるか否かにかかっていると言っても過言ではない。法律実務家は，従前の運用にとらわれることなく，迅速で分かりやすい審理となるようあらゆる工夫をすることが強く求められている。

この観点から，特に，法55条が冒頭陳述につき（後記2参照），法61条が公判手続の更新につき（後記4参照），それぞれ規定している。規則も，「検察官及び弁護人は，裁判員が審理の内容を踏まえて自らの意見を形成できるよう，裁判員に分かりやすい立証及び弁論を行うように努めなければならない。」と定めている（規42）。立証の方法に関しては，本法に定めはないが，迅速で分かりやすい審理を実現するための方策として，平成17年の刑訴規則改正により，証拠の厳選（刑訴規189の2），争いのない事実の証拠調べ（同198の2），犯罪事実に関しないことが明らかな情状に関する証拠の取調べ（同198の3），取調べの状況に関する立証（同198の4），証人尋問の方法（同199の13・14），弁論の方法（同211の3）等の規定が設けられるなどした。これらの規定の実践に加えて，運用による様々な工夫が求められている（後記3参照）。

[経緯]

審議会意見書は，裁判員の主体的・実質的関与を確保することがことのほか重要であるとし，その観点から，「非法律家である裁判員が公判での証拠調べを通じて十分に心証を形成できるようにするために，口頭主義・直接主義の実質化を図ることも必要となる。」と指摘した（Ⅳ第1の1(4)ア）。検討会では，それに沿って，法51条と同内容の「裁判員制度対象事件については，裁判員の負担を軽減しつつ，実質的に裁判に関与することができるよう，迅速で分かりやすい審理が行われるように努めるものとする」とのたたき台が示されたが，異論を述べる者はなく，その点の重要性を指摘する意見が相次いだ（16回議事録参照）。

[課題]

(1) **公判中心主義に基づく審理**　裁判員制度の下では，従前のように検察官が提出する大量の書証を裁判体が法廷外で熟読して心証を形成することは不可能であり，犯罪事実の存否と量刑を判断するのに必要な事項に主張・立証を絞り，裁判員が法廷で目で見て耳で聞いて分かる公判中心の審理を実現しなければならない。[1]

裁判員が公判で的確に心証をとるためには，第1に，主張と証拠が必要なものに絞られるとともに，各々の位置付けと内容が分かりやすいものであることが必要である。当事者は，「念のため」などという気持ちから，実質的な争点との関係が明確でなく，内容が分かりにくい主張をしたり，情報量が過剰な書証や長時間の証人・被告人への質問を求めたりしがちであり，裁判官の中にも主張や判断資料が多いほうが安心できると考える傾向がないとはいえない。しかし，裁判員の立場からすると，争点との関係がはっきりしない主張や，結論にどう影響するか定かでない冗長な書証の朗読や尋問等を聞かされても，内容が頭に入らず心証がとれないばかりか，集中力を失って，本来重要な他の主張や証拠の内容を聞き逃すおそれすらある。法曹三者は，こうした裁判員の反応を率直に受け止め，従前の裁判で行われてきた主張・立証と一般国民の認識・感覚とのずれをよく認識して，さらなる意識改革に努めていく必要がある。第2に，裁判員に判断してもらう実質的な争点は何か，その争点判断に当たって重要な主張，立証は何かについて，公判前整理手続を通じて三者の認識が共通となっていることが必要である。三者で認識が共有化されていれば，公判における各々の冒頭陳述，人証・書証の取調べ，論告・弁論が審理のポイントに即し，互いに噛み合った一連のものとなるから，裁判員は法廷で心証をとることができ，裁判官との評議にもスムーズに入れることになる。

(2) **用語の平易化**　　従前は，判断する側と立証する側が同じ法律家であり，共通の土壌に育った者であることから，非法律家にとっては難解な法律用語を使用することや独特の略語を用いることもあった。[2]しかし，制度施行後は，専ら法律問題に関する事項であればともかくとして，[3]裁判員も判断に加わる事実

---

1)　検証報告書20頁も，裁判員裁判の公判審理につき，「何よりも重要なことは，裁判員の前で開かれる公判での主張，立証を通じて事件の実体が明らかにされ，量刑が可能になるような審理が行われなければならないということである。」として，公判中心主義の実現を重要視している。
2)　たとえば，冒頭陳述を「冒陳」，検察官に対する供述調書を「検面」と称するなどの一種の「業界用語」が，被告人や傍聴人のいる公判期日においても，説明なしで用いられることがあった。
3)　法律の解釈は裁判官のみで判断することとされているから，専ら法律問題に関する議論であれば，個別の説明をせずに法律用語を用いて法律家の間でやりとりし，その経緯の概略と結論のみを裁判員にも理解できるように説明すれば足りることもあろう。

認定と量刑に関する事項であれば，裁判員も理解できるようにしなければならない。とはいえ，厳格に解されるべき概念を有するものとして用いられることの少なくない刑事実体法の用語については，それを適切に言い換える簡易な用語を見出すのは決して容易ではないから，それぞれの立場の法律家の努力が強く求められる。

難解な法律概念については，それに関する判断が求められている事案に応じ，その論点を分解し，考慮要素を類型化するなどして，その法律概念の本質に立ち返った上で，的確に置き換えられるような中間概念や説明方法がないか，判断対象を単純化できないかなどを検討すべきである。非法律家であっても理解しやすい中間概念等が見つけられ，判断対象が単純なものとなれば，裁判所と両当事者が共通の理解の下に，それに従った主張・立証活動を行うことが可能となり，裁判員にとっても判断しやすいものとなるからである。

(3) **連日的開廷** 裁判員制度が有効に機能するためには，連日的開廷による集中審理が不可欠である（刑訴法281の6，前記Ⅰ2解説(2)注(2)参照）。従前それを実現できなかった一つの大きな要因は，それに応じられるような弁護態勢が整っていなかったことにあった（審議会意見書も，「一つの刑事事件に専従できるような弁護体制の整備が不可欠となる」旨指摘していた）。今回の制度改革により，広汎な証拠開示を伴う公判前整理手続を行うことによって争点が整理され，審理計画が立てられるようになったほか，被疑者・被告人を通じた国選弁護人の選任業務等を行う組織として日本司法支援センターが設立された（総合法律支援法）ことなどから，裁判員制度の下における連日的開廷による集中審理にも対応できるような弁護態勢が提供されることになった。

裁判員の負担という観点から考えると，審理に要すると見込まれる日数が数日程度までの事件であれば，[4]連続して開廷する方がよいであろうが，[5]それ以上

---

4) 裁判員に職務に従事してもらう日程は，各裁判員候補者が辞退を申し出るべきかどうか判断するに当たって必要な情報であるから，実務では，裁判員候補者に対する呼出状に具体的に記載している（第3章Ⅱ3解説(3)注(11)参照）。したがって，開廷ペースを決めるに当たって，実際に選任される裁判員の個別の事情を斟酌することはできず，最大公約数的な事前予測として負担が少ない方法を考慮せざるを得ない。職務従事予定期間の長さ，予定される開廷回数，裁判員等経験者の意見，前記の参加障害事由調査の結果（第3章Ⅰ5注(9)参照）等を踏まえて，合理的な方法を模索することになる。

の日数を要する例外的な事件の場合は，毎週3～4日間の連日的開廷を繰り返すというような方法[6]なども考慮する必要がある[7]。

(4) **当事者の準備の重要性**　公判前整理手続において立てられた審理計画をそのとおり進められずに審理期間が長くなったりすると，裁判員に対し予定外の負担を強いることになるため，当事者は，計画どおり審理を進められるように努めなければならない。したがって，当事者の準備活動は，従前にも増して重要になる。また，公判前整理手続によって争点整理が行われるから，当事者にとって予想外の事態が生じることは従前より少なくなるであろうが，それでも，「訴訟は生き物」などと俗に言われているとおり，想定外の事態が生ずる可能性は否定できない。そのため，審理予定期間がある程度長くなる場合には，予備日を設けておくことが望ましく，当事者も，審理と並行してでも新たな準備活動を進め，予備日を利用するなどして想定外の事態に機敏かつ柔軟に対応できるようにする必要がある。

(5) **証人の出頭確保の重要性**　計画どおり連日的開廷を行うためには，予定された証人・鑑定人等の出頭を確保することが，これまで以上に重要となる[8]。したがって，証人等を請求した当事者は，その出頭の確保に努めなければならない（刑訴規191の2）。とはいえ，そのような努力をしても，証人等が出頭できない事態が生ずる可能性は否定できない。そのような場合には，従前も行われていたように，取り調べる証人の順序を変更したり，立証趣旨によっては被告人質問との順序を変更したりすることなどによって，柔軟に対応する必要があ

---

5) 平成26年中に判決に至った裁判員裁判事件の82.9%は，開廷回数が5回以下である（裁判所ウェブサイト掲載の同年実施状況報告書図表44参照）。

6) 非開廷日を挟まない方が記憶維持の点では問題が少ないが，それが長期になると参加する裁判員の負担は重くなる。そもそも多数開廷を要する事件では，記憶の維持・喚起に関する格別の工夫が必須になるから，裁判員の負担とのバランスを考えて毎週の開廷回数を決めるのが合理的であるし，法曹三者の準備等の関係でも適当である。また，その事件が1審に係属するトータルの期間も考えておく必要がある。

7) なお，裁判員制度対象事件においては，連日的に開廷され，審理に引き続く評議を経て，すぐに判決宣告されることが多くなるため，平成19年の法改正により，公判調書の整理期限を原則として判決宣告までとしていた刑訴法48条3項が改正され，公判調書の整理期限は，当該公判期日から10日または判決を宣告する公判期日から7日のいずれか早い日とされた。

8) 英国では，重大な事案では稀であるが，陪審に付される事件において，重要な証人の不出頭によって検察官の立証が不可能となり，裁判官による無罪の命令（directed acquittal）が出される例も少なくない（最高裁判所事務総局編『陪審・参審制度 英国編』(1999) 36頁参照）。

る。なお，証人については，従来，1度は召喚状の送達を受けながら正当な理由なく召喚に応じなかった場合に限って勾引することができるとされていたが（刑訴法152），平成28年5月に成立した刑訴法等一部改正法（平成28法54）により，正当な理由なく召喚に応じないおそれがあるときにも勾引ができることとなった（公布後6か月以内に施行される）。

(6) **被害者参加制度との関係**　本法が制定された後，平成19年の刑訴法の改正により，被害者参加制度が創設された（刑訴法316の33〜316の39）[10]。この制度の対象事件は，故意の犯罪行為により人を死傷させた罪等であり，裁判員制度の対象事件と重なっている部分が少なくない。裁判所の許可を得た被害者参加人は，訴訟手続に参加し，一定の要件の下で証人尋問，被告人質問，意見陳述をすることができるが，裁判員を含む裁判体が被害者参加人の質問等に対する証人や被告人の供述を踏まえて量刑判断すべきは当然としても，その行為が違法・不当なものとならないように，あらかじめ被害者参加人と検察官が十分なコミュニケーションをとることや，裁判長が違法・不当な質問・陳述等を制限することも，当然の前提となっている。また，被害者参加人のする質問自体や，弁論としての意見陳述は，証拠にはならないものであるから，裁判長は，その点を裁判員に十分説明するなど，裁判員の心証に不当な影響が及ばないように配慮する必要がある。

[**実情**]

(1) **審理内容の分かりやすさ**　審理内容の分かりやすさについての裁判員経験者のアンケート結果をみると，「理解しやすかった（わかりやすかった）」と回答した者と「普通」と回答した者とを合計した数の割合は，施行後一貫して9割を超えている。この間，「理解しやすかった」と回答した者の割合が平成21年（約7割）から平成24年（6割弱）にかけて徐々に低下し，その傾向が自白事件においても見られ，特に自白事件における検察官の活動の分かりやすさの比率の低下が顕著であったことなどから，検察官の冒頭陳述の詳細化，書証

---

9) 不出頭が見込まれる証人への対応等につき，香川徹也「証人の出頭確保等」前掲『実例刑事訴訟法Ⅱ』251頁参照。
10) 平成20年には，犯罪被害者等の権利利益の保護を図るための刑事手続に付随する措置に関する法律等の法改正によって，資力の乏しい被害者参加人のための国選被害者参加弁護士制度が整備された。

への依存度の高さなどが関係しているのではないかと分析されていたが、その後、冒頭陳述の簡略化（後記2実情(1)）や自白事件における人証の活用（後記3実情(4)）等の取組みが進むにつれて、「わかりやすかった」と回答する裁判員経験者の割合がやや持ち直し、65％程度となっている[12]。なお、法曹三者の説明の分かりやすさは、裁判官、検察官、弁護人の順となっている[13]。

(2) **法律概念の説明等**　殺意、正当防衛、責任能力、共謀共同正犯等の法律概念については、裁判官を中心とする法曹三者によって、関連の司法研究も[14]踏まえ、裁判例等に照らして各法律概念の本質に立ち返った上で、個々の事案および争点に即した形で、裁判員に対して分かりやすく説明する取組みが実践されてきている[15]。

(3) **連日的開廷**　施行後平成27年末までの裁判員裁判の平均実審理期間は7.2日、平均開廷回数は4.3回であり[16]、上記実審理期間には、土日祝日や評議のみが行われた日も含まれることを考えると、連日的な開廷が実現されているといえる。審理が2週間以上にわたる事件では、裁判員の負担や法曹三者の準備等も考慮し、週3～4日程度の開廷にとどめる例も少なくないようである[17]。

弁護態勢については、総合法律支援法の下、裁判員裁判の大部分は国選弁護人によって担われているところ、公判については複数の国選弁護人が選任されるのが通例であり、法定刑に死刑または無期の懲役・禁錮が含まれている罪名の場合には（刑訴法37の5）、被疑者段階から国選弁護人が複数選任される例も

---

11) 検証報告書19頁参照。
12) 各年の「裁判員等経験者に対するアンケート調査結果報告書」裁判所ウェブサイトによれば、審理内容の理解のしやすさについて、「理解しやすかった（わかりやすかった）」と「普通」の回答割合は、それぞれ、平成21年70.9％・23.8％、平成24年58.6％・32.1％、平成25年66.6％・29.4％、平成26年65.4％・30.3％と推移している。
13) たとえば、前注記載のアンケート調査結果報告書（平成26年度5・7頁）によれば、裁判官、検察官および弁護人の各説明が「わかりやすかった」とした回答者の割合は、それぞれ90.9％、67.1％、35.7％である。
14) 佐伯ほか・前掲司法研究報告書61輯1号。
15) 橋爪隆「裁判員裁判と刑法」前掲『刑事訴訟法の争点』214頁、大阪刑事実務研究会「裁判員裁判における法律概念に関する諸問題」シリーズ（連載の第1回は判タ1350号47頁）参照。
16) 最高裁判所事務総局「裁判員裁判の実施状況について（制度施行～平成27年末・速報）」7頁参照。
17) 大寄淳＝福家康史「審理期間・審理計画の策定（一般）」判タ1407号12頁参照。

珍しくない。[18]

2 冒頭陳述

> **（冒頭陳述に当たっての義務）**
> **第55条** 検察官が刑事訴訟法第296条の規定により証拠により証明すべき事実を明らかにするに当たっては，公判前整理手続における争点及び証拠の整理の結果に基づき，証拠との関係を具体的に明示しなければならない。被告人又は弁護人が同法第316条の30の規定により証拠により証明すべき事実を明らかにする場合も，同様とする。

[解説]

　法55条は，冒頭陳述をするに当たっては，公判前整理手続における争点および証拠の整理の結果に基づき，証拠との関係を具体的に明示しなければならない旨規定している。従前の冒頭陳述は，時系列に従った物語式のものが多かった。いわゆる動機犯であれば（裁判員制度の対象事件には動機犯が多いであろうが），このようなものも事案を理解するために必要となることが少なくない。しかし，立証活動が争点中心のものとなれば，争点によっては，証明すべき事項（主要事実と間接事実の両方）とそれを立証する手段（証拠方法）をいわば構造的に示す必要が生ずる（いわゆる証拠構造）。ある証拠が何を立証するために取り調べられるのか理解しながら審理に臨まなければ，的確な心証形成は困難と思われるからである。したがって，従前の時系列のものと合わせ，立証計画を立体的に提示する必要がある。[19]

[経緯]

　検討会では，たたき台として同様の案が示されたが，異論はなく，冒頭陳述

---

18) 各年の「裁判員裁判の実施状況等に関する資料」裁判所ウェブサイトによれば，施行後一貫して判決人員の8割を超える事件で国選弁護人が選任されている。座談会「裁判員裁判における弁護活動の現状と課題」判時2219号14頁の前田裕司発言参照。

19) なお，冒頭陳述のビジュアル化が有用であるとしても，再現ビデオ等を用いた場合には証拠でないもので心証を形成させてしまう危険性があることにつき，シンポジウム「裁判員制度の導入と刑事司法」ジュリ1279号93頁の古江頼隆説明参照。

は簡潔で，立証事実と証拠との関連が分かるものとする必要があるとか，弁護人の冒頭陳述も必要的なものとすべきであるなどという指摘があった（16回議事録参照）。

[課題]

(1) **冒頭陳述における犯罪事実と量刑事情の分離**　従前は，検察官が冒頭陳述において被告人の前科関係などについても触れることが一般的であった。事実認定の訓練もしている法律家であれば，前科の主張が犯罪事実の存否の認定に影響するはずはなく，裁判員制度においても裁判官によって適法な心証形成は担保されるであろうから，陪審員の場合と同じようにしなければならないわけではない[20]。しかし，参加する裁判員が，事実についても的確に判断しやすいものとなるよう，犯罪事実の立証と情状事実の立証をできるだけ区別して行うことが望ましいから（証拠調べに関する後記3課題(2)参照），事実関係について深刻な争いがあるような事案においては，事実関係の主要な立証が終わってから量刑事情に関する冒頭陳述を行うというような工夫をする必要がある[21][22]。

(2) **弁護人の冒頭陳述**　弁護人としても，その主張を裁判員に理解させた上で証拠調べをしなければ，説得力に欠けることになるであろうから，冒頭陳述を行うべきである。法律上も，公判前整理手続に付された事件については，弁護側も，証拠により証明すべき事実その他の事実上および法律上の主張があ

---

20) 陪審制を採る英米の法制度を見ると，前科に触れることについては神経質ともいえるほど細かなルールが設けられている。
21) 量刑事情として重視されるのは，「犯情」とも言われる犯行に関連した事情，たとえば犯罪の計画性，犯行態様の残虐性（凶器の使用）・執拗性，結果の重大性，共犯の場合であればさらに役割の主導性等であり，それらの事情の立証は，多くの場合，犯罪事実の立証と共通することになる（そのため，罪体立証と情状立証を分離すべきとするいわゆる手続二分論は，実務上採用し難い）。しかし，犯罪事実の存否や被告人の犯行への関与が争われているような事案であれば，結果の重大性のうち派生的な結果（たとえば被害者の死亡による家庭や地域社会への影響）などは，量刑に関する主張・立証として，犯罪事実の立証とは別に行う方が望ましいこともあろう。また，犯行とは直接的な関連の薄い情状事実，たとえば被告人の前科，境遇，被害弁償の有無，反省の有無・程度等は，犯罪事実の存否に争いがあるような事案では，犯罪の主張・立証とは区別することが望ましい（以前から，そのような立証は，罪体立証が一応終了した後に行われることが多かったが，裁判員裁判では，その要請はより一層強い）。
22) 前注に指摘した点は，実務でも意識されており，犯罪事実に争いがある事案では，犯罪事実の存否に関する冒頭陳述・立証と「犯情」以外の情状事実（一般情状）に関する冒頭陳述・立証を分けて行う例も珍しくない。

るときは冒頭陳述が必要的とされている（刑訴法316の30）。弁護人の冒頭陳述においては，争点について，検察官の主張との対立点を端的に示すことが望まれる。

(3) 公判前整理手続の結果の顕出　公判期日においては，公判前整理手続の結果を明らかにしなければならない（刑訴法316の31①）。この具体的方法としては，裁判所が公判前整理手続調書を朗読する（または要旨を告げる）ことになるが（刑訴規217の29），両当事者の冒頭陳述などがその内容を十分反映している場合には，その要点を簡潔に確認した上，採用された証拠とその取調べの具体的な予定を告げる程度で足りることもあろう（26回議事録参照）。

[実情]

(1) 冒頭陳述　制度施行当初の検察官の冒頭陳述には，関係者の供述調書等の内容を引用するなどした詳細なものが多く，裁判員に対し，証拠内容を刷り込み，主張と証拠の峻別を困難にする危険があるとの批判があった。[23]しかし，最近では，自白・否認を問わず，Ａ４用紙１枚程度のメモに基づいて５～10分程度でなされる簡潔なものがほとんどとなっている（なお，こうした簡潔な冒頭陳述では，否認事件における被告人の前科についても，言及がないか，抽象的な指摘にとどまるのが通常である）。とりわけ，後に行われる証人尋問等の証拠調べとの情報分配を意識して，冒頭陳述では，事案の概要を説明するとともに，「具体的には証拠調べでよくお聞きください。」などと述べつつ注目すべきポイントを示すにとどめ，あえて具体的な事実関係には立ち入らないものが見られるようになっており，裁判員が証拠調べに最も関心を持ち，そこで新鮮な心証を形成できるように工夫したものとして注目される。[24]

弁護人の冒頭陳述も，事実上または法律上の主張があるのが通例であるため，実務では例外なく行われている。検察官と同様のメモを配付して行ったり，プレゼンテーションソフトを利用し，プリントアウトしたものを事後配付したり

---

[23] 有識者懇談会10回議事概要４頁，橋本一＝坂本好司「冒頭陳述と論告・弁論」判タ1402号７頁参照。

[24] 清野憲一「裁判員裁判における検察官から見た弁護活動　後編」NIBEN Frontier 2015年８・９月号２頁（捜査段階どおりの供述が証人から得られなくても対応しやすいという実践的なメリットがあることも指摘する），司法研修所刑事裁判教官室『プラクティス刑事裁判』（法曹会・2015）54頁参照。

する例が増えており，内容的にも，検察官とのストーリーの違いを端的に指摘する，簡明なものが増えてきている。

　複数の事件が併合されている場合や争点が複数ある事件の場合には，必要に応じて事件や争点のまとまりごとに審理を区切り，各審理区分の冒頭で両当事者が冒頭陳述を行うという運用も行われている（後記3課題(3)参照）。

　(2)　**公判前整理手続の結果の顕出**　　実務では，主に裁判員を念頭に置いて，両当事者の冒頭陳述を適宜引用しながら争点および双方の主張の要点を簡潔に確認するとともに，証人尋問等の審理予定の概要を告げる例が多いようである。なお，公判前整理手続の結果の顕出を終えた後には，裁判員に主張と証拠を明確に区別してもらうため，証拠の取調べに入る前に短時間休廷し，裁判長から，以後見聞きするのが判断の基礎となる証拠である旨を裁判員に説明する運用が広く行われており，また，一般情状に裁判員の目が偏りがちな自白事件においては，この休廷の際に併せて，行為責任の観点から犯情事実に注目して証拠を見聞きする必要がある旨を裁判員に説明している例も見られる（なお，第2章V実情(2)参照）[25]。

3　証拠調べ

［解説］

　法51条に従い，証拠調べの方法等についても，迅速で分かりやすいものとなるよう，各種の工夫が必要である（後記課題参照）。

［経緯］

　検討会で示されたたたき台は，「以下の諸点を含め，迅速で，かつ，裁判員に分かりやすく，その実質的関与を可能とする証拠調べ等の在り方について検討し，必要な措置を講ずるものとする。」として，証拠調べに関し以下のような点を指摘した。

○　証拠調べは，裁判員が理解しやすいよう，争点に集中し，厳選された証拠によって行わなければならないものとすること

○　専ら量刑に関わる証拠の取調べは，公訴事実の存否に関する証拠の取調べと

---

25)　合田悦三「裁判員裁判の公判審理の在り方を考える際の出発点」『川端博先生古稀記念論文集下巻』（成文堂・2014）748頁，有識者懇談会24回議事概要6頁等参照。

区別して行わなければならないものとすること
○争点ごとに計画的な証拠調べを行うものとすること
○証拠書類は，立証対象事実が明確に分かりやすく記載されたものとすること
○証拠物の取調べにおいては，争点との関連性が明らかになるようにすること
○証人等の尋問は，争点を中心に簡潔なものとすること
○証人等の反対尋問は，原則として，主尋問終了後直ちに行うこと
○供述調書の信用性等については，その作成状況を含めて，裁判員が理解しやすく，的確な判断をすることができるような立証を行うこと

　以上の点については，特に異論はなかったが(16回議事録参照)，運用上の工夫または規則事項であるとして，最終的に法律には盛り込まれなかった。その後，平成17年の刑訴規則の改正により，証拠の厳選（刑訴規189の2），争いのない事実の証拠調べ（同198の2），犯罪事実に関しないことが明らかな情状に関する証拠の取調べ（同198の3），取調べの状況に関する立証（同198の4），証人尋問の方法（同199の13・199の14）等の規定が設けられた。
　なお，取調べ状況の録音・録画については，今後さらに検討されるべきものとされた（16回・25回・29回議事録，後記課題(7)参照）。

[課題]

　迅速で分かりやすい証拠調べを行うためには，少なくとも検討会で指摘された諸点（前記経緯参照）について，その実現に向けた実務法律家の努力が強く求められる。

　(1) **争点に集中した証拠調べ**　　裁判員制度対象事件においては，公判前整理手続により争点整理が行われるので，争いの有無とその深刻さの程度に応じて，証拠調べにも濃淡を付ける必要がある。まず，争いのない事実に関しては，必要最小限の証拠等に限定して，統合捜査報告書も活用するなどし，また，請求証拠のうち重複するものは公判前整理手続の中で撤回させる必要がある。他方，争点に関しては，最良証拠，それも裁判員が理解しやすいものの中で最良のものにし，それぞれ重複することのないように厳選する必要がある（刑訴規198の2・189の2参照）。証拠調べのポイントを絞れなければ，裁判員は理解しにくくなるからである。[26]

　なお，被告人側が主張を明示しないような場合，かつては，検察官がいわゆ

る先回り立証（被告人に有利な事情が存在しないことの立証）をする例も少なくなかったが，公判前整理手続を経る以上，事実上の推定を広く活用し，被告人側が自己に有利な具体的事実（いわゆる間接反証）を主張したり，そのような事実の存在を窺わせるような事情が生じたりしない限り，最低限の立証で足りるものと考えて訴訟活動を行うべきである。

(2) **犯罪事実に関する証拠と量刑に関する証拠の分離**　裁判員が争点と証拠とのつながりを容易に理解し，争いのある犯罪事実を的確に判断するためには，専ら量刑に関する証拠の取調べは，犯罪事実に関する証拠の取調べと段階を分けて行うことが望ましい（前記2課題(1)参照）。刑訴規則198条の3も，「犯罪事実に関しないことが明らかな情状に関する証拠の取調べは，できる限り，犯罪事実に関する証拠の取調べと区別して行うよう努めなければならない。」と定めている。したがって，犯罪事実に関して深刻な争いがあるような事件では，とりわけ前科に関する証拠調べを後の段階で行うように配慮することなどが必要である。[27]

(3) **争点ごとの計画的立証**　裁判員に理解しやすいものとするには，争点ごとに関連証拠を順序立てて取り調べることが望ましい。もちろん，実際の訴訟では，1人の証人がいくつもの争点に関する一連の供述をする場合も多く，そのような証人を何回かに分けて尋問するわけにはいかないのが通例であろう（したがって，争点ごとという要請は，証人の負担の軽減などの他の要請と比較衡量されることになる）。しかし，争点ごとに分けた立証が容易な場合であれば，それを実現させる必要がある（前記2実情(1)参照）。[28]

---

26) 証拠調べの範囲と取り調べる証拠の量を限定する必要があることについては，吉丸眞「裁判員制度の下における公判手続の在り方に関する若干の問題」判時1807号5頁，佐藤文哉「裁判員裁判にふさわしい証拠調べと合議について」判タ1110号6頁，松本芳希「裁判員制度の下における審理・判決の在り方」ジュリ1268号89頁等参照。

27) 座談会「裁判員制度をめぐって」ジュリ1268号41頁の佐藤文哉発言参照。実務においては，犯罪事実に争いがない事件も含めて，犯罪事実の存否・内容に関する立証と一般情状に関する立証はできる限り区別して手続が進められている。

28) 例外的な場合ではあるが，実務では，被告人が多数の共犯者と共謀の上多数の事件を起こしたとして起訴され，かつ，各事件で争点が異なる事案において，約2か月半にわたって事件ごとに審理を進めるに際し，裁判員の理解しやすさを考慮して，複数事件に関与した共犯者である証人に事件ごとに複数回の出頭を求めた例もある。

(4) **証拠書類**　　証拠書類は，立証対象事実が明確に分かりやすく記載されたものとなることが望ましい。このことは，書類を作成する段階から心掛け，立証項目ごとに簡潔にまとまったものとする必要がある。とはいえ，捜査段階で作成される時点では，公判段階で何が争点となり，公判でどのように利用されるかなども明らかではないから，その段階での努力には限界がある。したがって，公判前整理手続で争点が明確となった段階で，改めて適切な証拠か検討し，立証対象事実が明確に記載されていないような場合や，いくつかの書類をつなぎ合わせなければ一つの立証対象事実が明確にならないような場合は，合意書面の活用によって代替させることや，統合捜査報告書等の2次的証拠を用意することなどを検討し，また，公判廷で口頭で内容を明らかにすることを予定している部分（立証対象事実）以外の記載が少なくない場合には，それを除いた抄本を利用することを検討する必要がある。

　裁判員も，評議の際などに証拠書類の内容を確認することはもちろん許されることであるが，訴訟当事者は，裁判員が証拠書類を法廷外で確認しなくても心証が形成できるような朗読または要旨の告知を行う必要がある。[29]

　(a)　**供述調書**　　法廷で心証を形成できるようにするためには，必要に応じて前記の抄本化の工夫をした上で，内容を朗読するのを原則とすべきである。[30][31]

　(b)　**検証調書・実況見分調書**　　現場を理解するためには，写真や図面を大いに利用すべきであるが，その取調べに当たっては，大型ディスプレイでの展示，裁判体構成員各自への図面等の写しの配布などビジュアルで理解しやすい方法を工夫すべきである。[32]　なお，一つの場面について使用する図面や位置を特定する符号などは，両当事者間で共通のものとすることが，裁判員の理解を

---

[29]　統合捜査報告書（後記実情(1)参照）や戸籍謄本等の取調べにおいては，要旨の告知による取調べが行われるが，裁判員が実質的に裁判に関与できるようにするためには，告知される要旨が立証対象事実を立証する上で意味のある部分を漏れなく含んでいる必要がある（告知されなかった部分を法廷外で読まなければ適切な判断ができない事態が生じないようにすることが，裁判員制度を運用する上で，不可欠である）。

[30]　なお，抄本化が困難で，例外的に要旨の告知によらなければならない場合には，前注記載の点に留意する必要がある。

[31]　書証の取調べ方法については，佐藤・前掲判タ1110号7頁参照。

[32]　ただし，写真や図面であっても，要証事実との関係で必要なものを厳選すべきは当然である。いたずらに多数になれば，かえって裁判員による的確な事案の理解を妨げることになる。

容易にする上で望ましい。

　(c) 鑑定書[33]　争いのない事案では結論部分のみの要旨の告知で足りるであろうが，争いのある事案では，鑑定人尋問の際に図面や写真を大型ディスプレイに展示したり，模型を利用するなどして，結論を導く推論の過程などが分かりやすいものとなるよう工夫する必要がある[34][35]（なお，前記Ⅰ3課題(2)参照）。

(5) **証拠物**　証拠物を取り調べる際には，争点との関連性が明らかになるようにする必要がある。証拠物の取調べの際に被告人質問をして関連性を明確にすることなどは，従前から行われているが，その種の工夫を多角的に行うことが望ましい。また，複雑な事件では，証拠物を請求した当事者に証拠説明書を提出させ，相手方にも反論を提出する機会を与える運用が従前から行われているが，そのような説明と反論をその都度口頭で行わせることも検討に値しよう（もっとも，その説明が証拠ではなく主張であることを，裁判員にも明確に理解してもらえるように工夫する必要がある）。

(6) **証人尋問**　争点を中心とした簡潔なものとし，反対尋問は主尋問終了後直ちに行うこととする必要がある。従前，尋問のポイントがどこにあるのか明確でないものもあったが，それが明確でないと裁判員は的確な心証形成ができなくなる（刑訴規199の14参照）。また，従前，主尋問は，不同意となった供述調書に盛り込まれたことの全部を聞き出そうとしたり，周辺事情を詳細に尋問した上でようやく核心部分に入ったり，先回り尋問（反対尋問で聞かれるであろうことを先に聞いて否定しておく方法）をしたりすることも少なくなかったが，公判前整理手続を経れば争点も明確になるのであるから，争点を中心とした簡潔なものとし，先回り尋問は控えて，反対尋問，再主尋問を行う方が，多くの場合に理解しやすいであろう。

　尋問方法は，場合により，一問一答式よりも物語式（証人に一連の流れをまとめ

---

33) 実務においては，鑑定書自体を取り調べず，公判において鑑定人に口頭で説明してもらうことが多いことにつき，前記Ⅰ3実情(2)参照。

34) 鑑定の結論に争いがある場合には，異なる鑑定意見を対比させるなどして論点を明確化し，的確な事実認定ができるように工夫する必要がある。この点は，証拠調べの段階で心掛けるだけでなく，論告・弁論においても対立点が分かりやすくなるように工夫すべきである。

35) 注(33)に関連して，鑑定とは別個の証人尋問の形式で行う場合（前記Ⅰ3注(40)参照）にも，本文と同様の工夫をする必要がある。

て供述させる方式）の方が理解しやすいこともあるから，尋問者には柔軟な対応が求められる（刑訴規199の13①参照）。争いのない事実について誘導尋問を活用したり（同198の2），図面や模型を適宜利用するなどして，裁判員が理解しやすくなるように努めるべきである。尋問者としては，裁判員の理解度や反応を確認しながら尋問を行うことが望まれる。

従前，反対尋問は別の期日に行うという例も少なくなかったが，裁判員に理解しやすい計画的審理を行うためには，直ちに反対尋問を行う必要がある（刑訴規199の4②参照）。

(7) **供述調書の信用性の判断**　裁判員制度が導入されても，自白調書の任意性・信用性や第三者の検察官調書の特信性の判断が重要となる事案が少なくなるわけではない。第三者であれば，まずは，公判廷で真実を供述するための方策（たとえば，宣誓に重みを抱かせる工夫，偽証罪や証人威迫罪等の制裁の活用，供述者に対する各種圧力の排除など）を講ずるほか，第1回公判期日前の証人尋問（刑訴法227条は，法改正により要件が緩和された）を活用するなどして，裁判員にも分かりやすい証拠を提出するように努め，法廷での証言を立証の中心として，捜査官に対する供述調書を利用しなくてもすむ工夫をすべきである。[36]

とはいえ，捜査段階における供述調書を証拠申請せざるを得ない事案も残るであろう。そのうち，第三者の検察官調書を刑訴法321条1項2号によって証拠申請する場合は，従前から指摘されているように，証人尋問の過程で同調書の特信性が明らかになるように工夫しなければならない。[37]

最も問題となるのは，被告人と，第三者のうち共犯者的立場にあって捜査段階では被疑者として取り調べられた者の捜査官に対する供述調書（その多くは供述者自身にとっての自白調書）である。かつては，これらの調書の任意性・信用性を判断するために，被告人質問または供述者の証人尋問をした後，取調官の証人尋問を要することが多く，それらの供述が対立すると，取調べ状況に関する

---

36) 検察官による証人尋問を中心とした立証活動の必要性などにつき，最高検察庁「裁判員裁判における検察の基本方針」（2009）60頁以下等参照。
37) 共犯者的立場にある者については当てはまらない場合もあるが，証人尋問の過程において，公判廷では真実を証言し難い事情などを明らかにする必要がある。この点につき，吉丸・前掲判時1807号9頁，佐藤・前掲判タ1110号8頁参照。

客観的な判断資料が乏しいため，審理時間が長くなる上，捜査の進展状況と供述内容の変遷の状況を照らし合わせるなどの多大な労力を要することが多かった。これらの供述調書の信用性が問題となれば，裁判員もその判断に関与することになるため，裁判員にとって判断しやすいように立証方法を工夫すべき要請が強まる（刑訴規198の4参照）。今回の司法制度改革の流れの中で，取調べ状況の録音・録画について検討する必要があると指摘され（前記経緯参照），制度施行前から，裁判員制度対象事件については，検察官の裁量により，検察官による取調べ状況の録画が試行されたほか，警察においても，取調べ監察制度の導入に加えて，取調べ状況の録画が試行されることとなった。その後試行範囲は拡大し，録音・録画を一定範囲で制度化する刑訴法等一部改正法が平成28年5月に成立しており（平成28法54。公布後3年以内に施行），将来的には供述の任意性が争点とならなくなることが期待されている（後記実情(7)(8)参照）。

[実情]

(1) **証拠書類** 検察官においては，迅速で分かりやすい立証のため，複数の証拠の必要な部分のみをまとめた統合捜査報告書を作成，提出する運用が一般的である[39]。なお，放火事件における周辺住民の供述等のように，複数の供述調書から必要な供述部分を抜粋してまとめた統合捜査報告書も時折見られるが，2次的な証拠であるため，原供述のニュアンスや信用性の判断が困難になるおそれがあることに留意しなければならない[40]。

裁判員裁判においていわゆる甲号証として取り調べられる書証の大半は，こうした統合捜査報告書と関係者の供述調書の抄本からなっている。統合捜査報告書については，添付の図面や写真部分を大型ディスプレイで展示するなどしながら要旨の告知によって取り調べる例が多く，供述調書の抄本は，原則として朗読によって取り調べられている。なお，性犯罪における被害者の供述調書

---

[38] 佐藤隆之「被疑者取調べの適正化」ジュリ1370号102頁，辻裕教「裁判員制度と捜査」ジュリ1370号142頁参照。

[39] 前掲「裁判員裁判における検察の基本方針」37頁参照。たとえば強盗致傷の事案であれば，被害届，被害品等に関する手続書類，診断書，実況見分調書等の書証をまとめた統合捜査報告書が作成・請求され，取り調べられるのが通常である。なお，同様の目的から利用が検討されていた合意書面は，ほとんど用いられていないのが現状である。

[40] 前掲「裁判員裁判における検察の基本方針」38頁参照。

等については,被害者の名誉や心情等も考慮し,露骨な性描写がある部分などは法廷で朗読せず,当該供述調書の写しを一時的に裁判官と裁判員に配布し,黙読してもらうことによって取り調べる運用も行われている。[41]

(2) **裁判員に強い刺激を与える証拠** 遺体や被害現場の写真等については,法曹三者の目からはそう見えなくても,国民の中には強い衝撃を受ける人がいることが認識されるに至り,裁判所では以下のような運用がなされている。すなわち,遺体写真等の証拠請求があった場合には,公判前整理手続において,両当事者の意見を聴取した上で,要証事実は何か,それとの関係でその証拠が真に必要不可欠なものなのかをまず慎重に吟味し,[42]仮に必要性があると認められる場合であっても,その証拠の取調べが裁判員に過度の精神的負担を与え,適正な判断ができなくなることがないか,代替手段はないかなども考慮しつつ採否を慎重に検討する。さらに,こうした証拠を採用した事件においては,選任手続の際にその旨を裁判員候補者に告げ,不安を感じる者からは個別に事情を聴取して辞退の許否を判断するとともに,審理・評議中には各裁判員の様子に気を配り,判決後も,不調を覚えた裁判員には裁判官が直接対応するなどしてフォローすることとされている。[43]

(3) **証拠書類等と人証の取調べ順序** 書証等と人証の取調べ順序については,統合捜査報告書,関係者の供述調書の抄本等の書証と凶器,薬物等の証拠物をまず取り調べ,ほぼ争いのない事件の大枠を明らかにした上で,被害者,目撃者等の重要証人および被告人に核心部分を語ってもらうというのが一般的である。[44]ただし,主たる立証目的が証人または被告人の供述の裏付けまたは弾劾にある書証や証拠物など,証人等の供述と併せて見聞きしないとその関連性や位置付けが理解し難いものについては,裁判員に理解しやすいように尋問中に証

---

41) 飯島健太郎=三橋泰友「証拠調べ一般(上)」判タ1398号49頁参照。
42) 被害者の死亡事実の最良証拠は死体検案書や死亡診断書であり,犯行態様の立証方法としても,遺体写真ではなく,図面やイラストを用いた医師の説明などの方がより理解しやすい場合が多いであろう。
43) 有識者懇談会26回議事概要9頁,見直し検討会18回議事録参照。
44) 石川恭司=宇田美穂「裁判所の基本的スタンス(2)」判タ1395号70頁参照。なお,書証や証拠物が必要なものに厳選されていれば,証人尋問前の書証と証拠物の取調べは30分ないし1時間程度で終えることができるのが通常である。

人等に示すなどし，尋問中または直後に取り調べる工夫も見られる（上記課題(5)参照）。なお，否認事件においては，前科調書など専ら量刑に関する証拠は原則として罪体立証の後に取り調べられるようになっている。

(4) **自白事件における人証の活用**　制度施行後しばらくの間，自白事件においては，検察官による主要な事件関係者の供述調書の請求に弁護人が同意し，裁判所もこうした書証による立証を許したため，罪体立証は，被告人質問を除けば，全て書証（主として統合捜査報告書と抄本化された供述調書）の朗読によりなされるという事態が続いた。しかし，こうした書面中心の立証では裁判員が公判で的確に心証を形成できないとの問題意識から，裁判所は，自白事件においても，罪体の重要部分等，審理のポイントとなる重要な事実については，人証での立証を検察官に求めるようになり，次第に当事者の理解・協力も得られる[45]ようになって，多くの自白事件で，被害者，共犯者，目撃者等の重要証人が取り調べられるようになった（裁判員裁判の自白事件における検察官請求証人の平均取調べ人数（1件当たり）は，施行後平成23年までは0.4～0.5人程度であったものの，その後増加し始め，平成26年以降は約1人となった）。もとより，現場の写真や見取図，薬物の[46]鑑定書，住所・時刻等を記した捜査報告書のように，書面によった方が客観的事実を的確に把握できる事項については，人証によらず書証によるべきであるし，犯情に影響の少ない事項に関する供述についても，証人によるとかえって立証のメリハリが失われるから必要な部分のみを抄本化した供述調書によるのが一般であり，また，証言自体が二次被害となるおそれのある性犯罪等の被害者の証人尋問については，被害者の意向および負担を考慮して慎重に採否が決されるように配慮されている。[47]

---

45) 有識者懇談会13回議事概要8頁，検証報告書17頁参照。この点につき，井上弘通「326条の意義と機能」前掲『刑事訴訟法の争点』174頁は，「事実認定者が公判廷で供述態度を観察しながら実際に話を聴き，疑問があれば自ら質問して確認する過程を経ることは，その供述の信用性を最も的確に判断する手段であり，正確な事実認定のためにはできるだけオリジナルな証拠を調べるのが本来的な姿であるといえる」，「被告人や被害者，目撃者等の主要な証拠について，裁判所が書証によっては十分な事実認定が困難で事案の解明のために証人尋問によることが必要と考えれば，当該同意書証の取調べは相当性を欠くとみることは十分合理性がある」としている。さらに，川出敏裕「刑事裁判における直接主義の意義と機能」前掲『川端博先生古稀記念論文集下巻』681頁，堀江慎司「伝聞法則と供述調書」法律時報84巻9号29頁参照。
46) 前掲「裁判員裁判の実施状況について（制度施行～平成27年末・速報）」8頁参照。

(5) **証人尋問の在り方**　検察官の主尋問については，公判前整理手続で明らかになった争点を念頭に，当該証人による立証命題（獲得目標）や各尋問事項の重要性の程度を検討した上で，裁判員が心証をとりやすいように構成を工夫した，簡にして要を得た尋問も見られるようになっているが，いまだに捜査段階の供述調書をなぞるような分かりにくい尋問もなされている。反対尋問についても，主尋問の終了後直ちになされてはいるものの，主尋問に対する答えが間違いないか再確認したり，主尋問時の供述とその供述調書との些細な違いをあげつらったりするばかりで，反対尋問の効果が上がっていないものもしばしば見受けられる。裁判員経験者のアンケート結果をみても，法廷活動に対する消極的評価が最も多いのは，検察官，弁護人ともに「証人や被告人に対する質問の意図・内容がわかりにくかった」との項目であり，被告人質問を含め，尋問技術の向上と適切な事前準備が当事者にとって大きな課題となっている。[48]なお，証人が公判で捜査段階と異なる供述をした場合に，その供述調書を安易に刑訴法328条の弾劾証拠として請求する当事者もいるが，公判供述の信用性を低下させるためには，公判での尋問を通じて供述の重要部分に不合理な変遷があることを明らかにすることこそが重要であって，供述調書自体を証拠とする必要があることは稀と考えられる。[49]

(6) **被告人質問と被告人の供述調書の取調べ**　被告人の供述調書（乙号証）

---

47)　(4)項全般につき，合田・前掲『川端博先生古稀記念論文集下巻』756頁，齊藤啓昭「公判中心主義からみた裁判員裁判の運用」刑事法ジャーナル36号44頁参照。なお，通常の自白事件であれば，重要証人に対する主尋問は30分程度で終えることのできる例が多い。

48)　前掲「裁判員等経験者に対するアンケート調査結果報告書（平成26年度）」6頁によれば，各当事者の「法廷活動に対して感じられた印象」との質問に対し，検察官については12.6％，弁護人については29.6％の回答者が，「証人や被告人に対する質問の意図・内容がわかりにくかった」と回答している。有識者懇談会23回議事概要7頁，同26回議事概要4頁，齊藤・前掲刑事法ジャーナル36号48頁参照。

49)　大島隆明「裁判員裁判における証拠調べのプラクティスに関する二，三の問題」原田國男判事退官記念論文集『新しい時代の刑事裁判』（判例タイムズ社・2010）283頁参照。なお，公判前整理手続終了後の新たな証拠の取調べ請求は「やむを得ない事由」がある場合にしか許されず（刑訴法316条の32①。前記Ⅰ2注(1)参照），同手続終了後に作成された書証（示談書等）が許容される典型例であるが，証人のいわゆる自己矛盾供述が録取された供述調書を公判に至って刑訴法328条に基づいて請求する場合についても「やむを得ない事由」を肯定する見解が多く，ただ，本文記載の趣旨から，その証拠採用の必要性等は厳しく吟味されている。登石郁朗＝後藤有己「新たな証拠請求の可否」判タ1404号39頁参照。

については，公判中心主義の観点から，原則として，弁護人の同意があっても公判前整理手続では採否を留保して，まずは被告人質問を行い，それによって必要性が認められない限り採用しないという審理方法（被告人質問先行型）が制度施行当初から広く行われており，実務上ほぼ定着している。ことに自白事件においては，行為責任の観点から，弁護人による主質問によって，被告人の視点を踏まえつつ，犯行動機や態様等の犯情を明らかにすることが求められるが，弁護人によっては，量刑になぜ影響するのか位置付けも明らかにしないまま，漫然と被告人の生い立ちから質問を始め，なかなか犯行状況に問答が至らないものや，動機・経緯および犯行状況について，被告人の心情や視点を踏まえたストーリーを示せていないものが，少なからず見受けられる。検察官の反対質問をみても，自白・否認を問わず，被告人が公判で捜査段階と異なる供述をすると，供述調書の記載に公判供述を戻そうとするだけで，当該供述の変遷がどうして被告人の現在の供述の信用性を低めることになるのか，裁判員に分かるように質問できていない例が多く，公判での供述内容そのものの合理性，自然性の有無・程度に目が向いていないこともしばしばある。上記(5)と同様，被告人質問における尋問技術の向上も，当事者にとって大きな課題である。

なお，自白事件においては，かつては情状証人の尋問は被告人質問に先行して行われるのが通例であったが，被告人質問先行型審理の下，行為責任の観点から被告人質問の重点が犯情に関する質問に置かれるようになったこと，裁判員の目から見ても，犯行の動機・経緯や犯行状況に関する被告人の供述を見聞きしてからでないと情状証人による被告人の監督等の実効性を判断し難いことなどから，少なくとも犯情に関する被告人質問については，情状証人の尋問に先行させる扱いが見られるようになっている。

(7) **自白の任意性**　捜査段階で録取された自白調書の任意性の立証については，かつてのような審理方式（前記課題(7)参照）は裁判員裁判では到底維持できないとして，制度施行前から検討がされてきた。しかし，自白調書以外に犯

---

50) むしろ最近では，裁判員裁判以外の自白事件における被告人質問先行型審理の当否が議論されている。清野憲一「『被告人質問先行』に関する一考察」判時2252号3頁，岡慎一＝神山啓史「『裁判官裁判』の審理のあり方—ダブルスタンダードは維持されるべきか」判時2263号8頁参照。

51) 角田ほか・前掲司法研究報告書60輯1号61頁以下参照。

人性や共謀等についての的確な証拠がないごく一部の事件を除けば，裁判員裁判において自白の任意性が深刻に争われることは非常に少なくなっている。たとえば，殺意，現住建造物等放火の故意や覚せい剤営利目的輸入における知情性が争われ，関連する客観的な証拠も一定程度収集されている事件において，自白調書の任意性が争われた場合には，公判前整理手続において，裁判所から，自白調書の取調べが真に必要なのか釈明を求めるなどして検察官に再考を促すことが多く，検察官も，取調官の証人尋問等の任意性立証のための特段の証拠調べを請求することなく，公判での被告人質問終了後に自白調書の請求を撤回する例が多いように見受けられる。今後は，自白調書が立証に不可欠とされる上記一部の事件についても，録音・録画の範囲の拡大（後記(8)参照）によって任意性が争点とならなくなることが期待される。[52]

(8) **取調べの録音・録画** 裁判員制度対象事件における取調べの録音・録画は，その対象が急速に拡大している。検察庁では，平成23年8月から，自白事件に限らず，否認事件や被疑者が黙秘している事件についても対象とするほか，取調べの全過程の録音・録画も実施するようになり，平成25年度の裁判員制度対象事件における被疑者取調べの録音・録画実施率は約98.6％で，うち75.4％の事件では取調べの全過程が録音・録画されている。平成26年10月からは，試行対象であった裁判員制度対象事件における被疑者取調べの録音・録画が本格実施されるとともに，必要と考えられる一部の事件では被害者や参考人の取調べの録音・録画の試行も始められている。[53] 警察においても，被疑者取調べの録音・録画の試行範囲が順次拡大し，平成25年度下半期には，全裁判員制度対象事件中の実施件数割合が約95％，1事件当たりの総取調べ時間に占める録音・録画実施時間の割合は約16％となっている。[54] さらに，平成28年5月に成立した刑訴法等一部改正法（平成28法54）では，裁判員制度対象事件および検察官独自捜査事件について，検察官，検察事務官または司法警察職員に対し，原則として，身柄拘束中の被疑者取調べの全過程を記録媒体に録音・録画するこ

---

52) (7)項全般につき，齊藤啓昭「自白の任意性の立証」前掲『実例刑事訴訟法Ⅲ』150頁，岩倉広修=三輪篤志「自白の任意性が問題となる事案の審理計画・審理の在り方」判タ1411号25頁参照。
53) 田野尻猛「検察における取調べの録音・録画の運用」刑事法ジャーナル42号12頁参照。
54) 露木康浩「警察における取調べの録音・録画の運用と課題」刑事法ジャーナル42号24頁参照。

とを義務付け、さらに、不利益な事実の承認を内容とする被疑者の供述調書の請求について被告人側が同意しなかった場合には、当該供述調書が作成された取調べの開始から終了までを録音・録画した記録媒体の請求を検察官に義務付け、検察官がこれを請求しない場合には、裁判所は当該供述調書の請求を却下しなければならないとしている。

(9) **少年の社会記録等の取調べ**　少年に対する刑事事件では、少年法50条、刑訴規則277条により少年の資質・環境等に関する専門的知見を含む少年調査記録（いわゆる社会記録）等の取調べが求められる一方、裁判員裁判では、当事者主義の下で厳選された証拠による分かりやすい立証を実現する必要がある上、法廷での証拠調べにおいて少年・関係者のプライバシーや今後の少年調査への影響について配慮することも不可欠となる。これらの多様な要請を調整する必要があるため、実務では、検察官・弁護人が家庭裁判所係属時に社会記録を閲覧していない場合には、公判前整理手続の段階で、家庭裁判所から社会記録を取り寄せるなどして閲覧の機会を与え、当事者が社会記録の必要部分を抜粋した報告書または社会記録の一部を証拠請求するときは、量刑または少年法55条の移送の相当性を判断する上での必要性や証拠調べに伴う弊害等を考慮して相当と認められる限度で採用した上、プライバシー等に配慮した形で取調べが行われている。具体的には、社会記録に記載されている関係機関からの回答や生育歴などのいわば生の情報は証拠として採用されず、少年調査票の「調査官の意見」欄や鑑別結果報告書の意見部分のみの採用・取調べにとどめられる例が多い。

---

55) 川出敏裕「被疑者取調べの録音・録画制度―法制審議会答申に至る経緯」刑事法ジャーナル42号4頁参照。なお、同改正法の当該部分は、平成28年6月3日の公布後3年以内に施行される。

56) 刑訴法40条に基づく社会記録の謄写は認めないのが確立した実務の運用である。田宮裕=廣瀬健二編『注釈少年法〔第3版〕』（有斐閣・2009）56頁参照。

57) 佐伯ほか・前掲司法研究報告書61輯1号64頁、和田真=延廣丈嗣「少年の裁判員事件における審理等のあり方」判タ1410号5頁参照。なお、少年の裁判員裁判における他の留意点等についても上記和田=延廣を参照。

4 公判手続の更新

> **（公判手続の更新）**
> **第61条** ① 公判手続が開始された後新たに第2条第1項の合議体に加わった裁判員があるときは、公判手続を更新しなければならない。
> ② 前項の更新の手続は、新たに加わった裁判員が、争点及び取り調べた証拠を理解することができ、かつ、その負担が過重にならないようなものとしなければならない。

［解説］

　当初から審理に立ち会っていた補充裁判員が裁判員となる場合を除き、新たな裁判員が加わるときには、公判手続の更新が必要になる（法61①）。その場合には、新たに加わる裁判員がその後の審理に実質的に関与できるようにするため、争点とすでに取り調べられた証拠を、過重な負担なしに、理解できるようにする必要がある（同②）。刑訴規則213条の2は、裁判官が代わったときに必要となる更新手続につき、運用の一基準を定めたものであるが、裁判員の交代による更新手続を考えると不十分であるから、法61条2項の趣旨に沿った運用を検討する必要がある。

［経緯］

　検討会では、たたき台として、「それまでの審理に立ち会っていた補充裁判員が裁判員となるときを除き、新たな裁判員が加わるときは、公判手続を更新するものとする。その手続の在り方については、新たに加わる裁判員が事件の争点を理解し、それまでの証拠調べの結果について実質的な心証をとることができるような、負担の少ない方法を検討し、必要な措置を講ずるものとする。」との案が示された。裁判員裁判においてはできる限り更新を避けるべきであるが、訴訟経済の観点からも審理を始めからやり直すわけにはいかないから、例外的にはやむを得ないとの意見で一致した。その具体的方法についても、たたき台に異論はなく、当事者双方がそれぞれ中間的な弁論または第2次の冒頭陳述とでもいうべき主張をした上、重要と考える証拠の内容などを裁判員に提示

し，証人尋問等の重要部分はビデオ録画したものを再生するなどして，新たに加わる裁判員にも理解しやすいものとすることが望ましいとの指摘があった（16回・25回議事録参照）。

［課題］

　公判手続の更新については，第1次的にはそれが必要とならないような手当て，すなわち，短期間に集中した審理を計画どおり実施するように努め，審理期間が何日間かに及ぶ場合には補充裁判員を置き，それが長期間になる場合には相当数の補充裁判員を置くなどすることが望ましい。しかし，このような手当てをしても公判手続の更新を必要とする事態が生じるであろう。その場合には，法61条2項に従った対応が必要であり，検討会でも紹介された工夫，たとえば，まず，裁判長が公訴事実の要旨と争点を告げ，次いで，検察官が，冒頭陳述の内容を告げた上，それまでに立証されたと考える部分とその証拠の概要を指摘し，今後の立証の予定を説明する。その後，弁護人が，被告人側の冒頭陳述の内容を告げた上，それまでに立証されたと考える部分とその証拠の概要，検察官の指摘に対する反論，今後の立証の説明を行い，検察官が弁護人の指摘に対する反論を行った後，裁判長が，両当事者が指摘しなかった証拠の内容のうち重要と考えるものを指摘するというような方法が考えられる。また，証拠の内容を指摘する際も，写真，図面等を利用したり，証言の重要な部分は録画した記録媒体（法65参照）を新たな証拠として取り調べるなど，事案に応じて裁判員に分かりやすい方法を工夫する必要がある。

［実情］

　新たに加わる裁判員との関係で公判手続の更新が必要となる場合として，実務上よく見られるのは，(a)裁判官のみで裁判員制度非対象事件を公判審理中に，訴因・罰条の変更によって当該事件が対象事件となった場合や，(b)同じく裁判官のみで非対象事件を公判審理中に，当該被告人について対象事件が追起訴され，これを併合審理することとなった場合である。これらの場合，裁判官のみによる公判で取調べ済みの書証の多くは，裁判員が公判で見聞きして的確な心証が得られるものではないから，期日間整理手続において，それらに代えて，内容を必要な範囲に絞り，分かりやすいものとした抄本や統合捜査報告書を新たに請求させて採用する（従前の書証については，裁判員裁判においては相当でない

（刑訴規213の2(3)但書）として取り調べない旨の決定をする）ことが多い。そして，公判においては，各当事者がそれぞれどのような主張をし，かつ，取調べ済みの証拠がいずれの当事者から請求されたものかが裁判員に分かりやすいように，更新に係る事件についても，通常の公判と同様に，起訴状朗読，罪状認否，冒頭陳述を各当事者に行わせた上で，取調べ済みの書証や証拠物についても従前の請求者において朗読，展示させる例が多く，また，(b)のように非対象事件の更新手続と追起訴に係る対象事件の審理が併存する事案では，両者の法的な位置付けの違いにこだわらず，事件の時系列順など裁判員が心証をとりやすい順序で，各事件の冒頭手続や証拠調べを行っている[58]。

他方で，補充裁判員が積極的に活用されている現在の運用の下では，(c)裁判員裁判の公判審理の中途で解任によって裁判員に不足が生じることは稀であり，(d)上訴審によって対象事件の第1審判決が破棄され，第1審に差し戻された例も数少ない（後記Ⅳ1実情(3)参照）。これらの場合，取調べ済みの書証はすでに裁判員に分かりやすいものとなっているから証拠の厳選・統合等の作業は必要ないのが通常であるが，やはり裁判員が各当事者の主張・立証を理解しやすいように，起訴状朗読，罪状認否，冒頭陳述，従前の請求者による証拠調べという，通常の審理と同様の順序・方法によって更新の手続が行われているようである。なお，取調べ済みの人証については改めて証人として採用して再度尋問することも考えられるが，証人の負担等を考慮して再尋問せず[59]，従前の公判の証人尋問調書を取り調べる場合には，裁判員が的確に心証をとれるように，証人尋問や被告人質問を録画した記録媒体（法65，後記7参照）を新たな証拠として採用して再生する例が多い[60]。

---

58) 奥田惠美＝栃木力「裁判員裁判における公判手続の更新の諸問題」植村立郎判事退官記念論文集『現代刑事法の諸問題3巻』（立花書房・2011）353頁参照。
59) 本文記載のように当初の証人尋問の際の様子を記録した媒体を調べる方法によれば，裁判員の負担が再尋問よりそれほど重くなるとは考えられないこと等の事情も考慮されている。
60) 齊藤啓昭ほか「裁判員の参加する刑事裁判に関する規則の解説」曹時61巻5号145頁注72参照。

5 弁論の分離・併合

[解説]

　裁判員が参加する場合においても，複数の事件の弁論を併合することがあり得るが，裁判員に過重な負担をさせないようにすることが求められるため，裁判官のみによる審理の場合に比べ，併合が相当とされる例は少なくなるであろう。まず，同一事件に関する複数の被告人の併合（主観的併合）であれば，主な論点や証拠関係が共通で被告人ごとの判断も容易な事案でなければ，併合が不相当とされることが多いであろう（第2章Ⅱ3解説(2)(3)参照）。問題となるのは，同一被告人に対する複数の事件の併合（客観的併合）であり，裁判員法は，裁判員対象事件と非対象事件の併合について規定している（法4）ほか，裁判員対象事件を含む複数の事件を併合する要請が強い場合において，裁判員の負担の軽減を図る制度として，区分審理制度を設けている（第5章参照）。事案の真相の解明，適切な量刑の実現等のため，併合の要請の強い場合も少なくないであろうが，いずれの場合も，併合することによって得られるものが何かを具体的に想定した上で，併合することによる弊害，特に，裁判員に過重な負担を課すおそれの有無・程度，迅速で分かりやすい審理の実現を妨げるおそれの有無・程度などをも考慮して，判断することになろう。その具体的考慮要素は，非対象事件との併合の場合は第2章Ⅱ3解説(2)記載のとおりであり，対象事件同士の併合の場合においても，区分審理制度の活用が選択肢として考慮されることになるが（第5章Ⅰ参照），実際の運用では，裁判員の負担が過重とならない限り，併合する例が多い（第2章Ⅱ3注(17)参照）。もっとも，審理開始後の追起訴事件については，当初の審理計画を変更せずに予備日を充てれば足りるような場合を除き，併合するのは困難となるであろう（第2章Ⅱ3注(18)参照）。

---

61) 前掲「裁判員裁判の実施状況等に関する資料」の平成26年62頁を見ても，終局事件のうち4割を超えるものの公訴事実が複数となっている。
62) 裁判員対象事件に関する併合・分離につき，島田一「裁判員対象事件における事件の併合・分離と区分審理決定」前掲『実例刑事訴訟法Ⅱ』129頁，村瀬均「被告人複数の場合の公判手続」前掲『刑事訴訟法の争点』145頁，平塚浩司「裁判員裁判と客観的併合」安廣文夫編著『裁判員裁判時代の刑事裁判』（成文堂・2015）123頁，山田敏彦「共犯事件の裁判員裁判」同143頁等参照。

[経緯]

　検討会では,「迅速で,裁判員に分かりやすい審理の実現という観点から,弁論の分離・併合の在り方について検討し,必要な措置を講ずるものとする。」とのたたき台が示され,何度か議論が重ねられた。特に客観的併合が考えられる場合については,改正刑法草案のような実体法による調整規定,あるいは中間判決等の手続法による手当をすべきであるという意見も強かったが（16回・25回議事録参照）,解決の仕方によっては刑罰制度の在り方や裁判員制度対象事件以外の刑事事件の処理にも波及し得る問題で,軽々には決められないとの理由で,座長ペーパーでは,「弁論が併合されないまま審判が行われた場合の刑の調整のための制度について,更に検討するものとする。」とされ（座長ペーパー説明参照）,法案にも盛り込まれなかった。そこで,本法施行前に法改正が行われ,区分審理制度が設けられた（第5章Ⅰ経緯参照）。

6　論告・弁論

[解説]

　法51条に従い,論告・弁論についても,迅速で分かりやすいものとなるような工夫が必要である（後記経緯参照）。

　まず,裁判員が証拠の内容を記憶しているうちに,したがって証拠調べ終了後速やかに行うことが望まれる。平成17年に新設された刑訴規則211条の2も,証拠調べ後できる限り速やかに行わなければならない旨定めている。

　また,争点を中心とし,主張の根拠となる証拠を具体的に指摘し,関係者の供述の対照表等を利用するなどして,裁判員にとって分かりやすく,審理の内容を踏まえて自らの意見を形成できるようなものとする必要がある（規42。なお,弁論の方法に関する刑訴規211の3参照）。

　なお,訴訟当事者の活動が裁判員にとって理解しやすいものとなるためには,何よりもまず,争点について,冒頭陳述,証拠調べ,論告・弁論が一貫したものとなることが必要である。

[経緯]

　検討会では,「迅速で,かつ,裁判員に分かりやすく,その実質的関与を可能とする証拠調べの在り方について検討し,必要な措置を講ずる」として,論

告・弁論に関しても,「論告・弁論は,証拠調べ終了後速やかに行うこと」「論告・弁論は,取り調べられた証拠との関係を具体的に指摘した,分かりやすいものとすること」という案が示されたが,特に異論はなかった(16回議事録参照)。

[課題]

訴訟当事者は,論告・弁論を証拠調べ終了後速やかに行うため,証拠調べと並行して準備を進め,証拠の内容に即応したものとなるように仕上げる必要がある。従前より機動的で柔軟な訴訟活動が求められるから,それに対応できるだけの準備を常に心掛けている必要がある。

[実情]

論告は,A3またはA4用紙で1〜2枚程度のメモを配付して行われており,弁論も,同様のメモやプレゼンテーションソフトを利用して行われる例が多く,いずれも,従前のものに比し,争点や量刑上重要な点に焦点を当てたメリハリのあるものとなっている[63]。論告・弁論の時期については,単純な自白事件であれば,証拠調べ終了後さほど時間をおかずに実施されることが多く,相当複雑な否認事件でない限り,証拠調べ終了と論告・弁論との間に日を置く例は少ない。

量刑については,従前と異なり,弁論においても具体的な科刑意見を述べる例が多い。このような弁論においては,量刑の本質を踏まえ(第2章VI実情参照),犯情と一般情状を区別した上で,同種事件の量刑傾向における当該事件の犯情の位置付けに言及されることが少なくなく,量刑検索システムから抽出した同種事件の量刑グラフを弁論の中で具体的に示して科刑意見を述べる例もしばしば見られる[64]。一方,論告においては,具体的な量刑グラフが引用されることはまずないが,やはり量刑検索システムに基づく同種事件の量刑傾向を意識し,その中での位置付けについて意見を述べて求刑を導くものが見られるようになってきている[65]。さらに,主に裁判員を念頭に置いて,個々の量刑事情がどうし

---

63) 橋本=坂本・前掲判タ1402号23頁参照。なお,分かりやすく意見を述べるために,取調べ済みの写真・図面を示したり,供述を引用する例も見られるが,論告・弁論の場で,実質的に再度証拠を調べる結果とならないように留意する必要があろう(同27頁参照)。

64) 井田ほか・前掲司法研究報告書63輯3号23頁,菅野亮=久保有希子「『裁判員裁判における量刑評議の在り方について』の紹介(2)」自由と正義64巻9号54頁参照。

65) 田野尻・前掲法の支配177号63頁参照。

て刑の軽重に影響すると考えるのかを丁寧に説明する論告・弁論も増えてきている。

7 証人尋問等の記録媒体への記録

（訴訟関係人の尋問及び供述等の記録媒体への記録）
第65条 ① 裁判所は，対象事件（第5条本文の規定により第2条第1項の合議体で取り扱うものとされた事件を含む。）及び第4条第1項の決定に係る事件の審理における裁判官，裁判員又は訴訟関係人の尋問及び証人，鑑定人，通訳人又は翻訳人の供述，刑事訴訟法第292条の2第1項の規定による意見の陳述並びに裁判官，裁判員又は訴訟関係人による被告人の供述を求める行為及び被告人の供述並びにこれらの状況（以下「訴訟関係人の尋問及び供述等」という。）について，審理又は評議における裁判員の職務の的確な遂行を確保するため必要があると認めるときは，検察官及び被告人又は弁護人の意見を聴き，これを記録媒体（映像及び音声を同時に記録することができる物をいう。以下同じ。）に記録することができる。ただし，事案の内容，審理の状況，供述又は陳述をする者に与える心理的な負担その他の事情を考慮し，記録媒体に記録することが相当でないと認めるときは，この限りでない。
② 前項の規定による訴訟関係人の尋問及び供述等の記録は，刑事訴訟法第157条の4第1項に規定する方法により証人を尋問する場合においては，その証人の同意がなければ，これをすることができない。[66]
③ 前項の場合において，その訴訟関係人の尋問及び供述等を記録した記録媒体は，訴訟記録に添付して調書の一部とするものとする。ただし，その証人が後の刑事手続において同一の事実につき再び証人として供述を求められることがないと明らかに認めるときは，この限りでない。
④ 刑事訴訟法第40条第2項，第180条第2項及び第270条第2項の規定は前項の規定により訴訟記録に添付して調書の一部とした記録媒体の謄写について，同法第305条第4項及び第5項の規定は当該記録媒体がその一部とされた調書の取調べについて，それぞれ準用する。[67]

---

[66] 平成28年5月に成立した刑訴法等一部改正法（平成28法54）により，65条2項中「第157条の4第1項」は「第157条の6第1項及び第2項」に改められ，「場合」の次に「（同項第4号の規定による場合を除く。）」が加えられた（当該部分は公布後2年以内に施行される）。

[解説]

　裁判員の参加する事件においても，評議の際に，公判廷等で行われた証人尋問・被告人質問等の内容について，記憶喚起が必要となる場合が少なくないと思われる。ところが，連日的に公判審理が行われ，引き続いて評議も行われることになるため，評議の段階では公判調書が完成していない場合が十分想定される（前記1課題(3)注(7)参照）。そこで，法65条は，証人尋問・被告人質問等について，記録媒体（映像と音声を同時に記録できる物）に記録することができることとし，評議等においてそれを活用できるようにした（なお，公判手続の更新での利用につき前記4課題・実情参照）。

　裁判所は，裁判員裁判における訴訟関係人の尋問および供述等について，審理または評議における裁判員の職務の的確な遂行を確保するため必要があると認めるときは，当事者の意見を聴き，これを記録媒体に記録することができる。ただし，事案の内容，審理の状況，供述または陳述をする者に与える心理的な負担その他の事情を考慮し，記録媒体に記録することが相当でないと認めるときは，記録できない（法65①）。ビデオリンク方式によって証人尋問する場合は，証人である被害者等の保護の必要性が強いため，証人の同意がなければすることができない（同②）。ビデオリンク方式により証人尋問する場合には，当該証人が後の刑事手続において同一事実につき再び証言を求められることがないと明らかに認められるときを除き，その記録媒体は，訴訟記録に添付して調書の一部とされる（同③）。その場合でも，記録媒体を謄写することはできない（同④）。なお，ビデオリンク方式によるものでない場合，その記録媒体は公判調書の一部とはならないから，証拠とするには別途取り調べる必要がある。

[経緯]

　法65条は，裁判員制度の円滑な実施を図るための法整備として，平成19年の法改正により，定められた。

[実情]

　証人尋問および被告人質問については，特段の事情がない限り，本条によって記録媒体への記録が行われており，後の評議において，証人等の供述の内容

67）　前注記載の刑訴法等一部改正法により，65条4項中「第305条第4項及び第5項」は「第305条第5項及び第6項」に改められた（当該部分は公布後6か月以内に施行される）。

や状況を確認する必要が生じた場合には，特定の供述部分について記録媒体を再生することによって供述の内容等が確認されている[68]。

III 判　　決

1　自由心証主義

> （自由心証主義）
> 第62条　裁判員の関与する判断に関しては，証拠の証明力は，それぞれの裁判官及び裁判員の自由な判断にゆだねる。

［解説］

　裁判員は，裁判官と同様，独立してその職権を行使し（法8，第2章V解説(5)参照），証拠の評価に際しても，その自由な判断に委ねられる（法62）。裁判員も事実の認定に関与するため，裁判員の関与する判断については，裁判官のみによる場合（刑訴法318）と同様，自由心証主義によることを明確にしたものである。

2　判決の宣告等

> （判決の宣告等）
> 第63条　①　刑事訴訟法第333条の規定による刑の言渡しの判決，同法第334条の規定による刑の免除の判決及び同法第336条の規定による無罪の判決並び

---

[68] 評議において再生する特定の供述部分の検索に当たっては，音声認識システムによって得られた文字データがインデックスとして活用されている（第2章VI課題(3)参照）。なお，連日的開廷の下，公判調書が未整理の間に当事者において証言等を確認する必要が生じた場合に備えて，当事者が録音体の再生を請求できるとする刑訴規則52条の19が平成20年に定められたが（齊藤啓昭ほか「刑事訴訟規則の一部を改正する規則の解説」曹時61巻5号166頁参照），実務では，裁判体の判断により，当事者に対し，取扱いについての誓約書を提出させた上で，音声と音声認識システムによる認識結果をリンクさせたデータ（上記記録媒体から映像部分を除いたもの）を提供するとともに，上記データの再生ソフトを貸与する便宜供与が行われている。

> に少年法第55条の規定による家庭裁判所への移送の決定の宣告をする場合には，裁判員は公判期日に出頭しなければならない。ただし，裁判員が出頭しないことは，当該判決又は決定の宣告を妨げるものではない。
> ② 前項に規定する場合には，あらかじめ，裁判員に公判期日を通知しなければならない。

[解説]

　裁判員は，自らその判断に関与した裁判，すなわち，有罪（刑の言渡しまたは免除）判決，無罪判決，少年法55条による家庭裁判所への移送の決定については，それを宣告する公判期日に出頭する義務を負う（法63①本文）。そのため，裁判所はあらかじめ裁判員に宣告期日を通知しなければならない（同②）が，裁判員が出頭しなくても宣告が妨げられることはない（同①但書）。評議が成立しても判決等の宣告が別の日になって裁判員の出頭が困難になるという事態なども想定できるため，裁判員が出頭しなくても宣告を行うことができるとされている。

　この宣告によって裁判員の任務は終了する（法48）。判決書は，構成裁判官が作成する（刑訴規54）。刑事事件の判決については，速やかに手続を進める必要があることから[1]，宣告時に判決書が作成されている必要はなく，宣告後に作成されるのが通例である。裁判員が関与する場合も，通常は，判決の宣告までに，主文と理由の骨格が記載された原稿が作成され，裁判員によって，その内容が評議の結果と違わないことが確認されていると思われるが，判決書自体の作成は，宣告後にならざるを得ないであろう。そこで，裁判員の任務が終了した後，構成裁判官が評議の結果に基づいて判決書を作成し，裁判官のみが署名押印することとされている（第3章Ⅲ3経緯参照）。

3　判決書

[解説]

　裁判員は判決等の宣告にまで関与することになるが，判決書の作成は，構成

---

1) たとえば，身柄の釈放を伴う判決などは，弁論終結後直ちに宣告できることになっていないと，判決書の作成に要する間，身柄拘束が長引くことになる。

裁判官が担当することになる（前記2解説参照）。もちろん，裁判員も加わった評議の結果に基づいて作成しなければならないが，上訴による救済を可能とするような実質的理由（後記経緯参照）を判決書で示すには，専門的知識と経験が必要であるため，裁判官の担当とされた。

［経緯］

審議会意見書は，「判決の結論の正当性をそれ自体として示し，また，当事者及び国民一般に説明してその納得や信頼を得るとともに，上訴による救済を可能ないし容易にするため，判決書には実質的な理由が示されることが必要である。裁判員が関与する場合でも，判決書の内容は，裁判官のみによる裁判の場合と基本的に同様のものとし，評議の結果に基づき裁判官が作成することとすべきである。」としていた（Ⅳ第1の1(4)イ）。検討会においても，たたき台として，「裁判官のみによる裁判の場合と基本的に同様のものとし，評議の結果に基づいて裁判官が作成するものとする。」との案が示され，裁判員に責任感を持って参加してもらうには署名まで関与するのが望ましいとの意見もあったが，大勢は，宣告にまで立ち会うことで実質的関与の要請は満たされており，裁判員に過度の負担を強いることになるから，判決書の作成は裁判官とすれば足りるという意見であった（18回議事録参照）。

［課題］

(1) **判決書の内容**　判決の内容は，従前のものに比べると，平易で簡潔なものとならざるを得ない。[2] 裁判体の構成員が9人では，深く精緻な合議を尽くすことは困難であり（第2章Ⅲ課題と実情(1)参照），また，裁判員に過度の負担を強いることはできないから，必要不可欠な論点以外に多くの時間を割いて合議することは困難になる（第2章Ⅵ課題(4)参照）などと思われるからである。したがって，判決の理由としては，結論を導く基本的な道筋を示すにとどまることになるが，審議会意見書も指摘しているように，上訴による救済を可能とするだけの実質的理由を示すものでなければならない。

真の争点に関する実質的判断を示すことは，裁判が紛争に対する第三者的判

---

[2]　大澤裕ほか「裁判員裁判における第一審の判決書及び控訴審の在り方」司法研究報告書61輯2号28頁も，「判決書のかたちは，必然的に犯罪事実や量刑の判断にとって重要な争点にポイントを絞った平易かつ簡明なものとなる。」としている。

断を示すという役割を担っている以上不可欠と考えられる。したがって，結論とそのような結論に至った基本的な理由を示す必要がある。しかし，従前のように周辺の事実をまず全部認定した上で争点に関する判断に及ぶとか，心証形成の過程を詳細に説明するようなことは，避けるべきである。それがなくても，通常は実質的判断を示すことができると思われるからである。

　量刑が主たる争点である場合も同様であり，刑を決めたポイント（たとえば，執行猶予が求められたのに実刑とする場合であれば，実刑が避けられない実質的理由）を示す必要があるが，それを示せば足りると考えられる。[3]

(2) **判決の質の確保**　　判決書において真の争点に関する実質的判断を示すとしても，前記のように全体としては平易で簡潔なものとなるから，判決の質の低下になるのではないかとの指摘もある。しかし，かつてはしばしば見られた過度の精緻さを考えると，通常の事件では，そのような精緻さを維持しなくても，質の低下にはならないであろう。とはいえ，施行後も，もちろん，事件の核心部分について精緻な審理と判断を必要とする事件は生じるであろうが，その場合は，正しい判断を導くのに必要で十分な審理と評議を尽くした上（第2章Ⅲ課題と実情(2)参照），判決においても，その評議の結果に基づき，実質的判断といえるだけの理由を示すべきことになる。したがって，担当する裁判官に対しては，裁判員制度導入の趣旨を生かしながら，判決の質の低下にはならないように努めることが期待されている。

[実情]

　制度施行当初は，判決書に関し予測されていたほどの大きな変化は見られず，「量刑の理由」についても，当事者が指摘した多くの量刑事情を，被告人に不利な事情，有利な事情に分けて総花的に羅列した上で，同種事案の量刑傾向も踏まえて「総合的に考慮」したなどとする従来の例に近いものが多く見られた。[4]そこで，まずは量刑の評議と判示方法が広く検討課題とされたが，量刑評議に

---

3)　井田良ほか・前掲司法研究報告書63輯3号90頁は，判決書の「罪となるべき事実」に社会的実体を伴った犯罪事実を記載すれば，それだけで量刑の大枠を示すことができるから，「量刑の理由」の記載においては，刑を決めたポイントを押さえた簡潔かつ平易なものが求められ，なぜその刑に決めたのかを実質的に裏付けるといえるだけの理由を示せば足りるとしている。

4)　出田孝一「高裁からみた裁判員裁判の運用について」司法研修所論集121号32頁，井田ほか・前掲84頁参照。

関する司法研究の提言以降は,「罪となるべき事実」に動機や経緯を必要な限度で盛り込んだ上で,「量刑の理由」では,犯情と一般情状を区別し,結論に影響した量刑事情のみを取り上げ,かつ,各事情をどの程度重視したかを説明する判決が大勢を占めるようになり,量刑理由の分量もＡ４用紙１枚程度に収まるものが多くなっている。また,最近では,犯情の検討の後,量刑検索システムの検索条件によって評議で参照した同種事案の量刑グラフを特定し,その量刑傾向の中での相対的な位置付けを明示することによって刑の大枠を示した上で,さらに一般情状を加味するというように,主文の刑が導かれた過程を具体的に示す判決も少なくない。

　他方,事実関係に争いがある事案の判決書をみると,いまだに,「事実認定の補足説明」において,当事者が主張する事実をその重要性の有無等を十分考慮せずに網羅的に摘示し,総合考慮したかのような従来の例に近い判決も見られるものの,判断の分岐点を意識し,結論を導いた実質的な理由を簡明に説示するものが徐々に増えてきている。

Ⅳ　控訴審等

1　控訴審

[解説]

　控訴審については,何らの特則も設けられていないから,現行法どおり,裁判官のみで構成された裁判体が,事後審として第１審判決の当否を審査し,破棄すべきか否か審査することになる。控訴審は事後審であるから,裁判官のみで構成された控訴審が裁判員の加わった第１審の判決を破棄することも正当化できること（後記経緯参照）,控訴審では記録の検討が主な職務となるため,裁判員の負担が重いものとなることなどが考慮されて,現行法どおりとされたも

---

5)　前記注(3)参照。
6)　安東章「裁判員裁判のこれから—裁判官の視点」法律のひろば67巻4号31頁,中里智美「裁判員裁判における判決書の在り方」前掲『裁判員裁判時代の刑事裁判』252頁参照。
7)　なお,量刑判断に関する最高裁判例につき,第2章Ⅴ実情(3)参照。

のである。原判決を破棄する場合，破棄事由の有無に関する審理を遂げた結果として，言い渡すべき判決が明らかになっているときには，自判することができるのは，従前と同じである。しかし，裁判員制度を導入した趣旨を考えると，第1審判決を尊重し，破棄についても，自判についても，慎重に運用すべきことになろう[2]（後記課題参照）。

[経緯]

　検討会では，当初，原判決を破棄することとなった場合に控訴審でも裁判員を加えるという意見も出されたが，裁判官のみで構成するという意見が大勢を占めたため（6回議事録参照），たたき台として，現行法どおりとするA案のほか，裁判員の関与した第1審判決を尊重するという観点から，「控訴審では，裁判官のみで審理及び裁判を行うが，訴訟手続の法令違反，法令適用の誤り等についてのみ自判できるものとし，量刑不当及び事実誤認については自判はできないものとする」というB案，「控訴審では，裁判官のみで審理及び裁判を行い，量刑不当についても自判を認めるが，事実誤認についてのみ自判を認めないものとする」というB′案，「控訴審では，裁判官のみで審理及び裁判を行うが，事実誤認及び量刑不当に関する破棄理由を加重する」というC案，「控訴審においても，裁判員が審理及び裁判に関与するものとし，覆審構造とする」というD案が示された。最終的には，実際の運用では第1審の判断が尊重されることになるという含みの下にA案を支持する意見が比較的多数を占め，B′案を支持する意見も有力であったが，D案はなかった（18回・25回議事録参照）。控訴審は，全く新たに証拠を調べて独自に心証を形成するのではなく，第1審判決を前提として，その内容に誤りがないかどうかを記録に照らして事後的に点検するという事後審査を行うだけであると位置付ければ，裁判官のみで構成される控訴審による審査や破棄を正当化できるというのが，多くの意見の前提であったことから，座長ペーパーは，A案を採用した上，事後審であるという控訴審本来の趣旨を運用上より徹底させることが望ましいとして，「現行法どおり

---

1) 辻裕教「法案提出に至る経緯と法案の概要」ジュリ1268号55頁参照。
2) 座談会「裁判員制度をめぐって」ジュリ1268号44頁の井上正仁・佐藤文哉発言，中谷雄二郎＝合田悦三「裁判員制度における事実認定」現代刑事法61号45頁，原田國男「裁判員制度における量刑判断」同61号56頁参照。

とする（控訴審は，事後審として原判決の瑕疵の有無を審査するものとする）」となった（座長ペーパー説明参照）。

[課題]

(1) **破棄の基準** 裁判員制度は，国民の健全な社会常識を反映しようとするものであるから，観念的にいえば，控訴審としては，従前の基準を全く変えずに事実誤認または量刑不当として破棄すべきではなく，裁判員が加わっている第1審判決を尊重して，破棄の基準を多少厳格なものとすることになろう。

　まず，事実誤認の点についてみると，1審判決の事実認定が，単に控訴審裁判官が記録を検討して形成した心証と異なるというだけでなく，論理則・経験則等に照らして不合理であることを具体的に指摘できるものでない限り，控訴審において事実誤認に当たるとはいえなくなるのではないかと思われる。特に，証人・被告人の供述の信用性に関する判断は，一般国民の意見が反映されやすいであろうから，論理則・経験則等に反することが明らかでない限り，1審の判断が尊重されることになるであろう。また，間接事実を総合して合理的疑いを容れない証明があったかが問題となる事案の審査も，基本的に同様と考えられる。他方，論理則・経験則等に照らして不合理であれば，裁判官のみの控訴審が破棄しても正当化できると考えられる。当然取り上げられるべき争点が取り上げられていなかったり，当然調べられるべき証拠が調べられていないため，事実認定が論理則・経験則等に照らして不合理となっている疑いがある場合も，同様であろう。

　最高裁も，最一小判平24・2・13刑集66巻4号482頁において，控訴審が事後審であること，第1審では直接主義・口頭主義の下，争点に関する証人を直接調べ，その際の証言態度等も踏まえて供述の信用性が判断され，それらを総合して事実認定が行われることに鑑みると，「控訴審における事実誤認の審査は，第1審判決が行った証拠の信用性評価や証拠の総合判断が論理則，経験則等に照らして不合理といえるかという観点から行うべきものであって」，「控訴審が第1審判決に事実誤認があるというためには，第1審判決の事実認定が論理則，経験則等に照らして不合理であることを具体的に示すことが必要である」と判示している。

　次に，量刑不当についてみると，1審判決の量刑の幅は，裁判員の多様な意

見を反映して従前より広がるであろうから，控訴審として許容すべき幅も広がるものと考えられる[3]。もっとも，死刑か無期刑かの判断は，幅が許容されるべきものではないから，従前と基本的に変わることはないと思われるが，裁判員制度を運用する中で検証していく必要があろう（後記実情(2)参照）。なお，いわゆる2項破棄（刑訴法397②）の場合は，裁判員の関与した判断を尊重するという観点が弱まるから，破棄の範囲は従前とあまり変わらないであろう。もっとも，第1審において公判前整理手続が行われ，量刑事情についても主張と証拠の整理がされる上，量刑についても裁判員の意見を反映することが本制度の趣旨である以上，従前は1審判決後に行われることも少なくなかった被害弁償や示談についても，1審段階で行っておくべきであるという要請が強まるものと思われる。

(2) **差戻し** 事実誤認で破棄する場合は，差戻しが原則という運用をすべきであろうが，誤認の原因となった事柄を正せば，裁判員の加わった裁判体もそのような結論に至るであろうことが明白な場合などは，裁判員制度導入の趣旨に反するものではないので，自判も可能と考えられる。したがって，差し戻すべきか否かを判断する際には，新たな裁判に裁判員の意見を改めて反映させることが不可欠か否かという視点が重要になる[4]。他方，量刑不当によって破棄する場合には，自判について特に従来の運用を改める必要はないであろう。

[**実情**][5]

(1) **事実誤認による破棄の基準** 前掲最一小判平24・2・13は，控訴審における事実誤認の審査の在り方について判示した上，薬物密輸入の事案で第1審

---

[3] 控訴審の在り方に関する司法研究も，量刑審査に関する基本的な姿勢として，「よほど不合理であることが明らかな場合（たとえば，極めて重要な量刑事情を見落としていることが明らかな場合，量刑事実のうち重要な事実に対する評価を大きく誤っている場合，犯情を全く重視せず，一般情状を過度に強調し，悪性格を理由に重い刑を科しているような場合など）を除き，第1審の判断を尊重するという方向性をもったものと考えてよい」としている（大澤ほか・前掲司法研究報告書61輯2号113頁）。

[4] 東京高等裁判所刑事部部総括裁判官研究会「控訴審における裁判員裁判の審査の在り方」判タ1296号11頁参照。

[5] 制度施行後約3年間の裁判員裁判の控訴率をみると，判決人員の多い15の罪名の事件の控訴率は34.5％で，制度施行前の同範囲の事件の34.3％とほとんど変わっていない（検証報告書32頁）。

の無罪判決を破棄して有罪とした控訴審判決につき,第1審判決が論理則,経験則等に照らして不合理であることを十分示したものとはいえないとして,破棄した。[6]これ以降,控訴審は,同判決の趣旨を踏まえた審査をして判断を示す姿勢をより明確にしており,判決書をみても,控訴審が自ら証拠に基づいて行った事実認定の判断を示した上で原審の判断が是認できるかを判示する従来型のものは姿を消し,まずは第1審の事実認定に関する判断内容を整理して摘示した上で,それが経験則等に照らして是認できるか否かの判断を示すスタイルのものとなっている。[7]

(2) **量刑不当による破棄の基準**　裁判員裁判の量刑は従来よりも幅が広がったとされているが,[8]控訴審は,行為責任の観点などからみて明らかに不合理であると認められない限り,裁判員の加わった第1審の判断を尊重するスタンスをとっており,いわゆる1項破棄は大幅に減少し,量刑事情の認定ないし評価に誤りがあるものに集中している。[9]最高裁も,裁判員制度の導入によりそれ以前の量刑傾向が相応に変容することは当然想定されるとしていること(最一小判平26・7・24刑集68巻6号925頁)や,上告審として量刑不当により破棄する例が従来同様に極めて少ないことなどを考えると,控訴審の量刑審査の運用の方

---

6) その後,上記最一小判平24・2・13に基づき,控訴審判決が裁判員の加わった第1審判決を破棄するに際し論理則,経験則等に照らして不合理であることを十分示しているかについて判断した最高裁判例として,最三小決平25・4・16刑集67巻4号549頁(薬物密輸入事案),最一小決平25・10・21刑集67巻7号755頁(同),最一小決平26・3・10刑集68巻3号87頁(同),最一小判平26・3・20刑集68巻3号499頁(保護責任者遺棄致死事案)がある。

7) 小西秀宣「裁判員裁判事件における控訴審の審理の在り方」前掲『裁判員裁判時代の刑事裁判』277頁,大島隆明「裁判員裁判と控訴審の役割—実務家の視点から」刑法雑誌54巻3号27頁。なお,薬物事犯などでは,裁判員にはなじみのない事象についての経験則の適用が事実認定に必要となる場合もある(いわゆる「回収措置」に関する経験則が問題となった前掲最一小決平25・10・21参照)。こうした経験則の裁判員に対する説明は,最終的には裁判官が行わざるを得ないと思われるが,まずは当該経験則の適用を求める当事者において,公判で,適用の基礎となる事実を的確に主張・立証するとともに,当該経験則の内実を分かりやすく説明することが求められよう。

8) 第2章V実情(1)参照。

9) 楡井英夫・最高裁判例解説・曹時67巻8号306頁,小池信太郎「裁判員裁判における量刑傾向」法律時報86巻11号2頁等参照。制度施行後約3年間の終局人員に占める量刑不当によるいわゆる1項破棄人員の割合は,制度施行前の5.3%から0.6%に大幅に低下し(検証報告書33頁),その後(平成25年・26年)は1%強で推移している(前掲「裁判員裁判の実施状況等に関する資料」)。

向性自体は是認しているものと解される。もっとも，上記判決は，裁判員裁判といえども他の裁判の結果との公平性が保持された適正なものでなければならないから，従来の量刑傾向から踏み出して重い量刑をするには具体的，説得的な根拠を示さなければならない旨判示した上で，それが示されていない第1審判決を控訴審が合理的理由なく是認しているとして破棄しており（第2章V実情(3)参照），量刑審査の面でも説明責任が重視されていることに十分留意しなければならない。

　死刑の選択に関しては，他の事案の量刑審査と少し異なり，死刑が究極の刑罰であるだけに慎重な運用と他の事案との公平性の確保がより強く求められるため，死刑の選択に関する控訴審の審査の厳しさに大きな変化はない。[10]

　なお，原判決後の情状を理由とするいわゆる2項破棄については，特に新たな制約が生じたわけではないが，若干減少している。[11]

　(3)　**破棄差戻し**　　制度施行後においても，事実誤認による破棄の場合を含め，自判に比べて差戻しがかなり少ない状況にある。[12]

2　差戻し審

［解説］

　差戻し審についても特則は設けられていない。差戻し審は，現行法どおり続審であり，差し戻されれば，新たな裁判員を選任して審理および裁判をするこ

---

[10] 死刑の選択に関しては，最二小決平27・2・3刑集69巻1号1頁および最二小決平27・2・3刑集69巻1号99頁はともに，究極の刑罰である死刑の適用は慎重に行われなければならず，公平性の確保にも十分意を払わなければならないとした上で，裁判例の集積から見いだされる死刑の選択上考慮されるべき要素および各要素に与えられた重みの程度・根拠を踏まえ，死刑選択の具体的，積極的根拠が示される必要があるなどと説示し，第1審の死刑判決を破棄して無期懲役とした控訴審判決を維持している（第2章V実情(3)参照）。なお，死刑求刑事件への対応において配慮すべき事項につき，井田ほか・前掲司法研究報告書63輯3号103頁以下参照。

[11] 制度施行後約3年間に裁判員裁判の控訴事件について原判決後の情状を理由として控訴審が破棄した事件の割合は，制度施行前の8.4％から5.0％に低下している（検証報告書33頁）。なお，2項破棄すべきかどうかの審査において留意すべき事項につき，大澤ほか・前掲司法研究報告書61輯2号115頁参照。

[12] 裁判員裁判の実施状況等に関する資料によれば，平成22年から26年までの破棄差戻人員は，破棄人員の1割弱にとどまっている。その背景等につき，楡井英夫・最高裁判例解説・曹時67巻5号239頁，金谷暁「控訴審が原判決を破棄した場合の問題点」前掲『裁判員裁判時代の刑事裁判』328頁参照。

とになる。裁判員の選任方法は，差戻し前の第１審の場合と異なるところはなく，審理開始前には，期日間整理手続（刑訴法316の28）を行うなどして，審理計画を立てることができる。審理を開始する際には公判手続の更新が行われるが，法61条２項が準用されるので，それまでの審理の経過，争点，証拠の内容，破棄判決による拘束力の及ぶ点などを新たな裁判員が容易に理解できるように配慮しなければならない。

［経緯］

　検討会においては，たたき台として，「新たな裁判員を選任して審理及び裁判を行うものとする。その他は，現行法どおりとする」という，差戻し審が続審であることを維持するＡ案と，「新たな裁判員を選任して審理及び裁判を行うものとし，差戻審は，覆審構造とする」というＢ案が示されたが，Ａ案を支持することでほぼ一致したため（18回・25回議事録参照），座長ペーパーにおいて，Ａ案が採用された。

3　その他（読み替え規定等）

［解説］

　裁判員制度の導入に伴い，刑訴法と組織的な犯罪の処罰及び犯罪収益の規制等に関する法律の関連法令の読み替え等の規定が置かれている（法64）。訴訟手続に関し受命裁判官を意味する部分など（刑訴法43④・69・76②・85・108③・125①・163①・169・278の２②・297②・316の11，組織犯罪処罰法22④）については，「合議体の構成員」を「合議体の構成員である裁判官」と，合議体の個々の構成員を意味する部分など（刑訴法157の２・157の４①・256⑥・304①・316の15①(2)・316の39・321②・435(7)）については，「裁判官」を「裁判官，裁判員」，「裁判長又は陪席の裁判官」を「裁判長，陪席の裁判官又は裁判員」，「裁判所又は裁判官」を「裁判所，裁判官又は裁判官及び裁判員」などと，それぞれ裁判員を加えて読み替えることとされている[13]（なお，規43も同様に定めている）。また，刑訴法81条の接見交通の制限事由と同法89条５号の権利保釈の除外事由として，「裁判

---

[13]　平成28年５月に成立した刑訴法等一部改正法（平成28法54）により，本文中の刑訴法条文「76②」は「76③」に改められ，「157の２・157の４」は「157の４・157の６」に改められる（前者については公布後６か月以内に，後者については同２年以内に施行される）。

員，補充裁判員若しくは選任予定裁判員に，面会，文書の送付その他の方法により接触すると疑うに足りる相当な理由」があるときが加えられ，同法96条1項4号の保釈取消事由として，「裁判員，補充裁判員若しくは選任予定裁判員に，面会，文書の送付その他の方法により接触したとき」が加えられた（第6章Ⅰ解説(3)参照）。さらに，絶対的控訴理由である刑訴法377条1号について，判決裁判所の構成が裁判員に関してのみ違法であり，それが裁判員の関与する判断を含まない場合と，就職禁止事由に該当する者が関与したことによる場合には，同号に該当しないこととされている（第3章Ⅰ3解説(5)，同4解説(4)，同6解説参照）。

第5章
区分審理と部分判決

I 概　要

[解説]

　1人の被告人に対して裁判員制度対象事件を含む複数の事件が起訴され，その弁論が併合された場合には，裁判員の負担等を考慮し，一定の場合に，併合した事件のうち一部の事件を区分し（区分審理決定），順次，区分した事件ごとに審理を担当する裁判員を選定して審理し，事実認定に関して部分判決を行い，これを踏まえて，新たに選任された裁判員の加わった合議体が残りの事件を審理した上，併合した事件全体について刑の言渡しを含めた終局判決を行うことができる。区分審理が行われると，有罪・無罪・管轄違い・免訴・公訴棄却のいずれかの部分判決が順次言い渡されるが，部分判決に対して独立して不服を申し立てることはできない。終局判決を行う裁判体の構成員である裁判員は，自ら事実関係の審理に加わっていない区分事件についても併せて刑の量定を行うことになるが，部分判決において犯行の動機，態様および結果その他の罪となるべき事実に関連する情状に関する事実等が示されるので，それを基に判断することになる。

[経緯]

　裁判員が参加する場合においても，事案の真相の解明，適切な量刑の実現等，刑事裁判に本来求められているものに変わりはないから，複数の事件の弁論を併合する要請の強い場合も少なくないであろうが，事案によっては審理期間が長期に及ぶおそれがあるため，裁判員に過重な負担をさせないような何らかの方策が必要となる。本法制定当時からそのような議論がされていたが，意見がまとまらず，当初の法案には盛り込まれなかったため，本法施行までの検討課

I 概　要

題とされていた（第4章Ⅱ5経緯参照）。平成18年11月，法務大臣が，法制審議会に対し，区分審理・部分判決制度を含む法整備の要綱について諮問したところ，同審議会は，それを一部修正した要綱を答申した。平成19年3月，この答申に基づく改正法案が国会に提出され，同年5月，原案どおりの内容で成立した。

[課題]

　区分審理・部分判決制度（以下「区分審理制度」という）は，重大な併合事件においても，事案の真相の解明や適切な量刑の実現のために併合事件全体に対する審判が行われる必要のある事案もあることから，裁判員の負担等にも配慮して，併合事件をいくつかの区分事件に分けて審理し，部分判決を経た上，全体に対する審判を行うことができるとしたものである。[1] とはいえ，最後に残った事件の審理を行い，それまでの部分判決を踏まえて併合事件全体についての量刑を行うことは，それを担当する裁判員に対し，新たな負担を課すことになるのは否定できないから，区分審理が相当でないと認められる事情（法71①但書）がないか考慮するだけでなく，同じ裁判員が併合事件の審理を全部担当して判決する併合事件に関する本来の審理形態を採用することの当否，事件をいくつかのグループに分け，そのグループごとに分離して審理・判決する形態を採用することの当否なども併せ検討して，裁判員の負担に配慮しつつ事案の真相の解明や適切な量刑を実現するためにはどのような形態の審判をするのが最も望ましいかについて比較衡量し，当該事件において最適の形態を選択すべきであろう。

---

1)　区分審理制度について，最高裁は，区分事件審判および併合事件審判の全体として公平な裁判所による法と証拠に基づく適正な裁判が行われることが制度的に十分保障されており，憲法37条1項に反しないと判示している（最三小判平27・3・10刑集69巻2号219頁）。

2)　検証報告書28頁によれば，制度施行以来平成24年5月末まで（約3年間）に34人の被告人の事件で区分審理が行われたが，うち32件については，区分事件は裁判員制度非対象事件であり，かつ，否認事件や多数の自白事件を含むものであったとされている。その他，田口直樹＝岩﨑邦生「併合事件における審理計画・審理の在り方(1) 客観的併合」判タ1408号11頁，安東章「区分審理制度の運用について」植村立郎判事退官記念論文集『現代刑事法の諸問題3巻』（立花書房・2011）372頁参照。また，非対象事件を区分審理することとした原決定を是認したものとして，東京高決平23・4・20東高時報62巻1〜12号43頁参照。なお，前掲最三小判平27・3・10の大谷剛彦裁判官の補足意見は，複数の裁判員裁判対象事件が起訴された場合に関し，公判前整理手続において，検察官の立証方針や弁護人の防御方針を踏まえた上で，当事者と十分な議論を尽くし，区分審理を選択することの当否，適否を慎重に見極める必要がある旨指摘している。

[実情]

実際の区分審理制度の運用をみると，裁判員制度対象事件に併合された裁判員制度非対象事件に深刻な争いがある場合や，そうした非対象事件の否認事件の数が多い場合に，非対象事件の審理判断に伴う裁判員の負担が過重になることを考慮して，非対象事件について構成裁判官のみによる区分事件審判を活用している例が多いようである。[2]

Ⅱ 区分審理決定

（区分審理決定）
第71条 ① 裁判所は，被告人を同じくする数個の対象事件の弁論を併合した場合又は第４条第１項の決定に係る事件と対象事件の弁論を併合した場合において，併合した事件（以下「併合事件」という。）を一括して審判することにより要すると見込まれる審判の期間その他の裁判員の負担に関する事情を考慮し，その円滑な選任又は職務の遂行を確保するため特に必要があると認められるときは，検察官，被告人若しくは弁護人の請求により又は職権で，併合事件の一部を１又は２以上の被告事件ごとに区分し，この区分した１又は２以上の被告事件ごとに，順次，審理する旨の決定（以下「区分審理決定」という。）をすることができる。ただし，犯罪の証明に支障を生ずるおそれがあるとき，被告人の防御に不利益を生ずるおそれがあるときその他相当でないと認められるときは，この限りでない。
② 区分審理決定又は前項の請求を却下する決定をするには，最高裁判所規則で定めるところにより，あらかじめ，検察官及び被告人又は弁護人の意見を聴かなければならない。
③ 区分審理決定又は第１項の請求を却下する決定に対しては，即時抗告をすることができる。

（区分審理決定の取消し及び変更）
第72条 ① 裁判所は，被告人の主張，審理の状況その他の事情を考慮して，区分事件（区分審理決定により区分して審理することとされた１又は２以上の被告事件をいう。以下同じ。）ごとに審理することが適当でないと認める

ときは，検察官，被告人若しくは弁護人の請求により又は職権で，区分審理決定を取り消す決定をすることができる。ただし，区分事件につき部分判決がされた後は，この限りでない。
② 裁判所は，被告人の主張，審理の状況その他の事情を考慮して，適当と認めるときは，検察官，被告人若しくは弁護人の請求により又は職権で，区分審理決定を変更する決定をすることができる。この場合においては，前条第1項ただし書の規定を準用する。
③ 前2項の決定又はこれらの項の請求を却下する決定をするには，最高裁判所規則で定めるところにより，あらかじめ，検察官及び被告人又は弁護人の意見を聴かなければならない。
④ 前条第3項の規定は，前項に規定する決定について準用する。

（審理の順序に関する決定）
第73条 ① 裁判所は，2以上の区分事件があるときは，決定で，区分事件を審理する順序を定めなければならない。
② 裁判所は，被告人の主張，審理の状況その他の事情を考慮して，適当と認めるときは，決定で，前項の決定を変更することができる。
③ 前2項の決定をするには，最高裁判所規則で定めるところにより，あらかじめ，検察官及び被告人又は弁護人の意見を聴かなければならない。

（構成裁判官のみで構成する合議体による区分事件の審理及び裁判）
第74条 裁判所は，区分事件に含まれる被告事件の全部が，対象事件に該当しないとき又は刑事訴訟法第312条の規定により罰条が撤回若しくは変更されたため対象事件に該当しなくなったときは，構成裁判官のみで構成する合議体でその区分事件の審理及び裁判を行う旨の決定をすることができる。

（公判前整理手続等における決定）
第75条 区分審理決定並びに第72条第1項及び第2項，第73条第1項及び第2項並びに前条の決定は，公判前整理手続及び期日間整理手続において行うことができる。第71条第1項並びに第72条第1項及び第2項の請求を却下する決定についても，同様とする。

(区分審理決定をした場合の補充裁判員に関する決定)
第76条 裁判所は，区分審理決定をした場合において，第26条第1項に規定する必要な員数の補充裁判員を置く決定又は補充裁判員を置かない決定をするときは，各区分事件の審理及び裁判（以下「区分事件審判」という。）並びに第86条第1項に規定する併合事件審判について，それぞれ，これをしなければならない。

[解説]

　裁判所は，同一の被告人に対する数個の対象事件の弁論を併合した場合等において，併合した事件（併合事件）を一括して審判することにより要すると見込まれる審判の期間その他の裁判員の負担に関する事情を考慮し，その円滑な選任または職務の遂行を確保するため特に必要があると認められるときは，請求または職権により，併合事件の一部を1または2以上の被告事件ごとに区分し，この区分した事件（区分事件）ごとに，順次，審理する旨の決定（区分審理決定）をすることができる（法71①本文）。裁判員の負担が著しく大きくなるために裁判員を円滑に選任することが困難になるようであれば，裁判員制度自体の円滑な運用に支障が生ずるため，裁判員の負担を考慮して円滑な選任等が確保できるか否かが，区分審理決定をするか否かの判断基準とされた。

　ただし，犯罪の証明に支障を生ずるおそれがあるとき，被告人の防御に不利益を生ずるおそれがあるときその他相当でないと認められるときは，区分審理決定をすることができない（同但書）。たとえば，犯行の手口が共通した特殊なもので，各事件の証拠が相互に補強し合う関係にあり，全事件をまとめて審理しなければ犯罪事実の立証が困難である場合や，被告人の主張する事項が全事件に共通し，全事件をまとめて審理しなければ統一的な判断が困難である場合，各事件の立証方法がかなり重複しており，多数の共通した証人に何度も証言を求めることになるなど，訴訟経済に著しく反する場合などである。

　区分審理決定またはその請求を却下する決定に対しては，即時抗告をすることができる（法71③）。

　区分審理を行う場合には，決定で，区分事件を審理する順序を定める必要がある（法73）。また，区分審理決定は，事情の変更等により，取り消しまたは変

更することができる（法72）。なお，区分事件に含まれる被告事件が，すべて対象事件に該当しないとき，または訴因変更により対象事件に該当しなくなったときは，構成裁判官のみの合議体で審判する旨の決定をすることができる（法74）。以上の決定は，公判前整理手続および期日間整理手続において行うことができる（法75）。

区分審理決定がされると，区分事件の審判（法74の場合を除く）ごとに裁判員・補充裁判員が交替することになるが（補充裁判員を置く決定につき法76，公判手続の更新を要しないことにつき法85参照)，裁判官は交替することなく，併合事件全体の審理・裁判に関与する。

Ⅲ　区分事件審判

> **（区分事件の審理における検察官等による意見の陳述）**
> **第77条**　①　区分事件の審理において，証拠調べが終わった後，検察官は，次条第2項第1号及び第3号から第5号まで並びに第3項各号に掲げる事項に係る事実及び法律の適用について意見を陳述しなければならない。
> ②　区分事件の審理において，証拠調べが終わった後，被告人及び弁護人は，当該区分事件について意見を陳述することができる。
> ③　区分事件の審理において，裁判所は，区分事件に含まれる被告事件に係る被害者参加人（刑事訴訟法第316条の33第3項に規定する被害者参加人をいう。第89条第1項において同じ。）又はその委託を受けた弁護士から，第1項に規定する事項に係る事実又は法律の適用について意見を陳述することの申出がある場合において，審理の状況，申出をした者の数その他の事情を考慮し，相当と認めるときは，公判期日において，同項の規定による検察官の意見の陳述の後に，訴因として特定された事実の範囲内で，申出をした者がその意見を陳述することを許すものとする。
> ④　刑事訴訟法第316条の38第2項から第4項までの規定は，前項の規定による意見の陳述について準用する。
> ⑤　刑事訴訟法第316条の37の規定は，第3項の規定による意見の陳述をするための被告人に対する質問について準用する。

（部分判決）
第78条　①　区分事件に含まれる被告事件について，犯罪の証明があったときは，刑事訴訟法第333条及び第334条の規定にかかわらず，部分判決で有罪の言渡しをしなければならない。
②　部分判決で有罪の言渡しをするには，刑事訴訟法第335条第1項の規定にかかわらず，次に掲げる事項を示さなければならない。
　(1)　罪となるべき事実
　(2)　証拠の標目
　(3)　罰条の適用並びに刑法（明治40年法律第45号）第54条第1項の規定の適用及びその適用に係る判断
　(4)　法律上犯罪の成立を妨げる理由となる事実に係る判断
　(5)　法律上刑を減免し又は減免することができる理由となる事実に係る判断
③　部分判決で有罪の言渡しをする場合は，次に掲げる事項を示すことができる。
　(1)　犯行の動機，態様及び結果その他の罪となるべき事実に関連する情状に関する事実
　(2)　没収，追徴及び被害者還付の根拠となる事実並びにこれらに関する規定の適用に係る判断
④　区分事件の審理において第2項第4号又は第5号に規定する事実が主張されたときは，刑事訴訟法第335条第2項の規定にかかわらず，部分判決において，これに対する判断を示さなければならない。
⑤　第63条の規定は，第1項の規定による部分判決の宣告をする場合について準用する。

（部分判決）
第79条　区分事件に含まれる被告事件について，刑事訴訟法第329条の規定による管轄違いの判決，同法第336条の規定による無罪の判決，同法第337条の規定による免訴の判決又は同法第338条の規定による公訴棄却の判決の言渡しをしなければならない事由があるときは，部分判決でその旨の言渡しをしなければならない。

（部分判決に対する控訴の申立て）
第80条　部分判決に対しては，刑事訴訟法第372条の規定にかかわらず，控訴

（管轄違い等の部分判決後の弁論の分離）
第81条 第79条の部分判決は，当該部分判決をした事件に係る弁論を刑事訴訟法第313条第1項の決定により分離した場合には，その決定を告知した時に，終局の判決となるものとする。

（区分事件審判に関する公判調書）
第82条 ① 区分事件審判に関する公判調書は，刑事訴訟法第48条第3項の規定にかかわらず，各公判期日後速やかに，遅くとも当該区分事件についての部分判決を宣告するまでにこれを整理しなければならない。ただし，部分判決を宣告する公判期日の調書及び公判期日から部分判決を宣告する日までの期間が10日に満たない場合における当該公判期日の調書は，それぞれその公判期日後10日以内に，整理すれば足りる。
② 前項の公判調書に係る刑事訴訟法第51条第1項の規定による異議の申立ては，同条第2項の規定にかかわらず，遅くとも当該区分事件審判における最終の公判期日後14日以内（前項ただし書の規定により部分判決を宣告する公判期日後に整理された調書については，整理ができた日から14日以内）にこれをしなければならない。

（公訴の取消し等の制限）
第83条 ① 区分事件に含まれる被告事件についての公訴は，刑事訴訟法第257条の規定にかかわらず，当該区分事件について部分判決の宣告があった後は，これを取り消すことができない。
② 刑事訴訟法第465条第1項の規定による正式裁判の請求があった被告事件について，区分審理決定があったときは，同法第466条の規定にかかわらず，当該被告事件を含む区分事件について部分判決の宣告があった後は，当該請求を取り下げることができない。
③ 前項の区分審理決定があった場合には，同項の請求に係る略式命令は，刑事訴訟法第469条の規定にかかわらず，当該被告事件について終局の判決があったときに，その効力を失う。

（区分事件審判における裁判員等の任務の終了）
第84条 区分事件審判に係る職務を行う裁判員及び補充裁判員の任務は，第48条の規定にかかわらず，次の各号のいずれかに該当するときに終了する。
(1) 当該区分事件について部分判決の宣告をしたとき。
(2) 当該区分事件に含まれる被告事件の全部について刑事訴訟法第339条第1項の規定による公訴を棄却する決定がされたとき。
(3) 当該区分事件について第74条の決定がされたとき。

（区分事件の審理における公判手続の更新）
第85条 前条の規定により区分事件審判に係る職務を行う裁判員の任務が終了し，新たに第2条第1項の合議体に他の区分事件審判に係る職務を行う裁判員が加わった場合には，第61条第1項の規定にかかわらず，公判手続の更新は行わないものとする。

［解説］
　区分事件の審理においては，当該区分事件に関する証拠調べが行われることになるが，訴訟当事者の論告・弁論等も，当該区分事件に関するものに限定される（法77）。
　裁判所は，区分事件の審理に基づき，部分判決を言い渡す。有罪，無罪，管轄違い，免訴，公訴棄却のいずれかの判決を言い渡すことになる（法78・79）。刑の量定については，区分審理において明らかになるのは当該事件に関連する情状に限られ（したがって，一般情状といえるものでも，区分事件に固有のものであれば，含まれる），併合事件全体についての情状は，併合事件審判において審理・判断されることになるので（法86），部分判決では刑の言渡しまたは刑の免除の言渡しは行わないこととされている。
　部分判決で有罪の言渡しをする場合は，罪となるべき事実，証拠の標目，法令の適用，法律上犯罪の成立を妨げる事実および刑を減免する理由となる事実に関する判断を必要的に記載しなければならない（法78②④）。また，犯行の動機，態様，結果など，罪となるべき事実に関連する情状に関する事実や，没収，追徴または被害者還付の要件である事実とその規定の適用について，任意的に記載することができる（同③）。裁判所は，併合事件全体について裁判する際に

部分判決で示された事項についてはこれによることとされているので（法86②），有罪・無罪等の判断はもとより，必要的記載事項・任意的記載事項についても，部分判決に従って併合事件全体の裁判をすることになる。

部分判決に対しては，独立して控訴することができないが（法80），併合事件全体に対する不服申立てが可能であるから，当事者の権利が害されることはない。もっとも，有罪判決以外の部分判決がされた後，その事件を分離する決定がされたときは，当該部分判決は，その決定が告知された時点で終局判決となる（法81）。部分判決で示された判断を早期に確定させることが必要な場合もあるため，それに対応できるような仕組みとなっている。

その他，法は，区分事件審判に関し，公判調書の整理期間等（法82），公訴の取消し等の制限（法83），裁判員・補充裁判員の任務の終了時期（法84），公判手続の更新（法85）について規定している。

Ⅳ　併合事件審判

> **（併合事件審判）**
> **第86条**　①　裁判所は，すべての区分事件審判が終わった後，区分事件以外の被告事件の審理及び区分事件の審理（当該区分事件に含まれる被告事件に係る部分判決で示された事項に係るもの（第3項の決定があった場合を除く。）を除く。）並びに併合事件の全体についての裁判（以下「併合事件審判」という。）をしなければならない。
> ②　裁判所は，前項の規定により併合事件の全体についての裁判をする場合においては，部分判決がされた被告事件に係る当該部分判決で示された事項については，次項の決定があった場合を除き，これによるものとする。
> ③　裁判所は，構成裁判官の合議により，区分事件の審理又は部分判決について刑事訴訟法第377条各号，第378条各号又は第383条各号に掲げる事由があると認めるときは，職権で，その旨の決定をしなければならない。
>
> **（併合事件審判のための公判手続の更新）**
> **第87条**　第84条の規定により区分事件審判に係る職務を行う裁判員の任務が終了し，新たに第2条第1項の合議体に併合事件審判に係る職務を行う裁判員

が加わった場合には，第61条第1項の規定にかかわらず，併合事件審判をするのに必要な範囲で，区分事件の公判手続を更新しなければならない。

（刑事訴訟法第292条の2の意見の陳述）
第88条 区分事件に含まれる被告事件についての刑事訴訟法第292条の2第1項の規定による意見の陳述又は同条第7項の規定による意見を記載した書面の提出は，併合事件審判における審理において行うものとする。ただし，併合事件審判における審理において行うことが困難である場合その他当該被告事件を含む区分事件の審理において行うことが相当と認めるときは，当該区分事件の審理において行うことができる。

（併合事件審理における検察官等による意見の陳述）
第89条 ① 併合事件審判における審理において行う刑事訴訟法第293条第1項の規定による検察官の意見の陳述，同条第2項の規定による被告人及び弁護人の意見の陳述並びに同法第316条の38第1項の規定による区分事件に含まれる被告事件に係る被害者参加人又はその委託を受けた弁護士の意見の陳述は，部分判決で示された事項については，することができない。
② 裁判長は，前項に規定する意見の陳述が部分判決で示された事項にわたるときは，これを制限することができる。

［解説］
　裁判所は，すべての区分事件の審理・裁判を終えた後，残りの事件の審理とすべての事件の情状について審理し，区分事件を含む併合事件の全体について，刑の言渡しを含む終局裁判（併合事件審判）をする（法86①）。その際，裁判所は，当該区分事件に係る部分判決で示された事項（法78②③④参照）については，原則として，これに従って判断しなければならない（法86②）。ただし，裁判所が，構成裁判官の合議により，区分事件の審理または部分判決について，絶対的控訴理由（刑訴法377条各号・378条各号）または再審事由（同383条各号）に掲げる事由があると認めた場合は，職権でその旨の決定をしなければならず（法86③），その場合には，部分判決で示された事項について拘束されずに終局判決をすることになる。部分判決に重大な瑕疵があるのにそれに従う義務があるとすれば，

極めて不合理な結果を招来することになるからである。

　終局判決をする裁判体の構成員である裁判員は，自ら事実関係の審理に関与していなかった区分事件についても，併せて量刑の判断をすることになるが，部分判決において，犯行の動機，態様，結果など，罪となるべき事実に関連する情状に関する事実が示されているので，これに従って判断することができるし，区分事件審理において取り調べられた証拠を，必要があれば直接取り調べることもできるから（この場合には，法87条により，必要な範囲で区分事件の公判手続を更新しなければならない。更新の時期については，裁判員の分かりやすさや負担等を考慮して，事件ごとに適切な時期を選べばよい），適切な量刑判断をすることが可能である。自ら事実関係の審理に関与した事実については無罪の判断に至った場合，裁判員としては，自ら事実関係の審理に関与していなかった区分事件の有罪判決のみに基づいて量刑判断をすることになるが，その場合でも，同じようにして適切な量刑を行うことが期待されている。

　なお，被害者等による被害に関する心情その他の意見陳述（刑訴法292の2）は，量刑資料となるにとどまるから，区分事件に含まれる事件に関するものも，原則としては併合事件審判において行われるべきものとされている（法88）。他方，併合事件全体についての裁判は，部分判決で示された事項についてはこれに従うべきであるから，併合事件審判における検察官・弁護人等による意見の陳述は，部分判決で示された事項についてはすることができない（法89）。

V　選任予定裁判員

> **（選任予定裁判員）**
> 第90条　①　裁判所は，区分審理決定をした場合において，必要があると認めるときは，裁判員等選任手続において，第84条の規定により区分事件審判に係る職務を行う裁判員又は補充裁判員の任務が終了した後に他の区分事件審判又は併合事件審判に係る職務を行う裁判員又は補充裁判員に選任されるべき必要な員数の選任予定裁判員を，各区分事件審判又は併合事件審判ごとに，あらかじめ選定することができる。この場合において，選任予定裁判員の員数は，裁判所が定めるものとする。

② 前項の規定により選任予定裁判員を選定する場合における第26条第2項，第27条第1項ただし書，第35条第2項及び第36条第2項の規定の適用については，第26条第2項中「前項の決定をした」とあるのは「選任予定裁判員を選定することとした」と，第27条第1項ただし書中「期日から」とあるのは「期日及び第97条第1項の規定により選任予定裁判員を裁判員に選任する決定がされると見込まれる日から」と，第35条第2項中「第37条第1項又は第2項の規定により裁判員又は補充裁判員に選任する」とあるのは「第91条第1項の規定により選任予定裁判員に選定する」と，第36条第2項中「補充裁判員を置く」とあるのは「裁判員の員数を超える員数の選任予定裁判員を選定する」と，「選任すべき補充裁判員の」とあるのは「選定すべき選任予定裁判員の員数のうち裁判員の員数を超える」と，「3人又は4人のときは2人，5人又は6人のときは3人」とあるのは「3人以上の奇数及びそれに続く偶数の員数のときは当該偶数の員数の2分の1の員数」とする。

（選任予定裁判員の選定）
第91条 ① 裁判所は，くじその他の作為が加わらない方法として最高裁判所規則で定める方法に従い，裁判員等選任手続の期日に出頭した裁判員候補者で不選任の決定がされなかったものから，前条第1項の規定により裁判所が定めた員数（当該裁判員候補者の員数がこれに満たないときは，その員数）の選任予定裁判員を裁判員（補充裁判員を置くときは，補充裁判員を含む。）に選任されるべき順序を定めて選定する決定をしなければならない。
② 裁判所は，前項の規定により選任予定裁判員に選定された者以外の不選任の決定がされなかった裁判員候補者については，不選任の決定をするものとする。

（選任予定裁判員が不足する場合の措置）
第92条 ① 裁判所は，前条第1項の規定により選定された選任予定裁判員の員数が選定すべき選任予定裁判員の員数に満たないときは，不足する員数の選任予定裁判員を選定することができる。
② 第26条（第1項を除く。）から第36条（第2項を除く。）まで及び前条の規定は，前項の規定による選任予定裁判員の選定について準用する。この場合において，第26条第2項中「前項の決定をした」とあるのは「不足する員数の選任予定裁判員を選定することとした」と，第27条第1項ただし書中「期

日から」とあるのは「期日及び第97条第1項の規定により選任予定裁判員を裁判員に選任する決定がされると見込まれる日から」と，第35条第2項中「第37条第1項又は第2項の規定により裁判員又は補充裁判員に選任する」とあるのは「第92条第2項において読み替えて準用する第91条第1項の規定により選任予定裁判員に選定する」と，第36条第1項中「4人（第2条第3項の決定があった場合は，3人）」とあるのは「選定すべき選任予定裁判員の員数が1人又は2人のときは1人，3人以上の奇数及びそれに続く偶数の員数のときは当該偶数の員数の2分の1の員数」と，前条第1項中「前条第1項の規定により裁判所が定めた」とあるのは「不足する」と読み替えるものとする。

（請求による選任予定裁判員の選定の取消し）
第93条 ① 検察官，被告人又は弁護人は，裁判所に対し，次の各号のいずれかに該当することを理由として選任予定裁判員の選定の取消しを請求することができる。ただし，第2号に該当することを理由とする請求は，当該選任予定裁判員についてその選定の決定がされた後に知り，又は生じた原因を理由とするものに限る。
  (1) 選任予定裁判員が，第13条に規定する者に該当しないとき，第14条の規定により裁判員となることができない者であるとき，又は第15条第1項各号若しくは第2項各号若しくは第17条各号に掲げる者に該当するとき。
  (2) 選任予定裁判員が，不公平な裁判をするおそれがあるとき。
  (3) 選任予定裁判員が，裁判員候補者であったときに，質問票に虚偽の記載をし，又は裁判員等選任手続における質問に対して正当な理由なく陳述を拒み，若しくは虚偽の陳述をしていたことが明らかとなり，裁判員又は補充裁判員の職務を行わせることが適当でないとき。
② 前項の請求を受けた裁判所は，同項各号のいずれかに該当すると認めるときは，当該選任予定裁判員の選定を取り消す決定をする。
③ 前項の決定又は第1項の請求を却下する決定をするには，最高裁判所規則で定めるところにより，あらかじめ，検察官及び被告人又は弁護人の意見を聴かなければならない。
④ 第2項の規定により選任予定裁判員の選定を取り消す決定をするには，当該選任予定裁判員に陳述の機会を与えなければならない。
⑤ 第1項の請求を却下する決定には，理由を付さなければならない。

（異議の申立て）
第94条 ① 前条第1項の請求を却下する決定に対しては，当該決定に関与した裁判官の所属する地方裁判所に異議の申立てをすることができる。
② 前項の異議の申立てを受けた地方裁判所は，合議体で決定をしなければならない。
③ 第1項の異議の申立てに関しては，即時抗告に関する刑事訴訟法の規定を準用する。

（職権による選任予定裁判員の選定の取消し）
第95条 ① 裁判所は，第93条第1項各号のいずれかに該当すると認めるときは，職権で，選任予定裁判員の選定を取り消す決定をする。
② 第93条第3項及び第4項の規定は，前項の規定による決定について準用する。
③ 裁判所は，次の各号に掲げるいずれかの事由が生じたことにより，選任予定裁判員をその選定に係る区分事件審判又は併合事件審判に係る職務を行う裁判員又は補充裁判員に選任する必要がなくなった場合には，職権で，当該選任予定裁判員の選定を取り消す決定をする。
(1) 第72条第1項の規定により区分審理決定が取り消されたとき。
(2) 第72条第2項の規定により区分審理決定が変更され，区分事件に含まれる被告事件の全部についての審判が他の区分事件審判又は併合事件審判として行われることとなったとき。
(3) 第1号に掲げる場合のほか，その職務を行うべき区分事件に含まれる被告事件の全部又は区分事件以外の被告事件の全部について刑事訴訟法第339条第1項の規定による公訴を棄却する決定がされたとき。
(4) 区分事件について第74条の決定がされたとき。
④ 裁判所は，前項に規定する場合のほか，選任予定裁判員をその選定に係る区分事件審判又は併合事件審判に係る職務を行う裁判員又は補充裁判員に選任する必要がなくなったと認めるときは，当該選任予定裁判員の選定を取り消す決定をすることができる。

（選任予定裁判員の申立てによる選定の取消し）
第96条 ① 選任予定裁判員は，裁判所に対し，第16条第8号に規定する事由（その選定がされた後に知り，又は生じた原因を理由とするものに限る。）

により裁判員又は補充裁判員の職務を行うことが困難であることを理由として選定の取消しの申立てをすることができる。
② 裁判所は，前項の申立てを受けた場合において，その理由があると認めるときは，当該選任予定裁判員の選定を取り消す決定をしなければならない。

（選任予定裁判員の裁判員等への選任）
第97条 ① 裁判所は，第84条の規定により区分事件審判に係る職務を行う裁判員及び補充裁判員の任務が終了したときは，第37条の規定にかかわらず，当該区分事件審判の次の区分事件審判又は併合事件審判に係る職務を行う裁判員又は補充裁判員に選任されるために選定されている選任予定裁判員で，指定する裁判員等選任手続の期日に出頭したものから，その選定において定められた順序に従い，当該職務を行う裁判員（補充裁判員を置くときは，補充裁判員を含む。第5項において同じ。）を選任する決定をするものとする。
② 裁判所は，前項に規定する選任予定裁判員を同項に規定する期日に呼び出さなければならない。
③ 前項の呼出しは，選任予定裁判員に通知して行う。
④ 裁判所は，第1項に規定する区分事件審判又は併合事件審判に係る職務を行う裁判員又は補充裁判員に選任されるために選定されている選任予定裁判員のうち，同項の規定により裁判員又は補充裁判員に選任された者以外の者については，選定を取り消す決定をしなければならない。
⑤ 第1項の規定により選任予定裁判員を裁判員に選任する場合における第27条の2，第29条第1項及び第2項並びに第38条第1項の規定の適用については，第27条の2中「前条第1項本文」とあるのは「第97条第2項」と，「第26条第3項の規定により選定された裁判員候補者」とあるのは「同条第1項に規定する選任予定裁判員」と，「前条第1項の」とあるのは「同条第2項の」と，第29条第1項及び第2項中「裁判員候補者」とあるのは「選任予定裁判員」と，第38条第1項中「前条第1項」とあるのは「第97条第1項」とする。

［解説等］
　区分審理制度においては，区分事件ごとに審判されるので，区分事件の審判に関与する裁判員・補充裁判員は，区分事件ごとに選任され，その任務は，部

分判決を宣告したとき（または公訴棄却決定がされたときなど）に終了する（法84）。

区分事件の審判が終了してから次の区分事件審判または併合事件審判（以下まとめて「後行事件審判」という）のために裁判員等を選任する手続を始めたのでは，次の審理の開始までに数週間以上を要することになってしまう。そのような事態を避け，区分事件が順次円滑に審理されるようにするためには，あらかじめ，後行事件審判ごとに，直近の区分事件審判に関与した裁判員等の任務が終了した後に裁判員または補充裁判員に選任されるべき者（選任予定裁判員）を選定できる制度が設けられている。すなわち，裁判所は，区分審理決定をした場合において，必要があると認めるときは，必要とされる員数の選任予定裁判員を，後行事件審判ごとに，あらかじめ選定することができる（法90）。具体的には，裁判員等選任手続期日に出頭した裁判員候補者で不選任の決定がされなかった者の中から，裁判員に選任されるべき順序を定めて，選任予定裁判員を選定することになる（法91。選定方法につき規61）。そして，区分事件審判に係る職務を行う裁判員・補充裁判員の任務が終了したとき（法84），裁判所は，次の後行事件審判に係る職務を行う裁判員・補充裁判員に選任されるために選定されている選任予定裁判員で，指定した裁判員等選任手続期日に出頭した者から，定められた順序に従って，裁判員・補充裁判員を選任する（法97）。

その他，法は，選任予定裁判員に関し，あらかじめ選定された選任予定裁判員の員数が不足した場合の措置（法92），当事者の請求による選任予定裁判員の選定の取消し（法93），取消請求を却下する決定に対する異議の申立て（法94），職権による選任予定裁判員の選定の取消し（法95），選任予定裁判員の申立てによる選定の取消し（法96）などについて規定している。

なお，選任予定裁判員制度による場合には，後の選定取消し（法96）に備えて多めの選任予定裁判員を選定することが予定されている上，後行事件審判を始めるに当たり，改めて選任予定裁判員の中から裁判員等を選任する手続を行う必要もあること（法97），他方で，後行事件審判の円滑な進行のためには，選

---

1) なお，法97条5項については，平成27年改正法において，裁判員候補者について非常災害時に裁判員等選任手続に呼出しをしないことができることとされた（法27の2）のに合わせて，選任予定裁判員についても，同様の手当をする改正が行われた。

任予定裁判員制度によらずに,先行する区分事件審判の終了前に,後行事件審判のための裁判員等候補者の呼出手続を行っておき,先行の区分事件審判の終了後間をおかずに後行事件審判のための裁判員等を選任し,引き続き後行事件の審理に入るという方法も可能であることから,実務的には,選任予定裁判員制度はほとんど活用されていないようである。[2]

---

2) 田口=岩﨑・前掲15頁,安東・前掲384頁。

第6章
裁判員等の保護のための措置，罰則等

I 裁判員等の保護のための措置

（不利益取扱いの禁止）
第100条 労働者が裁判員の職務を行うために休暇を取得したことその他裁判員，補充裁判員，選任予定裁判員若しくは裁判員候補者であること又はこれらの者であったことを理由として，解雇その他不利益な取扱いをしてはならない。

（裁判員等を特定するに足りる情報の取扱い）
第101条 ① 何人も，裁判員，補充裁判員，選任予定裁判員又は裁判員候補者若しくはその予定者の氏名，住所その他の個人を特定するに足りる情報を公にしてはならない。これらであった者の氏名，住所その他の個人を特定するに足りる情報についても，本人がこれを公にすることに同意している場合を除き，同様とする。
② 前項の規定の適用については，区分事件審判に係る職務を行う裁判員又は補充裁判員の職にあった者で第84条の規定によりその任務が終了したものは，すべての区分事件審判の後に行われる併合事件の全体についての裁判（以下「併合事件裁判」という。）がされるまでの間は，なお裁判員又は補充裁判員であるものとみなす。

（裁判員等に対する接触の規制）
第102条 ① 何人も，被告事件に関し，当該被告事件を取り扱う裁判所に選任され，又は選定された裁判員若しくは補充裁判員又は選任予定裁判員に接触してはならない。

② 何人も，裁判員又は補充裁判員が職務上知り得た秘密を知る目的で，裁判員又は補充裁判員の職にあった者に接触してはならない。
③ 前2項の規定の適用については，区分事件審判に係る職務を行う裁判員又は補充裁判員の職にあった者で第84条の規定によりその任務が終了したものは，併合事件裁判がされるまでの間は，なお裁判員又は補充裁判員であるものとみなす。

[解説]
(1) **不利益取扱いの禁止** 裁判員等の職務は公の職務であるから，労働基準法7条により，労働時間中であっても，その職務を行うために必要な時間は勤務から離れることができる。これに加えて，労働者が裁判員等の職務を行うために休暇を取得したことなどを理由として，解雇その他不利益な取扱いをしてはならないとされている（法100）。

この規定に反する法律行為や業務命令は無効であり，労働者が業務命令に従わない場合でも，就業義務違反とはならず，雇用契約上の債務不履行責任は生じない。裁判員等であること（または裁判員等であったこと）を理由とする解雇は，法100条に違反し，無効である。

(2) **個人情報の保護** 裁判員，補充裁判員，選任予定裁判員のみでなく，裁判員候補者またはその予定者についても，その氏名，住所その他の個人を特定するに足りる情報については，何人もそれを公にしてはならない（法101①前段）。また，これら裁判員等であった者の情報についても，本人が同意している場合を除き，公にしてはならない（同後段）。裁判員等を保護するとともに，裁判の公正を確保するための規定である。

なお，以上の趣旨に沿うよう，裁判確定後の訴訟記録の閲覧に関する刑事確定訴訟記録法4条2項も改正され，「保管記録を閲覧させることが裁判員，補充裁判員，選任予定裁判員又は裁判員候補者の個人を特定させることとなるおそれがあると認められるとき」は保管記録を閲覧させないこととされた（法附則7）。

規則も，裁判員等のプライバシー保護のための諸規定を設けている。まず，裁判員候補者予定者名簿および裁判員候補者名簿は，これらに記載・記録され

た者が自己に関する情報が記載・記録されている部分の開示を求める場合を除いて，開示してはならない（規12③。第3章Ⅱ注(1)参照）。調査票と疎明資料についても，同様である（規15②。第3章Ⅱ注(3)参照）。また，裁判員の選任および解任等に関する書類のうち，裁判員候補者に対する質問とこれに対する陳述が記載されている部分と，裁判員等の個人を特定するに足りる情報が記載されている部分は，謄写することができない（規66①）。裁判員等からの申立てに関する書類も同様である（同②）。さらに，公判調書，証人尋問調書，検証調書については，謄写の対象となるため，裁判員の氏名に代えて記載すべき符号を決めておき，各調書には符号を記載することとされている（規26①(16)・44①・45・46①(1)）。

(3) **接触の規制**　事件が係属している間は，何人も，当該被告事件に関し，その事件の裁判員・補充裁判員・選任予定裁判員に接触してはならない（法102①，区分事件審判に関与した裁判員等につき同③）。また，裁判終了後も，何人も，裁判員・補充裁判員が職務上知り得た秘密を知る目的で，裁判員または補充裁判員の職にあった者に接触してはならない（同②）。「接触」は，面会，文書の送付，電話など，裁判員等が五官で感じるいかなる方法によるものも含まれる。接触の規制により，裁判の公正やこれに対する信頼を確保するとともに，裁判員等の生活の平穏を保護し，その負担を軽減しようとするものである。

なお，被告人が，「裁判員，補充裁判員若しくは選任予定裁判員に，面会，文書の送付その他の方法により接触すると疑うに足りる相当な理由」があることは，接見交通の制限事由と権利保釈の除外事由に当たり（法64条1項による刑訴法81条，89条5号の適用の特例），また，「裁判員，補充裁判員若しくは選任予定裁判員に，面会，文書の送付その他の方法により接触したとき」は，保釈等の取消事由に当たる（法64条1項による刑訴法96条1項4号の適用の特例）。

[経緯]

(1) **不利益取扱いの禁止**　検討会では，たたき台として，本法と同様の内容の案が示されたが，異論はなく，むしろ，裁判員として参加しやすくなる各種の方策をより積極的に検討すべきであるなどの指摘があった（18回・25回・31回議事録参照）。

(2) **個人情報の保護**　検討会では，たたき台として，要旨，「訴訟に関する書類であって裁判員等の氏名以外の個人情報が記載されたものは，公開しない。

何人も、裁判員等を特定するに足る事実を公にしてはならない。」という案が示され、個人情報を保護すべきことに異論はなかった。保護の範囲について、職業、性別、年齢など個々の裁判員の特定にわたらない情報は公にすべきであるという意見や、学術研究等のために公にすることは認めるべきであるという意見などもあったが、個人情報の保護を優先すべきであるという意見が多かった（18回・25回議事録、座長ペーパー説明参照）。

(3) **接触の規制**　法102条1項については、たたき台として、それと同内容の案が示されたが、異論はなかった（18回・25回議事録参照）。同条2項については、目的が「知り得た事件の内容を公にする目的で」とされた案が示され、裁判員等に対する事後の接触規制に反対する意見もあったが、賛成する意見が多数であった。もっとも、賛成意見の中に、接触規制の目的をより限定し、裁判員等に必要以上の負担を負わせないようにすべきであるとの指摘もあったため、裁判員等の守秘義務の範囲と平仄の合った「職務上知り得た秘密を知る目的で」というものに改められた（25回・29回議事録、座長ペーパー説明参照）。

なお、法64条1項のうち刑訴法96条1項4号の適用の特例に関する部分は、法案では「接触すると疑うに足りる相当な理由」となっていたが、衆議院の修正により、「接触したとき」に改められた。

［課題］

(1) **裁判員の出頭を容易にするための措置**　本制度は、多くの国民が裁判員として裁判所に足を運ぶことがなければ成り立たない制度であるから、裁判員等が休暇を取るなどして参加しやすくするためのより実効的な措置を検討する必要があり、施行後も、環境整備を進める必要がある（後記Ⅲ3環境整備参照）。

労働者が裁判員等となる場合、公務員であれば特別休暇を取得することが可能であり、民間企業においても、特別休暇制度を導入した企業が多くなってきている。

(2) **裁判の公正を妨げる行為の禁止**　検討会では、たたき台として、「(ア)何人も、裁判員、補充裁判員又は裁判員候補者に事件に関する偏見を生ぜしめる行為その他の裁判の公正を妨げるおそれのある行為を行ってはならない。(イ)報道機関は、(ア)の義務を踏まえ、事件に関する報道を行うに当たっては、裁判員、補充裁判員又は裁判員候補者に事件に関する偏見を生ぜしめないように配慮し

なければならないものとする。」との案が示されたところ，たたき台のような定めを置くのが相当であるという意見，報道機関の自主規制に委ねるのが相当であるという意見，報道機関による自主規制の策定状況を見た上で規定を設けるかどうかを決めるべきであるという意見などに分かれた（18回・25回議事録参照）。その後，報道機関による自主ルールの策定が進められたため，座長ペーパーでは(イ)についてはさらに検討するものとされ（同ペーパーの説明参照），法案化は見送られた。この点は，報道の自由と公平な裁判を受ける権利の調整が必要な分野であるが，その後，平成20年初めに新聞協会と民間放送連盟が取材・報道に関する指針をまとめ，その加盟各社がそれに従った指針を策定するなど，自主ルールの策定が進められたものの，その実効性を巡っては種々の議論があり，今後の運用を見守る必要がある[1]。

II 罰　則

> **（裁判員等に対する請託罪等）**
> **第106条**　①　法令の定める手続により行う場合を除き，裁判員又は補充裁判員に対し，その職務に関し，請託をした者は，2年以下の懲役又は20万円以下の罰金に処する。
> ②　法令の定める手続により行う場合を除き，被告事件の審判に影響を及ぼす目的で，裁判員又は補充裁判員に対し，事実の認定，刑の量定その他の裁判員として行う判断について意見を述べ又はこれについての情報を提供した者も，前項と同様とする。
> ③　選任予定裁判員に対し，裁判員又は補充裁判員として行うべき職務に関し，請託をした者も，第1項と同様とする。
> ④　被告事件の審判に影響を及ぼす目的で，選任予定裁判員に対し，事実の認

---

1)　椎橋隆幸「裁判員制度と報道の在り方」ジュリ1268号115頁は，報道機関全体の統一した実効性のある自主的ルールの策定が求められており，新聞・雑誌等の協会に加わっていないメディアの違反行為にいかに対処するかも，裁判員制度の運用が狙いどおり実現するために真剣に検討されるべきであるとする。なお見直し検討会においては，自主ルールが有効に機能しているとの意見が出されたほかは，この点に関する議論はなされなかったようである（取りまとめ報告書添付資料5参照）。

定その他の裁判員として行うべき判断について意見を述べ又はこれについての情報を提供した者も，第1項と同様とする。

（裁判員等に対する威迫罪）
第107条　①　被告事件に関し，当該被告事件の審判に係る職務を行う裁判員若しくは補充裁判員若しくはこれらの職にあった者又はその親族に対し，面会，文書の送付，電話をかけることその他のいかなる方法をもってするかを問わず，威迫の行為をした者は，2年以下の懲役又は20万円以下の罰金に処する。
②　被告事件に関し，当該被告事件の審判に係る職務を行う裁判員若しくは補充裁判員の選任のために選定された裁判員候補者若しくは当該裁判員若しくは補充裁判員の職務を行うべき選任予定裁判員又はその親族に対し，面会，文書の送付，電話をかけることその他のいかなる方法をもってするかを問わず，威迫の行為をした者も，前項と同様とする。

（裁判員等による秘密漏示罪）
第108条　①　裁判員又は補充裁判員が，評議の秘密その他の職務上知り得た秘密を漏らしたときは，6月以下の懲役又は50万円以下の罰金に処する。
②　裁判員又は補充裁判員の職にあった者が次の各号のいずれかに該当するときも，前項と同様とする。
　(1)　職務上知り得た秘密（評議の秘密を除く。）を漏らしたとき。
　(2)　評議の秘密のうち構成裁判官及び裁判員が行う評議又は構成裁判官のみが行う評議であって裁判員の傍聴が許されたもののそれぞれの裁判官若しくは裁判員の意見又はその多少の数を漏らしたとき。
　(3)　財産上の利益その他の利益を得る目的で，評議の秘密（前号に規定するものを除く。）を漏らしたとき。
③　前項第3号の場合を除き，裁判員又は補充裁判員の職にあった者が，評議の秘密（同項第2号に規定するものを除く。）を漏らしたときは，50万円以下の罰金に処する。
④　前3項の規定の適用については，区分事件審判に係る職務を行う裁判員又は補充裁判員の職にあった者で第84条の規定によりその任務が終了したものは，併合事件裁判がされるまでの間は，なお裁判員又は補充裁判員であるものとみなす。

⑤ 裁判員又は補充裁判員が，構成裁判官又は現にその被告事件の審判に係る職務を行う他の裁判員若しくは補充裁判員以外の者に対し，当該被告事件において認定すべきであると考える事実若しくは量定すべきであると考える刑を述べたとき，又は当該被告事件において裁判所により認定されると考える事実若しくは量定されると考える刑を述べたときも，第1項と同様とする。

⑥ 裁判員又は補充裁判員の職にあった者が，その職務に係る被告事件の審判における判決（少年法第55条の決定を含む。以下この項において同じ。）に関与した構成裁判官であった者又は他の裁判員若しくは補充裁判員の職にあった者以外の者に対し，当該判決において示された事実の認定又は刑の量定の当否を述べたときも，第1項と同様とする。

⑦ 区分事件審判に係る職務を行う裁判員又は補充裁判員の職にあった者で第84条の規定によりその任務が終了したものが，併合事件裁判がされるまでの間に，当該区分事件審判における部分判決に関与した構成裁判官であった者又は他の裁判員若しくは補充裁判員の職にあった者以外の者に対し，併合事件審判において認定すべきであると考える事実（当該区分事件以外の被告事件に係るものを除く。）若しくは量定すべきであると考える刑を述べたとき，又は併合事件審判において裁判所により認定されると考える事実（当該区分事件以外の被告事件に係るものを除く。）若しくは量定されると考える刑を述べたときも，第1項と同様とする。

（裁判員の氏名等漏示罪）
第109条 検察官若しくは弁護人若しくはこれらの職にあった者又は被告人若しくは被告人であった者が，正当な理由がなく，被告事件の裁判員候補者の氏名，裁判員候補者が第30条（第38条第2項（第46条第2項において準用する場合を含む。），第47条第2項及び第92条第2項において準用する場合を含む。次条において同じ。）に規定する質問票に記載した内容又は裁判員等選任手続における裁判員候補者の陳述の内容を漏らしたときは，1年以下の懲役又は50万円以下の罰金に処する。

（裁判員候補者による虚偽記載罪等）
第110条 裁判員候補者が，第30条に規定する質問票に虚偽の記載をして裁判所に提出し，又は裁判員等選任手続における質問に対して虚偽の陳述をしたときは，50万円以下の罰金に処する。

（裁判員候補者の虚偽記載等に対する過料）

第111条 裁判員候補者が，第30条第3項又は第34条第3項（これらの規定を第38条第2項（第46条第2項において準用する場合を含む。），第47条第2項及び第92条第2項において準用する場合を含む。）の規定に違反して，質問票に虚偽の記載をし，又は裁判員等選任手続における質問に対して正当な理由なく陳述を拒み，若しくは虚偽の陳述をしたときは，裁判所は，決定で，30万円以下の過料に処する。

（裁判員候補者の不出頭等に対する過料）

第112条 次の各号のいずれかに当たる場合には，裁判所は，決定で，10万円以下の過料に処する。

(1) 呼出しを受けた裁判員候補者が，第29条第1項（第38条第2項（第46条第2項において準用する場合を含む。），第47条第2項及び第92条第2項において準用する場合を含む。）の規定に違反して，正当な理由がなく出頭しないとき。

(2) 呼出しを受けた選任予定裁判員が，第97条第5項の規定により読み替えて適用する第29条第1項の規定に違反して，正当な理由がなく出頭しないとき。

(3) 裁判員又は補充裁判員が，正当な理由がなく第39条第2項の宣誓を拒んだとき。

(4) 裁判員又は補充裁判員が，第52条の規定に違反して，正当な理由がなく，公判期日又は公判準備において裁判所がする証人その他の者の尋問若しくは検証の日時及び場所に出頭しないとき。

(5) 裁判員が，第63条第1項（第78条第5項において準用する場合を含む。）の規定に違反して，正当な理由がなく，公判期日に出頭しないとき。

（即時抗告）

第113条 前2条の決定に対しては，即時抗告をすることができる。

［解説］

(1) **裁判員等に対する請託罪等**　法令の定める手続による場合を除いて，裁判員・補充裁判員に対し，その職務に関し請託をした者は，2年以下の懲役ま

たは20万円以下の罰金に処せられる（法106①。なお選任予定裁判員に対する場合につき同③）。「職務に関し」とは，本来の職務行為のみでなく，それに密接に関連する行為に関する場合も含まれるであろう。「請託」とは，一定の依頼をすることをいうが，それが不正な内容であると正当な内容であるとを問わない。

また，被告事件の審判に影響を及ぼす目的で，事実認定，量刑その他の裁判員として行う判断について意見を述べまたは情報を提供した者も，処罰される（同②④）。その例としては，次のようなものが指摘された（たたき台の説明参照）。まず，裁判員として行う判断について意見を述べる例としては，「被告人は無罪だと思う」「被告人は死刑にすべきだ」などと判断結果に関して直接的な意見を述べるものや，「被害者の証言は信用できない」などと証拠の評価に関して意見を述べるものなどがある。また，情報を提供する例としては，「本件には警察も知らない目撃者がいる」「被告人は反省して毎日読経している」などと，発言者の評価・意見に至らない事柄を伝達する場合が考えられる。

なお，裁判員・補充裁判員は刑法の「公務員」（刑7①）に該当するので，その職務に関する賄賂の収受等については，賄賂罪が成立する。

(2) **裁判員等に対する威迫罪**　被告事件に関し，裁判員・補充裁判員，これらの職にあった者，裁判員候補者もしくは選任予定裁判員またはその親族に対し，威迫の行為をした者は，2年以下の懲役または20万円以下の罰金に処せられる（法107）。また，同様の行為が組織的犯罪に関して行われた場合は，3年以下の懲役または20万円以下の罰金に処せられる（法附則8条による組織犯罪処罰法7条1項の改正）。

「威迫」とは，言語・動作・態度など（いかなる方法であるかを問わない）で気勢を示し，相手に不安や困惑を生じさせるような行為をいう[1]。

(3) **裁判員等による秘密漏示罪**　現職の裁判員・補充裁判員が，評議の秘密その他の職務上知り得た秘密を漏らしたときは，6月以下の懲役または50万円以下の罰金に処せられる（法108①）。これに対し，元裁判員・補充裁判員の場合，

---

1) 脱稿後の平成28年6月，福岡地裁小倉支部で審理された殺人未遂事件に関し，被告人の知人である元暴力団員らが，裁判所付近の路上で複数の裁判員に対し，「顔は覚えとるけんね」「よろしくね」などと声を掛けて請託し威迫した容疑で逮捕された旨報道された。同年7月に起訴されたが，裁判員法の罰則が適用される初めての事案と見られている。

(a)評議の秘密以外の職務上の秘密，あるいは(b)評議の秘密のうち裁判官もしくは裁判員の意見またはその多少の数を漏らしたときは，同様に処罰されるが，(c)評議の秘密のうち(b)を除くものについては，財産上の利益その他の利益を得る目的で漏らしたときにのみ同様に処罰され，その目的でなければ50万円以下の罰金に処せられる（同②③）。

　裁判員等に対して守秘義務を課す理由としては，他人のプライバシーを保護し，裁判の公正とこれに対する国民の信頼を確保し，評議における自由な意見表明を保障するためであるが，裁判の終了後に利得目的なしで評議の経過等を漏らす行為は，その他の場合に比して当罰性が低いとの考えにより，罰金刑のみとされたものである[2]（第3章Ⅲ1解説(2)参照）。なお，区分事件の審判に関与した裁判員等については，その任務が終了（法84）しても，併合事件の裁判がされるまでの間は，裁判員等とみなされる（法108④）。

　また，裁判員・補充裁判員が，裁判体の外部の者に対し，当該被告事件において認定すべきであると考える事実や量定すべきであると考える刑などを述べたときと，元裁判員・補充裁判員が，裁判体の外部の者に対し，当該事件で示された事実の認定または刑の量定の当否を述べたときは，6月以下の懲役または50万円以下の罰金に処せられる（同⑤⑥）。区分事件の審判に関与した裁判員・補充裁判員が，任務終了後，併合事件の裁判がされるまでの間に同様の行為をした場合も，同様に処罰される（同⑦）。

　(4)　**裁判員の氏名等漏示罪**　　検察官，弁護人もしくは被告人またはこれらにあった者が，正当な理由がなく，裁判員候補者の氏名，裁判員候補者が質問票に記載した内容または選任手続における裁判員候補者の陳述の内容を漏らしたときは，1年以下の懲役または50万円以下の罰金に処せられる（法109）。

　(5)　**裁判員候補者による虚偽記載罪等**　　裁判員候補者が，質問票に虚偽の記載をして提出し，または選任手続における質問に対して虚偽の陳述をしたときは，50万円以下の罰金に処せられる（法110）。以上の場合のほか，裁判員候補者が選任手続における質問に対して正当な理由なく陳述を拒んだ場合には，30

　2）　裁判員等に守秘義務を課す理由につき，第3章Ⅲ1注(2)のほか，第159回国会参議院法務委員会会議録17号（その1）3頁の推進本部事務局長答弁参照。また，秘密漏示の罰則につき，座談会「裁判員制度をめぐって」ジュリ1268号23〜25頁参照。

万円以下の過料に処せられる（法111）。過料の決定に対しては即時抗告をすることができる（法113）。

　(6)　**裁判員等の不出頭等**　呼出しを受けた裁判員候補者，裁判員・補充裁判員，選任予定裁判員が，正当な理由なく選任手続や公判期日等に出頭しないときや，裁判員・補充裁判員が正当な理由なく宣誓を拒んだときは，10万円以下の過料に処せられる（法112）。過料の決定に対しては即時抗告をすることができる（法113）。なお，裁判員・補充裁判員の出頭義務・宣誓義務違反は，解任事由となる（法41①[3)]）。

[経緯]

　(1)　**裁判員等に対する請託罪等**　検討会では，本法と同内容のたたき台が示されたが，異論はなかった（18回・25回議事録参照）。

　(2)　**裁判員等に対する威迫罪**　検討会では，刑を懲役刑としたほかは本法と同内容のたたき台が示され，選択刑として罰金刑を設けるべきか否かについて意見が分かれたが，威迫行為を処罰することによって裁判員等を保護すべきであるという点に異論はなかった（18回議事録参照）。

　(3)　**裁判員等による秘密漏示罪**　検討会においては，評議の秘密の保護に関しては反対意見もあったが（守秘義務に関し，第3章Ⅲ1経緯参照），秘密漏示罪を設けること自体に異論はなかった。法案も，「裁判員若しくは補充裁判員又はこれらの職にあった者が，評議の秘密その他の職務上知り得た秘密を漏らしたときは，1年以下の懲役又は50万円以下の罰金に処する。」というものであったが，衆議院において修正され，本法のとおり，懲役刑が6月以下となったほか，裁判員または補充裁判員の職にあった者について，評議の秘密に関し，一部の悪質な場合を除き罰金刑のみとされた。

　法108条5項・6項については，たたき台として，裁判員等が裁判体の外部の者にその担当事件の事実の認定，刑の量定等に関する意見を述べる行為は罰せられる旨の，ほぼ同内容の案が示された。これに対しては，裁判員等であった者まで罰則の対象とするのは相当でないなどとする意見もあったが（18回・

---

　3)　「裁判員裁判の実施状況等に関する資料」裁判所ウェブサイトによれば，平成26年末までに，裁判員候補者および裁判員等に対する制裁を行ったとして報告された事件はない。

25回議事録参照)，判決を言い渡した裁判体の構成員であった者が，後になって，あれは間違っていたとかこうすべきであったなどの意見を表明することは，裁判の信頼性を著しく害するばかりか，評議の秘密の保持にも影響しかねないことから，たたき台に賛成する意見が大勢を占めた(29回議事録，座長ペーパー説明参照)。それを踏まえて法案が提出されたが，衆議院において，法定刑の懲役刑が1年以下から6月以下と修正された。

見直し検討会においては，評議の秘密のうち「裁判官または裁判員の意見」につき当該意見を述べた者の特定に結び付く形で漏らす行為等に限り罰則の対象とするなど，罰則の対象となる行為の見直しをすべきであるとの意見も述べられたが，守秘義務の罰則の対象範囲を変更すべきではないとの消極意見が多く示された(取りまとめ報告書26頁参照)[4]。

(4) **裁判員の氏名等漏示罪**　検討会においては，裁判員候補者に関する情報の開示につき，訴訟当事者は質問票を全部閲覧できるが正当な理由なく質問票に対する回答内容を漏らした場合には処罰されるとの案を支持する意見が多かった(第3章Ⅱ4経緯参照)。それを踏まえ，座長ペーパーの段階で，質問票に対する回答内容のほかに名簿の記載内容も対象に加えられた(座長ペーパー説明参照)。

(5) **裁判員候補者による虚偽記載罪等と裁判員等の不出頭等**　検討会では，本法と同内容のたたき台が示されたが，異論はなかった(18回議事録参照)。

Ⅲ　その他

1　施行期日

本法は，公布の日(平成16年5月28日)から起算して5年を超えない範囲内に

---

[4] 裁判員等の守秘義務について，検証報告書は，裁判員経験者の意見交換会の結果を見ると，守秘義務の必要性は多くの経験者に理解されており，負担を感じている経験者は少ないものの，より一層の配慮(守秘義務の趣旨や範囲について具体的に分かりやすい説明をするとともに，説明の時期についても種々の配慮をするなど)が求められる旨指摘している(検証報告書36頁参照)。なお，第3章Ⅲ1注(3)参照。

おいて政令で定める日から施行されることとされ（附則1条），平成20年政令第141・142号により，平成21年5月21日（裁判員候補者名簿の調製等に関する部分については平成20年7月15日）に施行された。

2 施行前の措置

附則2条1項では，政府および最高裁判所は，司法への参加についての国民の自覚と協力の下で初めて本制度が司法制度の基盤としての役割を十全に果たすことができるものであることにかんがみ，この法律の施行までの期間において，国民が裁判員として裁判に参加することの意義，裁判員の選任の手続，事件の審理および評議における裁判員の職務等を具体的に分かりやすく説明するなど，本制度についての国民の理解と関心を深めるとともに，国民の自覚に基づく主体的な刑事裁判への参加が行われるようにするための措置を講じなければならないとされた。国民の理解と協力がなければ本制度は画餅に帰するため，制度施行前から，法曹三者による模擬裁判や意見交換会に加えて，各種の広報・啓発活動が繰り広げられた。

なお，制度施行後は，裁判員裁判の都度，裁判員経験者の記者会見を含む多くの報道がされたほか，最高裁判所が裁判員経験者のアンケート結果を含む実施状況等に関する資料を毎年公表し，全国の地方裁判所では裁判員経験者の意見交換会を行うなど，国民の理解を進める諸施策を行っている。また，裁判員の職務の実際を伝えることを念頭に置いた広報活動も行われている（第3章Ⅰ5注(18)参照）。

3 環境整備

国は，本制度を円滑に運用するためには，国民がより容易に裁判員として裁判に参加することができるようにすることが不可欠であることにかんがみ，そのために必要な環境の整備に努めなければならない（附則3条）。

施行前に行われた主なものとしては，有職者に対し，多くの企業において特別休暇制度が導入されたこと，児童等を養育している者に対し，地方公共団体において一時保育サービスの提供（広域入所，保育時間の延長，事前面接の簡素化，無料化等）が可能となったこと，親族等を介護している者に対しても，地方公

共団体において介護サービスの提供（通所介護やショートステイ等）が可能となったことなどがある。制度施行後も，託児所のサービス等の環境整備が進められたほか，裁判員の精神的負担の軽減のため，最高裁判所がメンタルヘルスの専門知識を有する民間業者によるメンタルヘルスサポート窓口を開設し，裁判員・補充裁判員やその経験者がカウンセリングを受けられる体制を設けるなどの措置が採られている。このように，国民が裁判員等として裁判に参加しやすくなるような環境整備が行われているが，引き続き，社会の実情に応じた幅広い環境整備が求められる。

4　見直し条項等

　最高裁判所は，毎年，対象事件の取扱状況，裁判員および補充裁判員の選任状況その他この法律の実施状況に関する資料を公表するものとする（法103条）[1]。
　政府は，この法律の施行後3年を経過した場合において，施行の状況について検討を加え，必要があると認めるときは，その結果に基づいて，所要の措置を講ずるものとするとされ（附則9条），法務省に検討会が設置されて検討され，平成27年の法改正に至った。この改正法にも，同様の規程が設けられている[2]（改正法附則3項）。

---

1) 最高裁判所事務総局は，法103条に基づき，裁判員制度に対する国民の理解と関心を深めるとともに同制度の運用の改善などのための検討に資するため，毎年，裁判員裁判対象事件の取扱状況，裁判員および補充裁判員の選任状況その他裁判員法の実施状況を「裁判員裁判の実施状況等に関する資料」にまとめて公表している（裁判所ウェブサイト）。
2) 前掲検証報告書は，最高裁判所事務総局が，附則9条の趣旨を考慮し，裁判員裁判の運営に当たってきた裁判所の立場から，その実施状況を実証的に検証するために作成・公表したものである。

●資料編

資料1 司法制度改革審議会意見書——21世紀の日本を支える司法制度…*232*
資料2 考えられる裁判員制度の概要について…*239*
資料3 「考えられる裁判員制度の概要について」の説明…*250*
資料4 最大判平成23年11月16日（刑集65巻8号1285頁）…*269*

資料1　司法制度改革審議会意見書（抄）
　　　　——21世紀の日本を支える司法制度——

　　　　　　　　　　　　　　　　　　　　　　　　　平成13年6月12日
　　　　　　　　　　　　　　　　　　　　　　　　　司法制度改革審議会

は じ め に

　司法制度改革審議会は、「21世紀の我が国社会において司法が果たすべき役割を明らかにし、国民がより利用しやすい司法制度の実現、国民の司法制度への関与、法曹の在り方とその機能の充実強化その他の司法制度の改革と基盤の整備に関し必要な基本的施策について調査審議する」（司法制度改革審議会設置法〈平成11年法律第68号〉第2条第1項）ことを目的として、平成11年7月、内閣の下に設置された。

　当審議会は、発足以来、延べ60回を超える会議を開催してきたが、今後、ますます複雑・多様化する我が国社会においては司法機能の充実が不可欠となることを深く認識するとともに、国民に身近で利用しやすく、その期待と信頼に応えうる司法制度を実現すべきとの視点を常に念頭に置きながら、改革の諸方策について調査審議を進めた。

　調査審議においては、初めに当審議会の問題意識や議論すべき項目を整理し、「司法制度改革に向けて—論点整理—」として取りまとめ（平成11年12月）、その後はこれに掲げた論点ごとに調査審議を進めた。その順序については、司法の機能の充実・強化のためには、質・量ともに豊かな法曹を得ていくことが不可欠であるとの認識に立ち、法曹の圧倒的多数を占める弁護士を含め司法の人的体制の充実の必要性や法曹養成制度の在り方等の人的基盤に関する問題をまず検討し、それについて一定の方向性を得た上で、制度的基盤に係る諸課題について順次議論を行った。そして、平成12年11月には、それまでの審議結果を整理し、各課題ごとに検討の基本的方向性についての考え方を取りまとめ、「中間報告」として公表するとともに、内閣にこれを提出した。「中間報告」に対しては、各界各層から様々な意見が多数寄せられ、当審議会は、それらをも踏まえた上で、各課題について更に深く掘り下げて議論を重ねた。

　また、会議と並行して、郵送や電子メールによる意見や要望を受け付けるとともに、全国4箇所（東京、大阪、福岡、札幌）で公聴会を開催するなど、常に司法制度の利用者である国民の声を審議に反映させるよう意を用いてきた。特に、民事訴訟の利用者を対象として実施した大規模な面接調査は、我が国では初めての試みであり、訴訟制度に

対する利用者の評価を実証的に把握することができた。さらに、司法制度の現状を的確に把握するため、各地方の司法機関等の実情を視察し、現場の意見を聴いたほか、諸外国の司法制度についての理解を深めるため、現地（米、英、独、仏）に赴き、各国の実情を視察するとともに司法関係者との意見交換を行った。

　以上のような調査審議を経て、司法制度改革に関する結論を得るに至り、ここに司法制度改革審議会設置法第2条第2項に基づき、当審議会の「意見」を内閣に提出するものである。当審議会としては、本意見において、未来への可能性に満ちた我が国社会を支える基盤となる司法制度の姿を、明確に描き出すことができたものと自負している。本意見は、内閣に対する意見であると同時に、国民各位に対して当審議会が発するメッセージでもある。国民各位の幅広い理解と支持が得られ、当審議会が本意見で提言する諸改革が力強く推進され、目指すべき理想の司法制度が早期に実現されることを切望する次第である。

　Ⅰ～Ⅲ　〔略〕

Ⅳ　国民的基盤の確立

　21世紀の我が国社会において、国民は、これまでの統治客体意識に伴う国家への過度の依存体質から脱却し、自らのうちに公共意識を醸成し、公共的事柄に対する能動的姿勢を強めていくことが求められている。国民主権に基づく統治構造の一翼を担う司法の分野においても、国民が、自律性と責任感を持ちつつ、広くその運用全般について、多様な形で参加することが期待される。国民が法曹とともに司法の運営に広く関与するようになれば、司法と国民との接地面が太く広くなり、司法に対する国民の理解が進み、司法ないし裁判の過程が国民に分かりやすくなる。その結果、司法の国民的基盤はより強固なものとして確立されることになる。
　国民が司法に参加する場面において、法律専門家である法曹と参加する国民は、相互の信頼関係の下で、十分かつ適切なコミュニケーションをとりながら協働していくことが求められる。司法制度を支える法曹の在り方を見直し、国民の期待・信頼に応えうる法曹を育て、確保していくことが必要である。国民の側も積極的に法曹との豊かなコミュニケーションの場を形成・維持するように努め、国民のための司法を国民自らが実現し支えていくことが求められる。
　そもそも、司法がその機能を十全に果たすためには、国民からの幅広い支持と理解を得て、その国民的基盤が確立されることが不可欠であり、国民の司法参加の拡充による国民的基盤の確立は、今般の司法制度改革の三本柱の一つとして位置付けることができ

る。
　また、司法参加の場面で求められる上記のような法曹と国民との十分かつ適切なコミュニケーションを実現するためには、司法を一般の国民に分かりやすくすること、司法教育を充実させること、さらに、司法に関する情報公開を推進し、司法の国民に対する透明性を向上させることなどの条件整備が必要である。

第1　国民的基盤の確立（国民の司法参加）

　我が国において、昭和3年から同18年までの間、刑事訴訟事件の一部について陪審制度（ただし、陪審の答申は裁判所を拘束しない。）が実施されていた。現行の司法参加に関する制度を見ると、調停委員、司法委員、検察審査会等の制度があり、これまで相当の機能を果たしてきたものの、司法全体としては、国民がその運営に対し参加しうる場面はかなり限定的である上、参加の場面で国民に与えられている権限もまた限定的であると言える（なお、裁判所法第3条第3項参照）。司法への国民の主体的参加を得て、司法の国民的基盤をより強固なものとして確立するため、以下のとおり、これら現行の参加制度の改革を含め、裁判手続、裁判官の選任過程並びに裁判所、検察庁及び弁護士会の運営など様々な場面における適切な参加の仕組みを整備する必要がある。

1．刑事訴訟手続への新たな参加制度の導入

> 　刑事訴訟手続において、広く一般の国民が、裁判官とともに責任を分担しつつ協働し、裁判内容の決定に主体的、実質的に関与することができる新たな制度を導入すべきである。

　訴訟手続は司法の中核をなすものであり、訴訟手続への一般の国民の参加は、司法の国民的基盤を確立するための方策として、とりわけ重要な意義を有する。
　すなわち、一般の国民が、裁判の過程に参加し、裁判内容に国民の健全な社会常識がより反映されるようになることによって、国民の司法に対する理解・支持が深まり、司法はより強固な国民的基盤を得ることができるようになる。このような見地から、差し当たり刑事訴訟手続について、下記(1)ないし(4)を基本的な方向性とし、広く一般の国民が、裁判官とともに責任を分担しつつ協働し、裁判内容の決定に主体的、実質的に関与することができる新たな制度を導入すべきである（参加する国民を仮に「裁判員」と称する。）。
　具体的な制度設計においては、憲法（第六章司法に関する規定、裁判を受ける権利、公平な裁判所の迅速な公開裁判を受ける権利、適正手続の保障など）の趣旨を十分に踏まえ、これに適合したものとしなければならないことは言うまでもない。
　また、この制度が所期の機能を発揮していくためには、国民の積極的な支持と協力が

不可欠となるので、制度設計の段階から、国民に対し十分情報を提供し、その意見に十分耳を傾ける必要がある。実施段階でも、制度の意義・趣旨の周知徹底、司法教育の充実など制度を円滑に導入するための環境整備を行わなければならない。実施後においても、当初の制度を固定的にとらえることなく、その運用状況を不断に検証し、国民的基盤の確立の重要性を踏まえ、幅広い観点から、必要に応じ、柔軟に制度の見直しを行っていくべきである。

なお、刑事訴訟手続以外の裁判手続への導入については、刑事訴訟手続への新制度の導入、運用の状況を見ながら、将来的な課題として検討すべきである。

(1) **基本的構造**

> - 裁判官と裁判員は、共に評議し、有罪・無罪の決定及び刑の量定を行うこととすべきである。裁判員は、評議において、裁判官と基本的に対等の権限を有し、審理の過程においては、証人等に対する質問権など適当な権限を有することとすべきである。
> - 一つの裁判体を構成する裁判官と裁判員の数及び評決の方法については、裁判員の主体的・実質的関与を確保するという要請、評議の実効性を確保するという要請等を踏まえ、この制度の対象となる事件の重大性の程度や国民にとっての意義・負担等をも考慮の上、適切な在り方を定めるべきである。
> - ただし、少なくとも裁判官又は裁判員のみによる多数で被告人に不利な決定をすることはできないようにすべきである。

ア 裁判官と裁判員との役割分担の在り方

裁判員が関与する意義は、裁判官と裁判員が責任を分担しつつ、法律専門家である裁判官と非法律家である裁判員とが相互のコミュニケーションを通じてそれぞれの知識・経験を共有し、その成果を裁判内容に反映させるという点にある。このような意義は、犯罪事実の認定ないし有罪・無罪の判定の場面にとどまらず、それと同様に国民の関心が高い刑の量定の場面にも妥当するので、いずれにも、裁判員が関与し、健全な社会常識を反映させることとすべきである。また、裁判官と裁判員との相互コミュニケーションによる知識・経験の共有というプロセスに意義があるのであるから、裁判官と裁判員は、共に評議し、有罪・無罪の決定及び刑の量定を行うこととすべきである（ただし、法律問題、訴訟手続上の問題等専門性・技術性が高いと思われる事項に裁判員が関与するか否かについては、更なる検討が必要である。）。

裁判員が裁判官とともに責任を分担しつつ裁判内容の決定に主体的・実質的に関与することを確保するため、裁判員は、評議においても、裁判官と基本的に対等の権限を有するものとするほか、審理の過程において、証人等に対する質問権など適当な権限を与

えられるべきである。

イ　裁判体の構成・評決の方法

　一つの裁判体を構成する裁判官と裁判員の数及び評決の方法については、相互に関連するので、併せて検討する必要があるが、裁判員の主体的・実質的関与を確保するという要請、評議の実効性を確保するという要請等を踏まえ、この制度の対象となる事件の重大性の程度や国民にとっての意義・負担等をも考慮の上、適切な在り方を定めるべきである。

　すなわち、裁判員の主体的・実質的関与を確保するという要請からは、裁判員の意見が評決結果に影響を与えうるようにする必要がある。この関係で、裁判員の数も一つの重要な要素ではあるが、公判審理の進め方や評決方法などとも関連するので、これらと合わせて、裁判員の主体的・実質的関与の確保を図るべきである。

　評議の実効性を確保するという要請からは、裁判体の規模を、実質的内容を伴った結論を導き出すために、裁判官及び裁判員の全員が十分な議論を尽くすことができる程度の員数とする必要がある。その数がどれ程であるかについては、評議の進め方や評決方法とも関連するので、これらの点をも合わせて検討すべきである。

　ただし、裁判官と裁判員とが責任を分担しつつ協働して裁判内容を決定するという制度の趣旨、裁判員の主体的・実質的関与を確保するという要請を考慮すると、少なくとも、裁判官又は裁判員のみによる多数で被告人に不利な決定（有罪の判定など）をすることはできないようにすべきである。

(2)　裁判員の選任方法・裁判員の義務等

> ・裁判員の選任については、選挙人名簿から無作為抽出した者を母体とし、更に公平な裁判所による公正な裁判を確保できるような適切な仕組みを設けるべきである。裁判員は、具体的事件ごとに選任され、一つの事件を判決に至るまで担当することとすべきである。
> ・裁判所から召喚を受けた裁判員候補者は、出頭義務を負うこととすべきである。

ア　裁判員の選任方法

　新たな参加制度においては、原則として国民すべてが等しく、司法に参加する機会を与えられ、かつその責任を負うべきであるから、裁判員の選任については、広く国民一般の間から公平に選任が行われるよう、選挙人名簿から無作為抽出した者を母体とすべきである。その上で、裁判員として事件を担当するにふさわしい者を選任するため、公平な裁判所による公正な裁判を確保できるような適切な仕組み（欠格・除斥事由や忌避制度等）を設けるべきである。できるだけ多くの国民が参加する機会を与えられ、裁判員となる者の負担を過当なものにしないため、裁判員は、具体的事件ごとに選任され、

一つの事件を判決に至るまで担当した上、それをもって解任されるものとすべきである。

イ 裁判員の義務等

裁判員選任の実効性を確保するためには、裁判所から召喚を受けた裁判員候補者は出頭義務を負うこととすべきである。ただし、健康上の理由などやむを得ないと認められる事情により出頭できない場合や、過去の一定期間内に裁判員に選任された場合など一定の場合には、その義務を免除されるものとすべきである。

裁判員が、裁判官と同様、評議の内容等職務上知ることのできた秘密に関する守秘義務を負うべきことや、裁判員及び裁判員候補者が、それぞれ相当額の旅費・手当等の支給を受けられるようにすべきことは当然である。その他、裁判員の職務の公正さの確保や、裁判員の安全保持などのためにとるべき措置についても更に検討する必要がある。

(3) 対象となる刑事事件

> ・対象事件は、法定刑の重い重大犯罪とすべきである。
> ・公訴事実に対する被告人の認否による区別は設けないこととすべきである。
> ・被告人が裁判官と裁判員で構成される裁判体による裁判を辞退することは、認めないこととすべきである。

新たな参加制度の円滑な導入のためには、刑事訴訟事件の一部の事件から始めることが適当である。その範囲については、国民の関心が高く、社会的にも影響の大きい「法定刑の重い重大犯罪」とすべきである。「法定刑の重い重大犯罪」の範囲に関しては、例えば、法定合議事件、あるいは死刑又は無期刑に当たる事件とすることなども考えられるが、事件数等をも考慮の上、なお十分な検討が必要である。

有罪・無罪の判定にとどまらず、刑の量定にも裁判員が関与することに意義が認められるのであるから、公訴事実に対する被告人の認否による区別を設けないこととすべきである。

新たな参加制度は、個々の被告人のためというよりは、国民一般にとって、あるいは裁判制度として重要な意義を有するが故に導入するものである以上、訴訟の一方当事者である被告人が、裁判員の参加した裁判体による裁判を受けることを辞退して裁判官のみによる裁判を選択することは、認めないこととすべきである。

なお、例えば、裁判員に対する危害や脅迫的な働きかけのおそれが考えられるような組織的犯罪やテロ事件など、特殊な事件について、例外的に対象事件から除外できるような仕組みを設けることも検討の余地がある。

(4) 公判手続・上訴等

> ・裁判員の主体的・実質的関与を確保するため、公判手続等について、運用上様々な工夫をするとともに、必要に応じ、関係法令の整備を行うべきである。
> ・判決書の内容は、裁判官のみによる裁判の場合と基本的に同様のものとすべきである。
> ・当事者からの事実誤認又は量刑不当を理由とする上訴（控訴）を認めるべきである。

　ア　公判手続

　裁判員が訴訟手続に参加する場合でも、裁判官である裁判長が訴訟手続を主宰し、公判で訴訟指揮を行うことに変わりはない。

　裁判員にとって審理を分かりやすいものとするため、公判は可能な限り連日、継続して開廷し、真の争点に集中した充実した審理が行われることが、何よりも必要である。そのためには、適切な範囲の証拠開示を前提にした争点整理に基づいて有効な審理計画を立てうるような公判準備手続の整備や一つの刑事事件に専従できるような弁護体制の整備が不可欠となる。非法律家である裁判員が公判での証拠調べを通じて十分に心証を形成できるようにするために、口頭主義・直接主義の実質化を図ることも必要となる。これらの要請は、刑事裁判手続一般について基本的に妥当するものではあるが（前記Ⅱ「国民の期待に応える司法制度」の第２の１．参照）、裁判員が参加する手続については、裁判員の主体的・実質的関与を確保する上で、殊のほか重要となる。そのため、裁判官のみによる裁判の場合への波及の可能性をも視野に置きながら、運用上様々な工夫をするとともに、必要に応じ、関係法令の整備を行うべきである。

　イ　判決書

　判決の結論の正当性をそれ自体として示し、また、当事者及び国民一般に説明してその納得や信頼を得るとともに、上訴による救済を可能ないし容易にするため、判決書には実質的な理由が示されることが必要である。裁判員が関与する場合でも、判決書の内容は、裁判官のみによる裁判の場合と基本的に同様のものとし、評議の結果に基づき裁判官が作成することとすべきである。

　ウ　上訴

　裁判員が関与する場合にも誤判や刑の量定についての判断の誤りのおそれがあることを考えると、裁判官のみによる判決の場合と同様、有罪・無罪の判定や量刑についても当事者の控訴を認めるべきである。控訴審の裁判体の構成、審理方式等については、第一審の裁判体の構成等との関係を考慮しながら、更に検討を行う必要がある。

〔以下略〕

資料2 考えられる裁判員制度の概要について

平成15年10月28日
裁判員制度・刑事検討会
座長　井　上　正　仁

（注）以下は、これまでの本検討会での議論及びその素材となった「たたき台」を踏まえ、座長の立場から、現段階において考えられる制度の概要の一例を取りまとめたものであり、本検討会をはじめ各方面において議論をさらに深めていただくための素材を提供するという趣旨でお示しするものである［筆者注：アンダーラインは「たたき台」の内容を変更あるいは選択肢を一つに絞る等した部分］。

1　基本構造

(1)　合議体の構成

ア　裁判官の員数
　裁判官の員数は、3人とするものとする。
イ　裁判員の員数
　裁判員の員数は、4人とするものとする。
　ただし、検討会における議論を踏まえると、5人ないし6人とすることも考えられるので、なお検討を要する。
ウ　補充裁判員
　裁判官は、審判に要する期間を考慮して必要と認めるときは、補充裁判員をおくことができるものとする。

(2)　裁判員、補充裁判員の権限

ア　裁判員の権限
　(ア)　裁判員は、有罪・無罪の決定及び刑の量定に関し、審理及び裁判をするものとする。
　(イ)　裁判員は、(ア)の審理において、裁判長に告げて、証人を尋問し、被告人の供述を求めることができるものとする。
　(ウ)　裁判官は、適当と認めるときには、裁判員を、専ら訴訟手続に関する判断又は法令の解釈に関する審理に立ち会わせて、その意見を聴くことができるものとする。
イ　補充裁判員の権限
　(ア)　補充裁判員は、審理に立ち会い、審理中に合議体の裁判員が欠けた場合に、これに代わって、その合議体に加わるものとする。
　(イ)　補充裁判員は、合議体に加わる前であっても、訴訟に関する書類及び証拠物

を閲覧することができるものとする。
　　　(ｳ)　補充裁判員は、合議体に加わる前であっても、評議に出席することができるものとする。ただし、この場合において、補充裁判員は、意見を述べることはできないものとする。
　ウ　職権行使の独立
　　　裁判員及び補充裁判員は、独立してその職権を行い、憲法及び法律にのみ拘束されるものとする。
(3) **評決**
　ア　裁判は、裁判官と裁判員の合議体の員数の過半数であって、裁判官の１名以上及び裁判員の１名以上が賛成する意見によらなければならないものとする。
　イ　訴訟手続に関する判断及び法令の解釈に関しては、アにかかわらず、裁判官の過半数の意見によるものとする。
(4) **対象事件**
　ア　対象事件
　　　(ｱ)　原則
　　　　　次のいずれかに該当する事件とする。
　　　　　①　死刑又は無期の懲役若しくは禁錮に当たる罪（ただし、刑法第77条の罪を除く。）に係る事件
　　　　　②　法定合議事件であって、故意の犯罪行為により被害者を死亡させた罪のもの
　　　(ｲ)　併合事件の取扱い
　　　　　刑事訴訟法の規定に基づき、(ｱ)の事件と併合して審理することとされた事件は、(ｱ)の事件でない事件であっても、裁判官及び裁判員の合議体でこれを取り扱うものとする。
　イ　訴因変更の場合の取扱い
　　　刑事訴訟法第312条に基づき訴因又は罰条が変更されたことにより，ア(ｱ)の事件がア(ｱ)以外の事件となった場合は、当該事件は裁判官及び裁判員の合議体でこれを取り扱うものとする。ただし、裁判官は、審理の状況等にかんがみ適当と認めるときは、以後、当該事件を裁判官のみで取り扱うこととすることができるものとする。
　ウ　事件の性質による対象事件からの除外
　　　(ｱ)　裁判官は、裁判員又はその親族の身体若しくは財産に害を加え又はこれらの者の生活の平穏を著しく侵害する行為がなされるおそれがあることその他の事情により、裁判員に公正な判断を期待することができない状況があると認めるときは、アの事件につき、裁判官のみで審理することとすることができるものとする。ただし、事件の審判に関与している裁判官は、やむを得な

い場合を除き、その決定に関与することはできないものとする。
　(ｲ)　(ｱ)の決定をするに当たっては、当事者の意見を聴かなければならないものとする。
　(ｳ)　(ｱ)の決定に対しては、当事者は、不服申立てをすることができるものとする。」
とすることが考えられるが、更に検討するものとする。

2　裁判員及び補充裁判員の選任

(1)　**裁判員の要件**
　　<u>裁判所の管轄区域内の衆議院議員の選挙権を有する者であって、年齢25年以上のものとする。</u>

(2)　**欠格事由**
　ア　他の法律の定めるところにより一般の公務員に任命されることができない者の外、次のいずれかに該当する者は、裁判員となることができないものとする。
　　(ｱ)　中学校を卒業しない者。ただし、中学校卒業と同等以上の学識を有する者は、この限りでない。
　　(ｲ)　禁錮以上の刑に処せられた者
　　(ｳ)　<u>心身の故障のため裁判員の職務の遂行に支障がある者</u>
　イ　欠格事由に該当する者が裁判員として手続に関与したことは、裁判員が権限を有する裁判がなされていない限り、既になされた審理の効力には影響を及ぼさないものとする。

(3)　**就職禁止事由**
　ア　職業上の就職禁止事由
　　　次に掲げる者は、裁判員となることができないものとする。
　　(ｱ)　国会議員
　　(ｲ)　国務大臣
　　(ｳ)　国の行政機関の幹部職員
　　(ｴ)　都道府県知事及び市町村長
　　(ｵ)　自衛官
　　(ｶ)　裁判官及び裁判官であった者
　　(ｷ)　検察官及び検察官であった者
　　(ｸ)　弁護士（外国法事務弁護士を含む。以下同じ。）及び弁護士であった者
　　(ｹ)　裁判所の職員
　　(ｺ)　法務省の職員
　　(ｻ)　国家公安委員会委員、都道府県公安委員会委員及び警察職員
　　(ｼ)　司法警察職員としての職務を行う者

　　　　(ス)　弁理士
　　　　(セ)　公証人
　　　　(ソ)　司法書士
　　　　(タ)　判事、判事補、簡易裁判所判事、検察官又は弁護士となる資格を有する者
　　　　(チ)　大学の学部、専攻科又は大学院の法律学の教授又は助教授
　　　　(ツ)　司法修習生
　　イ　公訴提起等に伴う就職禁止事由
　　　　次に掲げる者は、裁判員となることができないものとする。
　　　　(ア)　禁錮以上の刑に当たる罪につき起訴され、まだその判決確定に至らない者
　　　　(イ)　現に逮捕又は勾留されている者
　　ウ　手続に対する影響
　　　　就職禁止者に当たる者が裁判員として手続に関与したことは、既になされた当該手続の効力には影響を及ぼさないものとする。
(4)　**除斥事由**
　　　次に掲げる者は、当該事件について裁判員となることができないものとする。
　　ア　被告人又は被害者
　　イ　被告人又は被害者の親族又はこれらの者であった者
　　ウ　被告人又は被害者の法定代理人、後見監督人、保佐人、保佐監督人、補助人又は補助監督人
　　エ　被告人又は被害者の同居人又は雇人
　　オ　事件について告発又は請求をした者
　　カ　事件の証人又は鑑定人になった者
　　キ　被告人の代理人、弁護人又は補佐人になった者
　　ク　事件について検察官又は司法警察職員として職務を行った者
　　ケ　事件について検察審査員又は補充員として職務を行った者
　　コ　事件について刑事訴訟法第266条第2号の決定、略式命令、前審の審判、第398条ないし第400条、第412条若しくは第413条の規定により差し戻し、若しくは移送された場合における原判決又はこれらの裁判の基礎となった取調べに関与した者
(5)　**辞退事由**
　　　次に掲げる者は、裁判員となることを辞することができるものとする。
　　ア　年齢70年以上の者
　　イ　地方公共団体の議会の議員。ただし、会期中に限る。
　　ウ　学生及び生徒
　　エ　過去5年以内に裁判員又は補充裁判員に選任されたことがある者
　　オ　過去1年以内に裁判員候補者として裁判所の召喚に応じ出頭したことがある者（キの事由により、裁判員となることを辞退した者を除く。）

カ 過去5年以内に検察審査員又は補充員に選任されたことがある者
キ 疾病その他やむを得ない事由により、裁判員として職務を行うことが困難であると裁判官が認めた者

(6) **忌避理由**
裁判員が不公平な裁判をするおそれがあるとき。

(7) **裁判員候補者名簿の作成**
選挙人名簿をもとに裁判員候補者名簿を作成する手続を設けるものとする。
裁判員候補者名簿には、毎年、翌年1年間に必要となると認められる員数の選挙人名簿被登録者をくじで選定して登載するものとする。

(8) **裁判員候補者の召喚**
　ア　裁判員候補者の召喚
　　裁判官は、公判期日が定まったときは、必要な数の裁判員候補者を、裁判員候補者名簿からくじで選定するものとする。
　　裁判官は、質問手続を行う期日を定めて、裁判員候補者を召喚するものとする。
　　裁判官は、事前に裁判員候補者の欠格事由等を確認するため、質問票を送付することができるものとする。
　イ　検察官及び弁護人に対する事前の情報開示
　　(ｱ)　裁判官は、質問手続の日より○日前に、召喚した裁判員候補者の氏名を記載した名簿を検察官及び弁護人に送付するものとする。
　　(ｲ)　裁判官は、質問手続の日に、当該手続に先立ち、裁判員候補者の質問票に対する回答の写しを、検察官及び弁護人に閲覧させることができるものとする。
　　(ｳ)　<u>検察官又は弁護人は、正当な理由なく(ｱ)の名簿の記載内容又は質問票に対する回答内容を漏らしてはならないものとする。</u>
　　<u>これに違反した者に対する罰則を設けるものとする。</u>

(9) **質問手続**
　ア　質問手続の出席者
　　(ｱ)　裁判員候補者に対する質問手続は、裁判官及び裁判所書記官が列席し、かつ、検察官及び弁護人が出席して開くものとする。
　　(ｲ)　裁判官は、必要と認めるときは、(ｱ)の手続に被告人を同席させることができるものとする。
　　(ｳ)　(ｱ)の手続は公開しないものとする。
　イ　質問手続
　　(ｱ)　裁判官は、裁判員候補者に対して、欠格事由その他の裁判員の資格に関する事由の有無を確認するため、口頭又は書面で必要な質問を行うものとする。
　　(ｲ)　検察官又は弁護人は、裁判官に対し、裁判員候補者に対して必要な事項の質問をすることを求めることができる。この場合において、裁判官は、相当と認

めるときは、裁判員候補者に対して、当該求めに係る事項の質問を行うものとする。
　　　(ウ)　裁判官は、欠格事由、就職禁止事由、除斥事由又は忌避事由に該当することが明らかになった裁判員候補者があるときは、当事者の申立て又は職権により、当該裁判員候補者を選任しない旨の決定をするものとする。
　　　(エ)　裁判官は、辞退の申立てがあった裁判員候補者について、辞退事由に該当すると認めるときは、当該裁判員候補者を選任しない旨の決定をするものとする。
　　　(オ)　当事者は、(ウ)の申立てを却下する決定に対しては不服申立てをすることができるものとする。
　　　(カ)　[裁判員の員数を4人とする場合]　当事者は、それぞれ3ないし4人（ただし、補充裁判員がおかれる場合には、補充裁判員の数を加えた員数とする。）につき理由を示さずに忌避ができるものとする。裁判官は、理由を示さない忌避があった裁判員候補者について、当該裁判員候補者を選任しない旨の決定をするものとする。
　　　(キ)　忌避の理由及び忌避の申立者については、裁判員候補者には明らかにしないものとする。
　　ウ　裁判員及び補充裁判員の選任
　　　(ア)　裁判官は、質問手続において選任しない旨の決定がなされなかった裁判員候補者の中から、裁判員及び補充裁判員となるべき者を無作為抽出するものとする。
　　　(イ)　補充裁判員を2人以上選任するときには、裁判員となる順位をあらかじめ定めておかなければならないものとする。
　　　(ウ)　裁判官は、(ア)により抽出された裁判員候補者について、裁判員及び補充裁判員として選任する旨の決定を行うものとする。
(10)　**裁判員に対する補償**
　　ア　日当等
　　　裁判員、補充裁判員及び召喚に応じ出頭した裁判員候補者に対しては、旅費、日当及び宿泊料を支給するものとする。
　　イ　補償
　　　裁判員等が、その職務に関連して受けた負傷等に対する補償を行うものとする。

3　裁判員等の義務及び解任

(1)　**裁判員候補者の義務**
　　ア　裁判員候補者は、召喚された質問手続期日に出頭しなければならないものとする。
　　イ　裁判員候補者は、自己に送付された質問票又は裁判所における質問手続におい

て、虚偽の回答をしてはならず、かつ、正当な理由なく質問に対する回答を拒んではならないものとする。

(2) **裁判員及び補充裁判員の義務**
ア 裁判員及び補充裁判員は、公判期日に出頭しなければならないものとする。
イ 裁判員及び補充裁判員となるに当たって、4(5)の宣誓をしなければならないものとする。
ウ 裁判員及び補充裁判員は、誠実にその職務を行わなければならず、品位を辱めることのないようにしなければならないものとする。
　裁判員及び補充裁判員並びにこれらの職にあった者は、裁判の公正さに対する信頼を損なうおそれのある行為をしてはならないものとする。
エ 裁判員は、評議において、意見を述べなければならないものとする。
オ 裁判員及び補充裁判員並びにこれらの職にあった者は、評議の経過並びに各裁判官及び各裁判員の意見並びにその多少の数その他の職務上知り得た秘密を漏らしてはならないものとする。

(3) **裁判員及び補充裁判員の解任**
ア 裁判官は、次のいずれかの場合には、当事者の請求により又は職権で、裁判員又は補充裁判員を解任する決定をするものとする。ただし、事件の審判に関与している裁判官は、(2)アの義務に違反したことを理由として解任する決定をする場合及びやむを得ない場合を除き、その決定に加わることはできないものとする。
　(ｱ) 裁判員又は補充裁判員が、(2)の義務に違反し、引き続きその職務を行わせることが適当でないと認めるとき。
　(ｲ) 裁判員又は補充裁判員がその資格を有しないことが明らかとなったとき。
　(ｳ) (1)イの義務に違反し、虚偽の回答をしていたことが明らかとなり、引き続きその職務を行わせることが適当でないと認めるとき。
イ アの解任の決定をするに当たっては、当事者の意見を聴かなければならないものとする。
ウ アの解任の決定をするに当たっては、当該裁判員又は補充裁判員に陳述の機会を与えなければならないものとする。ただし、(2)アの義務に違反したことを理由として解任の決定をするときは、この限りでないものとする。
エ アにより裁判員を解任しない旨の決定に対しては、当事者は不服申立てができるものとする。
オ 裁判官は、次のいずれかの場合には、裁判員又は補充裁判員を解任する決定をするものとする。
　(ｱ) 辞退を申し立てた裁判員又は補充裁判員につき、辞退事由に該当すると認めるとき。
　(ｲ) 補充裁判員に引き続きその職務を行わせる必要がないと認めるとき。

4 公判手続等

(1) 総論
裁判員制度対象事件については、裁判員の負担を軽減しつつ、実質的に裁判に関与することができるよう、迅速で分かりやすい審理が行われるように努めるものとする。

(2) 準備手続（刑事裁判の充実・迅速化関連）
裁判員制度対象事件においては、第1回公判期日前の準備手続を必要的なものとし、審理に要する見込み時間（日数）を明らかにするものとする。

(3) 弁論の分離・併合
<u>弁論が併合されないまま審判が行われた場合の刑の調整のための制度について、更に検討するものとする。</u>

(4) 公判期日の指定（刑事裁判の充実・迅速化関連）
審理に2日以上を要する事件については、できる限り連日開廷し、継続して審理を行わなければならないものとする。

(5) 宣誓等
選任された裁判員及び補充裁判員に対し、裁判官が、裁判員の心得を教示し、裁判員らは、宣誓をするものとする。

(6) 新たな裁判員が加わる場合の措置
それまでの審理に立ち会っていた補充裁判員が裁判員となるときを除き、新たな裁判員が加わるときは、公判手続を更新するものとする。

その手続の在り方については、新たに加わる裁判員が事件の争点を理解し、それまでの証拠調べの結果について実質的な心証をとることができるような、負担の少ない方法を検討し、必要な措置を講ずるものとする。

(7) 証拠調べ手続等
ア　冒頭陳述

検察官及び弁護人は、準備手続における争点整理の結果に基づき、証拠との関係を具体的に明示して冒頭陳述を行わねばならないものとする。

イ　証拠調べ等

以下の諸点を含め、迅速で、かつ、裁判員に分かりやすく、その実質的関与を可能とする証拠調べ等の在り方について検討し、必要な措置を講ずるものとする。
- 証拠調べは、裁判員が理解しやすいよう、争点に集中し、厳選された証拠によって行わなければならないものとすること
- 専ら量刑に関わる証拠の取調べは、公訴事実の存否に関する証拠の取調べと区別して行わなければならないものとすること
- 争点ごとに計画的な証拠調べを行うものとすること

○ 証拠書類は、立証対象事実が明確に分かりやすく記載されたものとすること
○ 証拠物の取調べにおいては、争点との関連性が明らかになるようにすること
○ 証人等の尋問は、争点を中心に簡潔なものとすること
○ 証人等の反対尋問は、原則として、主尋問終了後直ちに行うこと
○ 供述調書の信用性等については、その作成状況を含めて、裁判員が理解しやすく、的確な判断をすることができるような立証を行うこと
○ 第1回公判期日前の裁判官による証人尋問の活用を拡充するため、刑事訴訟法第227条第1項中の「圧迫を受け」との要件を削除すること
○ 一定の期間を要する、鑑定のための事実的措置は、できる限り、公判開始前に行うこと
○ 迅速で、裁判員に分かりやすい審理が行われるよう、訴訟指揮を行うこと
○ 連日開廷下において、適切な公判記録の作成を行うこと
○ 論告・弁論は、証拠調べ終了後速やかに行うこと
○ 論告・弁論は、取り調べられた証拠との関係を具体的に指摘した、分かりやすいものとすること

(8) **判決書等**

ア 裁判官のみによる裁判の場合と基本的に同様のものとし、評議の結果に基づいて裁判官が作成するものとする。

イ 裁判員の署名押印、身分の終了時期
判決書には裁判官のみが署名押印するものとする。裁判員の身分・任務は判決宣告時に終了するものとする。

5 控訴審

現行法どおりとする。
(控訴審は、事後審として原判決の瑕疵の有無を審査するものとする。)

6 差戻し審

新たな裁判員を選任して審理及び裁判を行うものとする。その他は、現行法どおりとする。

7 罰則

(1) **裁判員等の不出頭等**

召喚を受けた裁判員候補者、裁判員又は補充裁判員が正当な理由がなく出頭しないときは、裁判官は、決定で、○○円以下の過料に処することができるものとする。裁判員又は補充裁判員が正当な理由がなく宣誓を拒んだときも、同様とする。

(2) 裁判員等の秘密漏洩罪

　　裁判員、補充裁判員又はこれらの職にあった者が評議の経過若しくは各裁判官若しくは各裁判員の意見若しくはその多少の数その他の職務上知り得た秘密を漏らし、又は合議体の裁判官及び他の裁判員以外の者に対しその担当事件の事実の認定、刑の量定等に関する意見を述べたときは、○年以下の懲役又は○○円以下の罰金に処するものとする。

(3) 裁判員等に対する請託罪等

　ア　裁判員又は補充裁判員に対し、その職務に関し、請託した者は、○年以下の懲役又は○○円以下の罰金に処するものとする。

　イ　事件の審判に影響を及ぼす目的で、裁判員又は補充裁判員に対し、その担当事件に関する意見を述べ又はその担当事件に関する情報を提供した者は、○年以下の懲役又は○○円以下の罰金に処するものとする。

(4) 裁判員等威迫罪

　ア　裁判員、補充裁判員若しくはこれらの職にあった者若しくは裁判員候補者又はその親族に対し、面談、文書の送付、電話その他のいかなる方法によるかを問わず、その担当事件に関して、威迫の行為をした者は、○年以下の懲役に処するものとする。

　イ　組織犯罪処罰法７条の対象行為に、アの威迫行為を加える。

　　（禁錮以上の刑が定められている罪に当たる行為が、団体の活動として、当該行為を実行するための組織により行われた場合、又は禁錮以上の刑が定められている罪が団体に不正権益を得させ、又は団体の不正権益を維持し、若しくは拡大する目的で犯された場合において、その罪に係る事件を担当する裁判員等に対し、アの威迫の行為をした者は、○年以下の懲役に処するものとする。）

(5) 裁判員候補者の虚偽回答罪等

　ア　過料

　　裁判員候補者が、自己に送付された質問票又は裁判所における質問手続において、虚偽の回答をし、又は正当な理由なく質問に答えなかったときは、決定で、○円以下の過料に処することができるものとする。

　イ　刑事罰

　　裁判員候補者が、自己に送付された質問票又は裁判所における質問手続において、虚偽の回答をした者は、○円以下の罰金に処するものとする。

8　裁判員の保護及び出頭確保等に関する措置

(1) 裁判員等の個人情報の保護

　ア　訴訟に関する書類であって、裁判員、補充裁判員又は裁判員候補者の氏名以外の個人情報が記載されたものは、これを公開しないものとする。

イ 何人も、裁判員、補充裁判員又は裁判員候補者の氏名、住所その他のこれらの者を特定するに足る事実を公にしてはならないものとする。
(2) **裁判員等に対する接触の規制**
ア 何人も、裁判員又は補充裁判員に対して、その担当事件に関し、接触してはならないものとする。何人も、<u>裁判員又は補充裁判員が職務上知り得た秘密を知る目的で</u>、裁判員又は補充裁判員であった者に対して、その担当事件に関し、接触してはならないものとする。
イ 裁判員又は補充裁判員に対し、面会、文書の送付その他の方法により接触すると疑うに足りる相当な理由があることを被告人の保釈不許可事由及び接見等禁止事由とするものとする。裁判員又は補充裁判員に対し、面会、文書の送付その他の方法により接触したことを被告人の保釈取消事由とするものとする。
(3) **裁判の公正を妨げる行為の禁止**
ア 何人も、裁判員、補充裁判員又は裁判員候補者に事件に関する偏見を生ぜしめる行為その他の裁判の公正を妨げるおそれのある行為を行ってはならないものとする。
イ <u>「報道機関は、アの義務を踏まえ、事件に関する報道を行うに当たっては、裁判員、補充裁判員又は裁判員候補者に事件に関する偏見を生ぜしめないように配慮しなければならないものとする。」との点については、報道機関において自主的ルールを策定しつつあることを踏まえ、更に検討するものとする。</u>
(4) **出頭の確保**
ア 何人も、他人が裁判員となることを妨げてはならないものとする。
イ 労働者は、その事業主に申し出ることにより、裁判員の職務を行うために必要な範囲で休業すること(裁判員休業)ができるものとする。事業主は、労働者からの裁判員休業申出があったときは、当該裁判員休業申出を拒むことができないものとする。
ウ 事業主は、労働者が裁判員休業申出をし、又は裁判員休業をしたことを理由として、当該労働者に対して解雇その他不利益な取扱いをしてはならないものとする。

資料3 「考えられる裁判員制度の概要について」の説明

平成15年10月28日
裁判員制度・刑事検討会
座長　井上正仁

第1　作成の経緯

　先の検討会でもご了解いただいたように、司法制度改革推進本部事務局においては、9月の検討会でたたき台を素材とした第2巡目の議論が終了したことを受けて、次のステップとして、骨格案を作成する作業を進めてこられたものと承知しておりますが、今般、現時点において骨格案を出すことは時期尚早であると考えられるので、なおしばらく見合わせると判断されたとのことであります。
　そのような予定の変更を受けて、検討会の座長として、検討会の今後の進め方について事務局ともご相談した結果、これまでのたたき台については、これを素材とした議論を既に相当程度積み重ねてきたところでありますので、今後、更に議論を進めるためには、何らかの新たな素材が必要ではないかと思われることから、これまで検討会において積み重ねてきた議論を踏まえて、座長としての立場で、現段階において考えられる裁判員制度等の概要の一例を作成し、検討会において、これを素材として更に議論を深めていただいてはどうかと考えるにいたりました。
　このような予定の変更と座長としての対応措置の決定については、本来、検討会を開き、ご協議いただくべきところではありましたが、それだけのために、それぞれお忙しい委員のみなさんにお集まりいただくのもどうかと考え、持ち回りの形でみなさんのご意見をお聴きしたところ、委員のみなさんも、このような予定の変更を了承されるとともに、座長として、いま申したような対応をすることについて賛同してくださいましたので、急いで、それぞれ「考えられる裁判員制度の概要について」及び「考えられる刑事裁判の充実・迅速化のための方策の概要について」と題する2つのペーパーを用意させていただいた次第です。
　なお、検察審査会制度についても、同じ趣旨でペーパーを用意させていただくつもりでありましたが、本日までには間に合いませんでしたので、次回の会合までには作成し、お示ししたいと考えております。
　誤解のないように付言させていただきますと、これらのペーパーは、私自身の考えや選択も加わっているという意味で、検討会におけるこれまでの議論の結果を単に整理しただけのものではなく、しかしまた、検討会でのこれまでの議論やたたき台を踏まえているという意味で、私個人の元々からの考えそのものというわけでもありません。また、検討会としての案でないことはいうまでもなく、これまでのたたき台同様、あくまで検

討会での今後の議論の素材としていただくためのものです。ご承知のように、検討会は、事務局と一体となって制度の立案のため必要な検討を行っているわけですので、検討会自身として何らかの提言をとりまとめるといったことは予定していず、従って、これらのペーパーを基に、例えば検討会案のようなものを作成するというようなことは全く考えておりません。

本日は、まず、「考えられる裁判員制度の概要について」と題するペーパーの方から、ご説明させていただきます。

第2 全体の構成について

このペーパーの全体の構成は、基本的に、事務局が作成した「裁判員制度について」のたたき台の構成に従っています。検討会における特に第2巡目の議論は、このたたき台を素材とし、その項目に沿って行われてきましたので、今回座長としてお示しする案の内容も、たたき台をベースにして作成いたしました。

今回の案をお示しするにあたり、たたき台の内容を変更した部分、あるいは、たたき台では選択肢の形で示されていた点について一つに絞ったり、まとめたりした部分がありますので、それらの点については、分かりやすいように、赤字［筆者注：本書ではアンダーラインの箇所。以下同じ］で記載してあります。

お示しした案の内容をすべて網羅的にご説明することは、時間的にも困難ですので、以下では、赤字で記載した部分を中心に、順次説明させていただくことにいたします。

第3 内容の説明

1 「1 基本構造」について

まず、「1 基本構造」の(1)の部分は、たたき台とは項目立てを変えて、(1)を「合議体の構成」という項目とし、その下に、「ア 裁判官の員数」、「イ 裁判員の員数」という小項目を立てました。検討会では、裁判官の員数と裁判員の員数を分けて議論してきましたので、それに合わせた項目立てとしたものです。

(1) 裁判官の員数

そのうち、「ア 裁判官の員数」につきましては、「裁判官の員数は、3人とするものとする。」としております。この点につきましては、検討会においてかなり時間をかけて議論をいたしましたが、裁判官は3人とすべきであるというご意見が大勢であったといえます。

もちろん、裁判官は1人ないし2人とすべきであるとするご意見もあったことはご承知のとおりで、その理由として、一つには、新たに裁判員が加わる制度を採用するのであるから、裁判官だけで裁判を行っている現行法の員数を所与の前提とせず、新しい発想で制度設計をすべきであるということが挙げられました。

新たな制度なのだから既存の制度を所与の前提とすべきでないというのは、その限りでは成り立つ考え方のようにも思えますが、しかし、そうであるからといって直ちに、裁判官は3人ではなく1人又は2人で足りる、あるいは、1人又は2人とすべきである、という結論は導けないのでありまして、少なくともこれまでの議論では、その点につき、そのような結論を導けるだけの積極的かつ実質的な理由が十分示されたかは疑問です。

　確かに、裁判員制度は国民が自律的・主体的に裁判に参加する制度であり、そこで裁判官に求められているのは、プロとしての知識・経験を提供し、裁判員を補助することであるから、経験10年以上の裁判官であれば、1人でもその役割を十分に果たすことが可能であるというご意見はありました。このご意見は、裁判員が中心となって判断をし、裁判官はサポート役としてこれを支えるという制度イメージに立っておられるようですが、しかし、審議会意見書は、ご承知のように、「裁判官と裁判員が責任を分担しつつ、法律専門家である裁判官と非法律家である裁判員とが相互のコミュニケーションを通じてそれぞれの知識・経験を共有し、その成果を裁判内容に反映すること」、「裁判官と裁判員との相互のコミュニケーションによる知識・経験の共有というプロセス」に裁判員制度の意義があると指摘しております。このように、審議会意見は、「裁判官と裁判員との相互のコミュニケーション」、「知識・経験の共有」ということを強調しているのでありまして、そこでは、裁判官と裁判員のどちらか一方が中心あるいは主役というのではなく、裁判官と裁判員のいずれもが主役であり、それぞれ異なるバックグランドを持ちながらも、対等な立場で、かつ相互にコミュニケーションを取ることにより、それぞれの異なった知識・経験を有効に組み合わせて共有しながら、協働して裁判を行うという制度が構想されているものと考えられます。

　しかも、いかに新たな裁判員制度を導入するといいましても、それは全体としての裁判制度の一部を構成するものになるわけですから、裁判制度全体としての整合性が取れたものとする必要があります。その観点からは、後で述べますように、最も重大な範疇の罪の事件を裁判員制度の対象としつつ、法定合議事件の一定部分は現行どおり裁判官のみの合議体で裁判するということを前提とする場合、最も重大な範疇の罪の事件を担当する裁判体の裁判官を1人又は2人とするのは、それよりは軽い罪の事件が裁判官3人で構成される裁判体によって裁かれることとバランスを失することになり、適当でないと思われます。検討会の議論でも、何人かの方々から同様のご指摘がありました。

　現行の制度で、最も法定刑の重い範疇の罪が必ず3人の裁判官の合議体で裁判しなければならない法定合議事件とされているのは、そのような事件の場合には、事実問題についても法律問題についても裁判所による判断が死刑や無期ないし長期の自由刑という重大な刑罰に結びつき得るので、3人の裁判官の専門的知識・経験を持ち寄ることにより、より適正な判断がなされることを確保しようとしたものと考えられます。それらの最も法定刑の重い範疇の罪の多く——その中でも死刑・無期刑など特に重い刑に当たる罪——が新たに裁判員の加わる裁判体によって裁かれることになっても、少なくとも法

資料3 「考えられる裁判員制度の概要について」の説明 253

律判断や訴訟手続上の判断――さらに、憲法判断が必要とされる場合には憲法判断――は、裁判官が行うことに変わりはないのに、その裁判官の数が現在より少なくてもよい、あるいは少なくすべきだというのは、理に悖るように思われます。そういう結論を導くには、それを正当化できるだけのよほど確固とした理由がなければならないはずですが、検討会におけるこれまでの議論では、そのような理由が示されたとは思えないのです。

　その上、これまでの検討会でもご指摘のありましたように、裁判官をもし1人としますと、後に評決要件のところで述べますように、裁判官の1名以上及び裁判員の1名以上が賛成することを評決のための必要条件とすることとの関係で、その1人の裁判官のみの意見で結論を左右することが可能になり、せっかく裁判員が加わって裁判する意味、あるいはさらに、重大な事件なので合議体で裁判することにしている意味すら、薄れさせることにもなるように思われます。

　また、裁判官を2人とした場合には、裁判官の判断事項について裁判官2人の意見が分かれたときの解決に窮することになるという点も、見逃せません。この点については、そのような場合、裁判長の判断による、あるいは、被告人に有利な結論を採る、ということにすればよいというご意見もありました。しかし、裁判長の判断によるとすることに対しては、裁判官は合議体の一員である場合も、それぞれが独立し、対等の立場で、法と自己の良心に従って意見を述べ合い、それを通じて合議体としての意思を形成するということが想定されているのに、ある地位にいる者の意見が結局は常に優先されるといった制度を採るのは、そのような基本的想定に反し、裁判官の独立に重大な悪影響を及ぼすというご指摘がありました。また、被告人に有利な結論を採るということに対しても、法令解釈や訴訟手続上の判断には、いずれの結論が被告人に有利なものであるか決し難い場合があるというご指摘などがありました。私としても、これらのご指摘には十分な理由があり、それら2通りの解決方法はいずれも妥当でないと考えた次第です。

(2) **裁判員の員数**

　次に、裁判員の員数については、「裁判員の員数は、4人とするものとする。ただし、検討会における議論を踏まえると、5人ないし6人とすることも考えられるので、なお検討を要する。」としました。

　この点についても、これまでの検討会で非常に活発な議論が行われ、様々なご意見が述べられたところであります。それらのご意見の結論部分は、大きく3つのグループに整理できると思います。一つめは、裁判官3人に対し同数程度、あるいは3ないし4人の裁判員というご意見、二つめは、裁判員は5ないし6人というご意見、そして三つめは、裁判員は9ないし12人というご意見です。これらの中では、最初のご意見が相対的多数であったと思います。

　各委員のご意見の理由は多岐にわたりますので、ここで逐一言及することはできませんが、私としては、検討会の議論でも何人かの方々からご指摘のあったとおり、合議体

の構成員による評議の実効性を確保するという観点からも、また、一人一人の裁判員が責任感と集中力を持って裁判に主体的・実質的に関与することを確保するという観点からも、合議体全体の人数をあまり多数とすることは適当ではないと考えます。

特に、審議会意見が求めているように、評議によって産み出される判決においては、単に結論だけでなく、その結論に至る実質的な理由を示さなければなりません。そのためには、評議においては、判決の理由についても突っ込んだ意見のやり取りをし、できる限り全員の合意を得る——あるいは、少なくとも、多数の意見が一致する——までの詰めを行う、ということが必要であるわけで、そのような実質を伴う評議を行うことができる人数には自ずから限界があると思われるのです。

この点で、裁判員制度の場合の判決書は、現在のように詳密なものでなくてもよいし、また実際上そうはなり得ないというご意見もありました。しかし、裁判員制度の下でも、判決理由の書き方や詳細さの程度に違いが生じることはあっても、判決の結論に至る事実認定や推論の道筋が実質的に示されていることは必須であり、審議会意見書が「裁判員が関与する場合でも、判決書の内容は、裁判官のみによる裁判の場合と基本的に同様のものと」すべきであるとしているのは、まさにそのような趣旨だといえます。

いま一つ忘れられがちな点を付け加えておきますと、後述のように、裁判員の加わった裁判体による有罪・無罪の判決に対しても控訴を認め、裁判官のみで構成される控訴審裁判所がこれを審査して、その判決に誤りがあると認めたときはこれを破棄することができることとするとして、そのような制度が正当化される理由は、検討会で議論した限りでは、控訴審裁判所が行うのは第一審と同じような裁判を全く新たにやり直すことではなく、あくまで第一審裁判所の判決を前提として、その内容に誤りがないかどうかを記録に照らして事後的に点検するという事後審査であるから、性質上、それを行うのに適しているのは裁判官のみの合議体だといえるし、そのような合議体に事後的な点検を行わせることは、裁判員の加わった裁判体の判断をないがしろにするものではない、という点に求めるほかないように私には思われるわけです。そして、そのような事後的な審査を可能にするためには、第一審裁判所の判決において、基本的な事実関係や争点について、どのような証拠をどう評価して、どのような事実があった、あるいはなかったと推認したのか、そして、そのようにして認定された数々の事実からどのような推論を経て最終的な結論を導いたのか、といった事実認定ないし推論の道筋が明示されていることが必要だと考えられます。そうであってはじめて、記録と照らして、その道筋に誤りがあったかどうかを点検することができるのであります。そうではなく、控訴審裁判所がもっぱら記録だけを頼りに審判する場合には、控訴審裁判所としては、その記録を調べて独自の心証を形成し、その心証に照らして第一審裁判所の判決の結論が合致していれば原判決を維持するが、合致していなければ破棄するという以外にやりようがなく、結局、実質的には、全く新たに裁判を——しかも、基本的には記録のみに基づいて——やり直しているのと同じことになってしまうと思われるのです。

両当事者にとっても、どういう理由で判決の結論が導かれたのか、自分たちの主張についてどのように判断されたのかが明示されていた方が、納得し易いですし、特に被告人側又は検察側が、第一審裁判所の判決に不服があり、控訴を申し立てようとする場合、そのような事実認定ないし推論の道筋が明示されていなければ、控訴の理由となる問題点を摘示することは難しくなると考えられます。

　この評議の実効性という点については、例えば、12人で構成される英米の陪審やフランスの参審などでも、評議における議論は活発になされているという声も聞きます。しかし、英米の陪審の場合、有罪・無罪の結論のみを評決して答申すればよく、かつ、それに対する事実誤認を理由とする上訴も認められていませんので、評議における議論は活発になされるとしても、いま申したほど精度の高い詰めまで行う必要はなく、実際にも、そこまでの詰めは行っていない――また、行うのは極めて困難である――というのが、いろいろな実録のようなものなどから私が得た印象です。素人の参審員（9名）だけでなく職業裁判官3名が入るフランスの参審の場合も、判決の内容は、端的に被告人が――例えば殺人の起訴事実につき――有罪かどうかを問う設問か、それを多少分解して――被告人は被害者に対して暴行を加えたかどうか、その暴行が被害者の死の原因となったかどうか、被告人には被害者を殺害する意図があったかどうか、といった――いたって大づかみな設問を立てて、無記名投票により多数決で決定することになっており、また、有罪判決に対しては事実誤認を理由とする上訴が認められているといっても、そのような上訴があったときは、新たな合議体により裁判をもう一度やり直すことになっていますので、そこでの評議についても、多少の程度の差はあれ、同じようなことがいえるのではないかと思われます。現に、参審事件の裁判長を務めるパリ重罪法院の部長判事から何年か前にお話をうかがったときも、評議は12人の意見を一致させることを目指して行うのではなく、各構成員が設問に対する投票が行えるまでに至ったと認められれば評議は打ち切られると述べておられました。判決の宣告においては、各設問に対する評決の結果が告げられ、有罪・無罪の結論と有罪のときは刑が言い渡されるだけですし、その後書記官によって作成される判決書も、有罪・無罪の結論と訴追事実の簡単な概要、有罪のときは適用される法規と言い渡された刑などを示すだけの簡素なものであり、有罪・無罪の判定についても量刑についても実質的な理由は一切示されません。

　むろん、先に述べたような判決の結論に至る事実認定ないし推論の道筋、判決の実質的な理由について、詰めた評議を行い、合意を得ることが可能な人数は具体的にどれくらいと考えるかは、人によってある程度異なり得ましょう。

　他方、アドホックに加わる非専門家である裁判員が、法律専門家である裁判官との関係で、主体性を発揮し、実質的に裁判に関与することができるためには、裁判員の数は裁判官の数の2倍あるいは3倍以上でなければならないというご意見もあるわけですが、その数字も、確たる根拠を有するものでは必ずしもなく、むしろ、多分に象徴的ないしはスローガン的な意味合いで用いられているところがあるように私には思われます。そ

して、その前提として、裁判員と裁判官とはグループとして対立・対抗する関係に立つ——特に、裁判官が自分達の意見を押しつけようとするのに対して、裁判員は数で対抗するしかない——といった捉え方、あるいは、裁判員が中心ないし主役であり、裁判官はそれを補助する役割にとどまるという捉え方も、もしされているのだとしますと、先ほど述べたような審議会意見が提案する裁判員制度の基本構想とは異なる発想によるものだといわなければなりません。

そうではなく、その趣旨が、素人であり、初めて裁判員となった人が、プロの裁判官達の前で臆せずものを言うことができるようにするためには、同じような立場の人がある程度の人数いた方がよいということであるならば、それはそれで理由のないことではないと思われます。ただ、その場合も、どれくらいの人数が必要かは一概には言えず、これまでに挙げられた数字も、多分に感覚的なものでしかないように思われるのです。

以上述べたような考慮から、合議体全体の人数をあまり多数にはしないが、同時に、裁判員が意見を言いやすくするという意味で、裁判員の方が裁判官よりも若干多い構成とするのが適当ではないかと考え、裁判官3人に対し裁判員4人とする案をお示しした次第です。

ただ、検討会でのこれまでの議論で裁判員の数を9人以上とするご意見であった方は、自説が採られない場合は、おそらく裁判員5ないし6人という意見を支持する方に回られるでしょうから、その場合には、5ないし6人というご意見も相当の数となります。そのことから、合議体構成員全体の数が8とか9となるのは、先ほど述べたような意味での評議の実効性の確保という観点からは、やや多過ぎるような感じもしないではありませんが、全く考えられないというものでもないと思われましたので、「ただし、検討会における議論を踏まえると、5人ないし6人とすることも考えられるので、なお検討を要する。」という留保を置いたわけです。

以上が、合議体の構成についてのご説明ですが、この部分は、特に様々なご意見のあるところですので、今回お示しした案をも一つの素材として、更にご議論いただければと考えております。

(3) 評決

次に、「(3) 評決」の項については、アとして「裁判は、裁判官と裁判員の合議体の員数の過半数であって、裁判官の1名以上及び裁判員の1名以上が賛成する意見によらなければならないものとする。」といたしました。これは、たたき台にA案として挙げられていたものです。

検討会における議論では、合議体の3分の2以上の特別多数決とすべきとのご意見もありましたが、むしろ、このA案を相当とするご意見が大勢であったといえます。

内容的に見ましても、検討会の議論でもご指摘のあったとおり、現行の裁判所法では評決について過半数の多数決によるという制度が採用されており、この点は、裁判員制

度の導入後も、裁判官のみによる裁判については維持されることになるのに、裁判員制度における評決についてのみ、これと異なる評決要件を定める合理的な根拠を見いだすのは困難だと思われます。それどころか、裁判員が加わったがために評決要件を加重するというのは、裁判員が加わって行われる判断には不安があるからより厳格にしたという意味合いすら持ちかねず、適当ではありません。そのような理由から、A案を採ることにしたものです。

　合議体の3分の2以上の特別多数決とすべきという立場からは、現在の3人合議制では、過半数により評決をしても、少数説は1人にすぎないけれど、裁判員制度においては、合議体の構成員が増えることから、過半数による評決では、例えば、被告人を有罪とする多数説に対し無罪とする少数説も半数近くにのぼることがあり得るが、そのような場合でも、被告人の有罪が合理的な疑いを超えて証明されたといえるのか疑問だ、という趣旨のご指摘がありました。しかし、現行法においても、最高裁や高等裁判所の特別管轄事件では5人の合議制あるいは15人の合議制が取られていますが、それらの場合にも過半数が評決要件とされているのでありまして、裁判員制度においてのみ別異に扱う理由はやはりないと思われます。

(4) **対象事件：原則**

　次に、「(4)　対象事件」の「ア　対象事件」というところでは、まず「(ｱ)　原則」として、「死刑又は無期の懲役若しくは禁錮に当たる罪（ただし、刑法第77条の罪を除く。）に係る事件」と「法定合議事件であって、故意の犯罪行為により被害者を死亡させた罪のもの」とを裁判員制度の対象事件とすることとしております。

　この点について、たたき台では、対象の範囲を法定合議事件とするというA案、「死刑又は無期の懲役若しくは禁錮に当たる罪（ただし、刑法第77条の罪を除く。）に係る事件」とするというB案、そして、「法定合議事件であって故意の犯罪行為により被害者を死亡させた罪」とするというC案の3つの案が示されていたわけですが、今回お示ししたのは、このうち、B案とC案とを合わせたものです。

　検討会においては、A案を支持するご意見、B案を支持するご意見、B案にC案を加えたものが相当であるとするご意見が述べられましたが、このうちでは、最後のB案＋C案という説が多数であったといえます。

　内容的に見ましても、法定合議事件の中には、文書犯罪等、実質的に見て、裁判員が入って裁判してもらうほどの意味はないものもあるというご指摘があったところでありますし、B案にC案を加えれば、審議会意見が裁判員制度の対象事件とすべきであるとする「国民の関心が高く、社会的にも影響の大きい」事件はほぼ含まれることになると思われますので、このような案とした次第です。

(5) 対象事件：除外

次に、「ウ　事件の性質による対象事件からの除外」という項目です。

この点で、たたき台では、一定の事件について、これを裁判員制度の対象から除外することができる制度を設けることとするというA案と、そのような制度は設けないこととするというB案が示されていたわけですが、検討会のこれまでの議論では、A案を支持するご意見が多数であったように思われます。

内容的に見ましても、裁判員となる国民に過度の負担を負わせないようにするとともに、裁判の公正さを確保するためには、ごくごく例外的な場合について、一定の事件を裁判員制度の対象から除外することはやむを得ないと思われますので、そのような除外の制度を設けるということにいたしました。

ただし、たたき台のA案で示されていた具体的な要件については、より明確なものとすべきであるとのご指摘が複数の委員からありましたので、それを踏まえて、除外の要件は、「裁判員又はその親族の身体若しくは財産に害を加え又はこれらの者の生活の平穏を著しく侵害する行為がなされるおそれがあることその他の事情により、裁判員に公正な判断を期待することができない状況があると認めるとき」というふうに改めることを考えてみました。たたき台のA案との具体的な違いは、

① 例示として挙げられていた「民心」という文言を削除したこと
② 同じく、例示としてあげられていた「(裁判員等を) 畏怖させてその生活の平穏を侵害する行為がなされる」とされていたところを、「(裁判員等) の生活の平穏を著しく侵害する行為がなされる」と変えたこと
③ 「公正な判断ができないおそれがあると認めるとき」とされていたところを、「裁判員に公正な判断を期待することができない状況があると認めるとき」と変えたこと

の3点です。いずれも、裁判員制度の対象から除外する範囲を限定するとともに、その要件をより客観的で明確なものにするという趣旨によるものです。

一応そのような修正を試みてみましたが、これで先ほどのようなご指摘に十分答えるものとなっているかどうか、他の可能性をも含めて更に検討が必要と思われますので、その旨を付記した次第です。

2　「2　裁判員及び補充裁判員の選任」について

(1) 裁判員の要件

次は、「2　裁判員及び補充裁判員の選任」の項目です。

まず、「(1)　裁判員の要件」については、「裁判所の管轄区域内の衆議院議員の選挙権を有する者であって、年齢25年以上のものとする。」という案をお示ししております。

この点について、たたき台では、年齢の下限を20歳、25歳、あるいは30歳のいずれとするかという点から、A、B、Cの3案が示されていたわけですが、今回の案はそのう

ちのB案を採ったものです。
　検討会の議論では、A案を支持するご意見、B案を支持するご意見、そして、B案又はC案というご意見などが述べられていましたが、B案又はC案というご意見を含めますと、B案に賛成するご意見がおおむね大勢を占めたといえます。
　審議会意見書がいうように、裁判員制度の趣旨が「裁判内容に国民の健全な社会常識がより反映されるようにする」ということにあることからしても、社会に出てある程度経験を積んだ人を裁判員とするのが適切であると思われますので、こういう案とした次第です。

(2)　欠格事由：中学卒業
　次に、「(2)　欠格事由」のアの(ｱ)ですが、ここでは、たたき台の案と同様、「中学校を卒業しない者。ただし、中学校卒業と同等以上の学識を有する者は、この限りでない。」という案をお示ししております。
　検討会の議論では、この要件に代えて、「日本語を理解しない者」ということを欠格事由とすべきであるとのご意見もありましたが、その趣旨は、中学校卒業という学歴の有無にかかわらず、裁判員として必要とされる学識・能力を有すれば足りる、ということであったかと思います。たたき台の案でも、「中学校卒業と同等以上の学識を有する者」については、中学校を卒業しない者であっても欠格事由とはならないわけですから、学歴という表現から受ける印象の問題を別にすれば、結局、求められている内容は同じことになるのではないかと思われます。それに、判断の基準としては、中学校卒業といったある程度客観的な基準を立てておいた方が望ましいのではないかと考え、たたき台の案を維持することといたしました。

(3)　欠格事由：心身の故障
　次は、同じ項目の(ｳ)ですが、「心身の故障のため裁判員の職務の遂行に支障がある者」という欠格事由を設けるということにしております。これは、たたき台でA案として示されていたものを採ったものです。
　たたき台では、B案として、そのような欠格事由は設けないこととするという選択肢も掲げられており、検討会においても、そのB案を支持するご意見もあったわけですが、むしろ、A案を支持する意見が大勢であったように思われます。
　それに、B案を支持するご意見の方も、心身の故障のため裁判員の職務の遂行に支障がある場合があるということは否定されていなかったわけでして、そうであるとすれば、職務の遂行に支障があると認められるのに職務を行うことができるとするのは背理であり、制度として合理性を欠くように思われますので、A案を採ることとした次第です。

(4) 就職禁止事由

次は、「(3) 就職禁止事由」というところですが、ここは、たたき台の案をそのまま維持しております。

検討会の議論では、たたき台の挙げる就職禁止事由は広過ぎるのではないかとのご意見や、職業による就職禁止の制度を設けるべきでなく辞退事由とすることによって対応すべきであるとのご意見もありました。しかし、その際にも申し上げたように、たたき台の案では具体的な職業が列挙されていますけれど、そこに挙げられた個々の職業については、今後、条文化する段階で、法制的な観点等からも再度検討がなされるものと思われますし、たたき台としての性格からしても、そのような再検討が行われるであろうことは前提とされているはずです。そのような意味で、検討会では、たたき台に掲げられた一つ一つの職業につき、それを就職禁止事由とすべきかどうかということではなく、その案の基本にある——三権分立の観点から司法権の行使にかかわることが望ましくないと思われる職業、及び、非法律専門家である国民が参加することによって社会の健全な常識を裁判内容に反映させるという裁判員制度の趣旨から裁判員になることが望ましくないと思われる職業を就職禁止事由とするという——考え方の当否というところに焦点を当てて議論していただいたところです。

今回の案も、個々の職業についてそれを就職禁止事由とすることの当否を逐一検討した上で選択したものではなく、その点については、今後、条文化の作業において更に検討がなされることを前提として、むしろ基本的な考え方、方向性を示したものと理解していただければと思います。そのような観点からしますと、検討会の議論では、たたき台の基本的な考え方そのものについては、これを相当とする意見が多数を占めたといえます。そして、私なりに考えましても、その考え方には理由があると思われましたので、現段階の案としては、たたき台の案に従うこととしたものです。

(5) 裁判員候補者の召喚　事前の情報開示

次は、「(8) 裁判員候補者の召喚」のうち「イ　検察官及び弁護人に対する事前の情報開示」の(ア)です。ここでは、たたき台と同じく、「裁判官は、質問手続の日より〇日前に、召喚した裁判員候補者の氏名を記載した名簿を検察官及び弁護人に送付するものとする。」としております。

検討会の議論では、たたき台の案を相当とするご意見のほか、事前の氏名の開示はあまり早く行うべきではないとのご意見も述べられていたところですが、この氏名開示の時期につきましては、実務的な見地も踏まえて、なお検討が必要であると思われましたので、たたき台の案どおり、「〇日前」というふうに時期を特定しないままにしておくことにしました。

また、同じ「イ　検察官及び弁護人に対する事前の情報開示」に、新たに(ウ)をもうけ、「検察官又は弁護人は、正当な理由なく(ア)の名簿の記載内容又は質問票に対する回答内

容を漏らしてはならないものとする。これに違反した者に対する罰則を設けるものとする。」という案をお示ししております。

　この点について、たたき台は、(イ)の項目のただし書きとして、「ただし、同回答の写しを閲覧させることが関係人の名誉又は生活の平穏を著しく害するおそれがあると認められるときは、閲覧の全部又は一部を制限することができるものとする。」というA案と、「検察官又は弁護人は、正当な理由なく質問票に対する回答内容を漏らしてはならないものとする。これに違反した者に対する罰則をもうけるものとする。」というB案の２案を挙げていました。しかし、検討会の議論では、A案を採るご意見は特にありませんでしたので、B案によることといたしました。

　ただ、その内容については、若干の手直しを行いました。すなわち、たたき台のB案では、「質問票に対する回答内容」のみが守秘義務の対象とされていたのですが、事前に開示される裁判員候補者の氏名についても、同様に、正当な理由なく漏らしてはならないものとすべきだろうと思われましたので、「(ア)の名簿の記載内容」という文言を付け加えた次第です。

(6) 質問手続

　次は、「(9)　質問手続」のうち「イ　質問手続」の(オ)です。たたき台では、「当事者は、理由付き忌避の申立てを却下する決定に対しては不服申立てをすることができるものとする。」とされておりましたが、そのうち「理由付き忌避の申立て」の部分を、「(ウ)の申立て」というふうに修正してあります。

　検討会では、この点につき特段の議論はありませんでしたけれども、２つ前の(ウ)のところをご覧になればお分かりのように、理由付き忌避の申立てのほか、欠格事由や就職禁止事由、あるいは除斥事由が存在するという申立てが当事者からなされることがあり得るわけで、それらの申立が却下された場合についても、同様に不服申立を認めるべきではないかと思われましたので、このような修正を施すことを考えてみた次第です。

　次に(カ)では、仮に裁判員の員数を４人とすることを前提とした場合に、当事者は、「それぞれ３人ないし４人……につき理由を示さずに忌避ができるものとする。」ただし、「補充裁判員がおかれる場合には、〔理由なし忌避ができる数はそれに〕補充裁判員の数を加えた員数とする。」としております。

　この点について、たたき台では、裁判員の数自体が未定であったものですから、理由なし忌避ができる数についても空白のままにされていました。そして、これまでの検討会でも、議論していただいてはこなかったのですが、法案化にあたっては、その数を定めなければなりませんので、これからの段階においては、それについての基本的な考え方につきご意見をいただいておいた方がよいと考えまして、その議論の素材とする趣旨で、仮に今回の案のように裁判員を４人とすることを前提とした場合に、このくらいの数とすることが考えられるのではないかという一つの案をお示しした次第です。

何故3人ないし4人としたかでありますが、審議会意見書では、裁判員の選任方法につき、「選挙人名簿から無作為抽出した者を母体とし、更に公平な裁判所による公正な裁判を確保できるような適切な仕組みを設けるべきである。」とされており、その「適切な仕組み」として欠格・除斥や忌避の制度が例示されているところであります。そして、これまで検討会で議論していただいた結果でも、そのための仕組みとしては、当事者による忌避が最後のスクリーニングの方法になることが想定されているわけですが、個々の裁判員候補者について、具体的な根拠に基づき「不公平な裁判をするおそれがある」とまでいえる場合は、実際上かなり限られることになると考えられます。しかし、当事者としては、その点につき不安を持っている場合に、それを取り除き、公正だと当事者からも信頼してもらえる裁判所を構成できるようにするため、一定の範囲で、当事者が理由を示さずに忌避することを認めようというのが、理由なし忌避の制度を置く趣旨でありますから、それを行使できる数があまり少ないと意味がありません。しかし、他方、あまり多くなりますと、当事者双方がその数を行使できるわけですから、除斥等他の排除の可能性も考えますと、裁判員選任のために召喚すべき裁判員候補者の数が多くなり過ぎて、実際上の取扱いが困難になる上、アメリカなどで指摘されますように、当事者によってこの忌避が訴訟戦略的に使われるという弊害を招くおそれもあります。そのような両面の考慮から、あくまで裁判員の数を4人とすることを前提とした場合にですが、一つの目安として、当事者いずれについても、理由なし忌避の数は裁判員の員数よりやや少ないか同数の3ないし4としてはどうかというのが、今回お示しした案の考え方です。これをも手がかりに、基本的な考え方につき、議論していただければと存じます。

3 「3 裁判員等の義務及び解任」について

次に、「3 裁判員等の義務及び解任」のうち、「(2) 裁判員及び補充裁判員の義務」のオです。ここでは、裁判員等の守秘義務について、たたき台と同じく、「裁判員及び補充裁判員並びにこれらの職にあった者は、評議の経過並びに各裁判官及び各裁判員の意見並びにその多少の数その他の職務上知り得た秘密を漏らしてはならないものとする。」という案をお示ししております。

このようなたたき台の案に対し、検討会の議論でも、これを支持するご意見が多数であったといえます。もっとも、それを前提としながら、守秘義務の対象となる「評議の経過」の範囲を明確にすべきであるとのご意見もありました。しかし、その際もご指摘があったとおり、「評議の経過」という用語は、現在の裁判所法でも使用されており、それ自体は明確な内容を持った用語であると思われますので、その点については、特に変更を加えませんでした。

また、委員の中には、守秘義務の期間を限定するとともに、守秘義務の範囲を、裁判官と裁判員の個別意見の内容、評決結果及び合議体で秘密とする旨の合意をした事項に

限定すべきであるとのご意見や、自己の意見を公表することは許すべきであるとのご意見の方もおられましたが、検討会での議論でもご指摘のあったように、この守秘義務は、裁判というものの信頼性や、評議において合議体の構成員が自由な意見の交換をすることができることを確保するとともに、事件関係者のプライバシーや秘密を保護するためにあるわけですから、仮に期間の経過によりそのような必要がなくなることがあるとしても、それほど短い期間ではあり得ないと思われますし、また、それがどのくらいの期間であるかは一概、一律にいうことは困難であると考えられます。また、他人のプライバシーや秘密にわたることについて、プライバシーの主体でない者が秘密とする範囲を決めるというのはおかしなことだと思います。さらに、自分の意見であっても、それは当該事件の審理や証拠から得られた情報に基づき、あるいは、合議体の他の構成員との意見交換を通じて形成されたものであり、しかも、評議の過程で述べられたものでありますから、それを対外的に公表することを許すのは評議の秘密の制度趣旨に反すると思われます。実際、多くの元裁判員がそれぞれ自分の意見を公表すれば、評議の内容は明らかになってしまいますし、元裁判員が評議の過程で述べた意見とは異なることをそれが自分の意見であったとして公表したようなときには、誤解や紛糾を生じさせ、裁判の信頼性を損ねることにもなりかねないと思われます。そのようなことから、今回の案とすることにした次第です。

4 「4 公判手続等」について
(1) 弁論の分離・併合

次に、「4 公判手続等」の「(3) 弁論の分離・併合」という項目では、「弁論が分離されて審判が行われた場合の刑の調整のための制度について、更に検討するものとする。」という案をお示ししております。

この点につき、たたき台では、「迅速で、裁判員に分かりやすい審理の実現という観点から、弁論の分離・併合の在り方について検討し、必要な措置を講ずるものとする。」とされており、これに基づいて検討会において議論が行われました。委員の間からは、刑の調整規定を設けるべきとのご指摘があり、いくつかのアイデアも出されましたが、なかなか難問であり、解決の仕方によっては刑罰制度の在り方や裁判員制度対象事件以外の刑事事件の処理にも波及し得る問題ですので、軽々には決められないところがあり、その可否や内容など、今後更に検討することが必要であると思われます。そこで、現段階では、このような表現に留めた次第です。

(2) 証拠調べ手続等 第1回公判期日前の証人尋問

次は、「(7) 証拠調べ手続等」のうち「イ 証拠調べ等」というところです。○印がたくさん並んでおりますが、○印の赤字の部分をご覧ください。「第1回公判期日前の裁判官による証人尋問の活用を拡充するため、刑事訴訟法第227条第1項中の『圧迫を

受け』との要件を削除すること」という案をお示ししております。
　たたき台では、この点は、「第１回公判期日前の裁判官による証人尋問の活用を拡充すること」とされていたのみで、具体的な対応策についての言及はありませんでしたが、検討会の議論におきまして、今回案としてお示ししたような方向のご意見が何人かの方々から述べられましたので、それを踏まえたものです。

(3) 判決書等
　「(8)　判決書等」の「イ　裁判員の署名押印、身分の終了時期」という項目ですが、ここでは、「判決書には裁判官のみが署名押印するものとする。裁判員の身分・任務は判決宣告時に終了するものとする。」という案をお示しいたしました。これは、たたき台では、Ｃ案として挙げられていたものです。
　たたき台では、このほかに、「裁判官と同様に、裁判員も判決書に署名押印することとし、署名押印時に裁判員としての身分・任務は終了するものとする」というＡ案と、「裁判官と同様に、裁判員も判決書に署名押印することとするが、その身分・任務は判決宣告時に終了するものとする」というＢ案も掲げられており、検討会の議論でも、Ａ案を支持するご意見や、Ａ案又はＢ案というご意見も述べられましたが、Ｃ案を支持するご意見が大勢であったといえます。
　裁判員が判決の形成に関与し、かつその宣告に立ち会うことによって、裁判員としての責任は実質的に果たしたといえる上、判決書等には合議体の構成員として裁判員の名前も表示されることになるでしょうから、判決書に署名をしないからといって裁判員が無責任になるとは考えにくいように思われます。それに、これも検討会でご指摘のあったように、実際上、判決の宣告後も、判決書を作成するにはある程度の時間を要することが少なくないであろうことを考えますと、判決書完成後、それに署名してもらうためだけに再度裁判所に出頭してもらうという負担を強いるのは過剰だと思われますので、Ｃ案を採ることといたしました。

5　「5　控訴審」について
　次は、「5　控訴審」の項目です。ここでは、「現行法どおりとする。」という案をお示ししております。
　たたき台では、現行法どおりとするというＡ案のほか、主として、裁判員の加わった第一審の判決を尊重するという観点から、「控訴審では、裁判官のみで審理及び裁判を行うが、訴訟手続の法令違反、法令適用の誤り等についてのみ自判できるものとし、量刑不当及び事実誤認については自判はできないものとする」というＢ案、「控訴審では、裁判官のみで審理及び裁判を行い、量刑不当についても自判を認めるが、事実誤認についてのみ自判を認めないものとする」というＢ'案、「控訴審では、裁判官のみで審理及び裁判を行うが、事実認定及び量刑不当に関する破棄理由を加重する」というＣ案、

さらに、「控訴審においても、裁判員が審理及び裁判に関与するものとし、覆審構造とする」というD案が掲げられておりました。

検討会の議論においては、最終的にD案を採るご意見はなく、控訴審は裁判官のみで構成される裁判所がこれを担当するということを共通の前提としつつ、実際の運用では第一審の判断がより尊重されることになるという含みの下にA案を支持するご意見、B'案を相当とするご意見、C案を相当とするご意見、多少の量刑変更には自判を認めるが、刑種の変更や事実誤認には自判を認めないこととするべきであるというご意見などが述べられたところであります。その中では、A案を支持するご意見が比較的多数でしたが、B'案を支持するご意見も有力であったと理解しております。

検討会の場でも指摘したことですが、この問題は、結局のところ、職業裁判官のみで構成される控訴審裁判所が裁判員の加わった第一審裁判所の判決の当否を審査し、これを破棄するということ自体を認めるべきかどうか、正当化できるかどうか、ということに帰着するように思われます。そして、その点では、いま申しましたように、どなたもそのような控訴審裁判所による審査や破棄を認めるという立場に立たれるわけですので、そうである以上、現行法の規定によって例外的に控訴審で自判できるとされている場合にまで、それを禁じなければならない合理的な理由は見出しにくいように思われます。

理論的にも、先に裁判員の員数についてのご説明の中でも触れましたが、控訴審は、全く新たに証拠を調べて独自に心証を形成するというのではなく、あくまで第一審裁判所の判決を前提として、その内容に誤りがないかどうかを記録に照らして事後的に点検するという事後審査を行うだけであると位置付ければ、そのような裁判官のみで構成される控訴審裁判所による審査や破棄を正当化できるのではないかというのが、多くの委員が暗黙の前提とするところであったように思われます。そうであるとすれば、制度としては、まさに控訴審を事後審とする現行法の枠組みを裁判員制度との関係でも基本的に維持することでよく、従ってまた、第一審判決を破棄する場合にも、第一審に事件を差し戻すのが原則であるとして、控訴審裁判所が事後審としての審査のために行った記録の取調べにより、直ちに新たな判決を言い渡せる状況に立ち至っているといえるときには、現行法どおり、例外的に自判することができるとしてもよいように思われます。

そういうことから、制度としてはA案でよいとしましたが、あくまで裁判員の加わってなされた第一審の裁判を尊重するという意味から、事後審であるという控訴審本来の趣旨を運用上より徹底させることが望ましいと考え、括弧でその旨の確認を行ったものであります。

6 「6 差戻し審」について

続いて、「6　差戻し審」という項目ですが、ここでは、「新たな裁判員を選任して審理及び裁判を行うものとする。その他は、現行法どおりとする。」という案をお示ししております。これは、たたき台のA案を採ったものです。

たたき台では、このA案のほか、「新たな裁判員を選任して審理及び裁判を行うものとし、差戻審は、覆審構造とする。」というB案も掲げられていましたが、検討会の委員のご意見は、結局、A案とすることでほぼ一致しておりましたので、それに従いました。

7 「7 罰則」について

次に、「7　罰則」の「(2)　裁判員等の秘密漏洩罪」の項目では、たたき台と同じく、「裁判員、補充裁判員又はこれらの職にあった者が評議の経過若しくは各裁判官若しくは各裁判員の意見若しくはその多少の数その他の職務上知り得た秘密を漏らし、又は合議体の裁判官及び他の裁判員以外の者に対しその担当事件の事実の認定、刑の量定等に関する意見を述べたときは、〇年以下の懲役又は〇〇円以下の罰金に処するものとする。」という案をお示ししております。

検討会の議論では、秘密漏洩罪を設けること自体についてご異論はありませんでした。ただ、後段の「合議体の裁判官及び他の裁判員以外の者に対しその担当事件の事実の認定、刑の量定等に関する意見を述べ」る行為については、裁判員等であった者まで罰則の対象とするのは相当でないとのご意見や、法定刑として懲役刑まで設けるのは過当だというご意見が述べられております。

このうち前者については、検討会の議論でもご指摘のあったように、判決を言い渡した裁判体の構成員であった者が、後になって、各々てんでに、あれは間違っていたとかこうすべきであったとかいった意見を表明するようなことになりますと、裁判の信頼性は大きく損なわれることになり、裁判制度の存立そのものにも影響を及ぼしかねないように思われます。また、その意見というものは、単なる傍観者の外から見た意見ではなく、裁判員としての任務が終了後に変化があったとしても、当該事件の審理や証拠から得られた情報を基に——あるいは、裁判体の他の構成員との意見交換などをも通じて——形成された元々の自分の意見をあくまで前提にしたものでありますので、それを表明する場合には、自ずと裁判員在任中に知った事件の内容や評議において自分が述べた意見にも触れることになり、あるいは、それらを推認させる内容となることが多いと考えられますので、評議の秘密保持にも影響がないとはいえません。そのようなことから、たたき台の案を相当とするご意見に従うこととしました。

また、法定刑については、職務上知り得た秘密の漏洩を処罰する他の立法例において懲役刑が法定されていることとの整合を図る必要もあり、その観点からは、選択刑として懲役刑を設けることはあり得ることだと思われましたので、たたき台どおりの案とした次第です。

8 「8 裁判員の保護及び出頭確保等に関する措置」について

(1) 裁判員等の個人情報の保護

次は、「8 裁判員の保護及び出頭確保等に関する措置」です。

まず、「(1) 裁判員等の個人情報の保護」という項目では、たたき台と同じく、「ア 訴訟に関する書類であって、裁判員、補充裁判員又は裁判員候補者の氏名以外の個人情報が記載されたものは、これを公開しないものとする。」、「イ 何人も、裁判員、補充裁判員又は裁判員候補者の氏名、住所その他のこれらの者を特定するに足る事実を公にしてはならないものとする。」という案をお示ししております。

この点に関し、検討会の議論では、裁判員の個人情報を保護すべきであるという点についての異論は特にありませんでしたが、保護の範囲について、「職業、性別、年齢等の一般的な情報は公開してよいのではないか」、「学術研究目的などの例外的な場合には公開する余地を残すべきではないか」などといったご意見が述べられました。しかし、その際もご指摘のあったところですが、例えば一定期間あるいは一定地域ごとの裁判員の属性に関する統計資料というものであればともかく、個別事件の個々の裁判員の属性に関する情報を公開することにどれほどの意味があるのか、いまひとつ理解できなかったこともあり、個人情報の保護を優先すべきだと考えて、たたき台の案どおりの案とすることにいたしました。

(2) 裁判員等に対する接触の規制

「(2) 裁判員等に対する接触の規制」については、アの後段部分、裁判員等であった者に対する接触の規制について、「知り得た事件の内容を公にする目的で」の部分を、「裁判員又は補充裁判員が職務上知り得た秘密を知る目的で」に修正しております。

この点に関して、検討会の議論では、たたき台の内容が相当であるというご意見と、裁判員等であった者に対する事後の接触の規制は行うべきではないというご意見が述べられておりますが、前者のご意見が多数であったことから、基本的に、そのような規制を設けることとした案をお示ししました。ただし、その内容については、検討会の議論でも、裁判員等であった者に対する接触の規制の趣旨をより明確にする必要があるというご指摘がありましたので、それを踏まえて、「裁判員又は補充裁判員が職務上知り得た秘密を知る目的で」の接触というふうに修正を施したものです。

これも検討会でご指摘のあったように、職業上守秘義務を課される者の場合とは異なり、たまたま裁判員に選ばれていっとき裁判に関与しただけで守秘義務が課されるわけですから、そういう立場の人に必要以上の負担を負わせることがないようにするため、他の者がこれに働きかけて守秘義務を破らせ、秘密に属する事項を明らかにさせようとすることを封じるのが適切だと考えた次第です。

(3) 裁判の公正を妨げる行為の禁止

最後になりますが、「(3) 裁判の公正を妨げる行為の禁止」のイの部分です。

たたき台では、「 」に囲まれた部分、すなわち、「報道機関は、アの義務を踏まえ、事件に関する報道を行うに当たっては、裁判員、補充裁判員又は裁判員候補者に事件に関する偏見を生ぜしめないように配慮しなければならないものとする。」という案が示されていたわけですが、ここでは、その点については、「報道機関において自主的なルールを策定しつつあることを踏まえ、更に検討するものとする。」という案としました。

検討会の議論では、たたき台のような定めを置くのが相当であるとのご意見、報道機関の自主規制に委ねるのが相当であるとのご意見、報道機関による自主規制の策定状況を見た上で規定を設けるかどうかを決めるべきとのご意見などが述べられましたが、この問題は、報道の自由や国民の知る権利の保障に直接かかわる微妙かつ重要な問題でありますし、9月の検討会の場でも、報道機関による自主ルールの策定が進められている状況が報告されているところでありますので、その状況をも踏まえながら、更に慎重かつ十分な検討を行った上で結論を出すのが適切であると思われましたので、このような案とさせていただいた次第です。

資料4 最大判平成23年11月16日（刑集65巻8号1285頁）

○ 理　由（抄）

第1　弁護人甲の上告趣意のうち，裁判員の参加する刑事裁判に関する法律（以下「裁判員法」という。）の憲法違反をいう点について

1　所論は，多岐にわたり裁判員法が憲法に違反する旨主張するが，その概要は，次のとおりである。①憲法には，裁判官以外の国民が裁判体の構成員となり評決権を持って裁判を行うこと（以下「国民の司法参加」という。）を想定した規定はなく，憲法80条1項は，下級裁判所が裁判官のみによって構成されることを定めているものと解される。したがって，裁判員法に基づき裁判官以外の者が構成員となった裁判体は憲法にいう「裁判所」には当たらないから，これによって裁判が行われる制度（以下「裁判員制度」という。）は，何人に対しても裁判所において裁判を受ける権利を保障した憲法32条，全ての刑事事件において被告人に公平な裁判所による迅速な公開裁判を保障した憲法37条1項に違反する上，その手続は適正な司法手続とはいえないので，全て司法権は裁判所に属すると規定する憲法76条1項，適正手続を保障した憲法31条に違反する。②裁判員制度の下では，裁判官は，裁判員の判断に影響，拘束されることになるから，同制度は，裁判官の職権行使の独立を保障した憲法76条3項に違反する。③裁判員が参加する裁判体は，通常の裁判所の系列外に位置するものであるから，憲法76条2項により設置が禁止されている特別裁判所に該当する。④裁判員制度は，裁判員となる国民に憲法上の根拠のない負担を課すものであるから，意に反する苦役に服させることを禁じた憲法18条後段に違反する。

しかしながら，憲法は，国民の司法参加を許容しているものと解され，裁判員法に所論の憲法違反はないというべきである。その理由は，次のとおりである。

2　まず，国民の司法参加が一般に憲法上禁じられているか否かについて検討する。

(1)　憲法に国民の司法参加を認める旨の規定が置かれていないことは，所論が指摘するとおりである。しかしながら，明文の規定が置かれていないことが，直ちに国民の司法参加の禁止を意味するものではない。憲法上，刑事裁判に国民の司法参加が許容されているか否かという刑事司法の基本に関わる問題は，憲法が採用する統治の基本原理や刑事裁判の諸原則，憲法制定当時の歴史的状況を含めた憲法制定の経緯及び憲法の関連規定の文理を総合的に検討して判断されるべき事柄である。

(2)　裁判は，証拠に基づいて事実を明らかにし，これに法を適用することによって，人の権利義務を最終的に確定する国の作用であり，取り分け，刑事裁判は，人の生命す

ら奪うことのある強大な国権の行使である。そのため，多くの近代民主主義国家において，それぞれの歴史を通じて，刑事裁判権の行使が適切に行われるよう種々の原則が確立されてきた。基本的人権の保障を重視した憲法では、特に31条から39条において，適正手続の保障，裁判を受ける権利，令状主義，公平な裁判所の迅速な公開裁判を受ける権利，証人審問権及び証人喚問権，弁護人依頼権，自己負罪拒否の特権，強制による自白の排除，刑罰不遡及の原則，一事不再理など，適正な刑事裁判を実現するための諸原則を定めており，そのほとんどは，各国の刑事裁判の歴史を通じて確立されてきた普遍的な原理ともいうべきものである。刑事裁判を行うに当たっては，これらの諸原則が厳格に遵守されなければならず，それには高度の法的専門性が要求される。憲法は，これらの諸原則を規定し，かつ，三権分立の原則の下に，「第6章 司法」において，裁判官の職権行使の独立と身分保障について周到な規定を設けている。こうした点を総合考慮すると，憲法は，刑事裁判の基本的な担い手として裁判官を想定していると考えられる。

(3) 他方，歴史的，国際的な視点から見ると，欧米諸国においては，上記のような手続の保障とともに，18世紀から20世紀前半にかけて，民主主義の発展に伴い，国民が直接司法に参加することにより裁判の国民的基盤を強化し，その正統性を確保しようとする流れが広がり，憲法制定当時の20世紀半ばには，欧米の民主主義国家の多くにおいて陪審制か参審制が採用されていた。我が国でも，大日本帝国憲法（以下「旧憲法」という。）の下，大正12年に陪審法が制定され，昭和3年から480件余りの刑事事件について陪審裁判が実施され，戦時下の昭和18年に停止された状況にあった。

憲法は，その前文において，あらゆる国家の行為は，国民の厳粛な信託によるものであるとする国民主権の原理を宣言した。上記のような時代背景とこの基本原理の下で，司法権の内容を具体的に定めるに当たっては，国民の司法参加が許容されるか否かについても関心が払われていた。すなわち，旧憲法では，24条において「日本臣民ハ法律ニ定メタル裁判官ノ裁判ヲ受クルノ権ヲ奪ハル、コトナシ」と規定されていたが，憲法では，32条において「何人も，裁判所において裁判を受ける権利を奪はれない。」と規定され，憲法37条1項においては「すべて刑事事件においては，被告人は，公平な裁判所の迅速な公開裁判を受ける権利を有する。」と規定されており，「裁判官による裁判」から「裁判所における裁判」へと表現が改められた。また，憲法は，「第6章 司法」において，最高裁判所と異なり，下級裁判所については，裁判官のみで構成される旨を明示した規定を置いていない。憲法制定過程についての関係資料によれば，憲法のこうした文理面から，憲法制定当時の政府部内では，陪審制や参審制を採用することも可能であると解されていたことが認められる。こうした理解は，枢密院の審査委員会において提示され，さらに，憲法制定議会においても，米国型の陪審制導入について問われた憲法改正担当の国務大臣から，「陪審問題の点については，憲法に特別の規定はないが，民主政治の趣旨に則り，必要な規定は法律で定められ，現在の制度を完備することは憲

法の毫も嫌っているところではない。」旨の見解が示され、この点について特に異論が示されることなく、憲法が可決成立するに至っている。憲法と同時に施行された裁判所法が、3条3項において「この法律の規定は、刑事について、別に法律で陪審の制度を設けることを妨げない。」と規定しているのも、こうした経緯に符合するものである。憲法の制定に際しては、我が国において停止中とはいえ現に陪審制が存在していたことや、刑事裁判に関する諸規定が主に米国の刑事司法を念頭において検討されたこと等から、議論が陪審制を中心として行われているが、以上のような憲法制定過程を見ても、ヨーロッパの国々で行われていた参審制を排除する趣旨は認められない。

刑事裁判に国民が参加して民主的基盤の強化を図ることと、憲法の定める人権の保障を全うしつつ、証拠に基づいて事実を明らかにし、個人の権利と社会の秩序を確保するという刑事裁判の使命を果たすこととは、決して相容れないものではなく、このことは、陪審制又は参審制を有する欧米諸国の経験に照らしても、基本的に了解し得るところである。

(4) そうすると、国民の司法参加と適正な刑事裁判を実現するための諸原則とは、十分調和させることが可能であり、憲法上国民の司法参加がおよそ禁じられていると解すべき理由はなく、国民の司法参加に係る制度の合憲性は、具体的に設けられた制度が、適正な刑事裁判を実現するための諸原則に抵触するか否かによって決せられるべきものである。換言すれば、憲法は、一般的には国民の司法参加を許容しており、これを採用する場合には、上記の諸原則が確保されている限り、陪審制とするか参審制とするかを含め、その内容を立法政策に委ねていると解されるのである。

3 そこで、次に、裁判員法による裁判員制度の具体的な内容について、憲法に違反する点があるか否かを検討する。

(1) 所論①は、憲法31条、32条、37条1項、76条1項、80条1項違反をいうものである。

しかし、憲法80条1項が、裁判所は裁判官のみによって構成されることを要求しているか否かは、結局のところ、憲法が国民の司法参加を許容しているか否かに帰着する問題である。既に述べたとおり、憲法は、最高裁判所と異なり、下級裁判所については、国民の司法参加を禁じているとは解されない。したがって、裁判官と国民とで構成する裁判体が、それゆえ直ちに憲法上の「裁判所」に当たらないということはできない。

問題は、裁判員制度の下で裁判官と国民とにより構成される裁判体が、刑事裁判に関する様々な憲法上の要請に適合した「裁判所」といい得るものであるか否かにある。

裁判員法では、裁判官3名及び裁判員6名（公訴事実に争いがない事件については、場合により裁判官1名及び裁判員4名）によって裁判体を構成するとしている（2条2項、3項）。裁判員の選任については、衆議院議員の選挙権を有する者の中から、くじによって候補者が選定されて裁判所に呼び出され、選任のための手続において、不公平な裁判をするおそれがある者、あるいは検察官及び被告人に一定数まで認められた理由

を示さない不選任の請求の対象とされた者などが除かれた上，残った候補者から更にくじその他の作為が加わらない方法に従って選任されるものとしている（13条から37条）。また，解任制度により，判決に至るまで裁判員の適格性が確保されるよう配慮されている（41条，43条）。裁判員は，裁判官と共に合議体を構成し，事実の認定，法令の適用及び刑の量定について合議することとされ，法令の解釈に係る判断及び訴訟手続に関する判断等は裁判官に委ねられている（6条）。裁判員は，法令に従い公平誠実にその職務を行う義務等を負う一方（9条），裁判官，検察官及び弁護人は，裁判員がその職責を十分に果たすことができるよう，審理を迅速で分かりやすいものとすることに努めなければならないものとされている（51条）。裁判官と裁判員の評議は，裁判官と裁判員が対等の権限を有することを前提にその合議によるものとされ（6条1項，66条1項），その際，裁判長は，必要な法令に関する説明を丁寧に行うとともに，評議を裁判員に分かりやすいものとなるように整理し，裁判員が発言する機会を十分に設けるなど，裁判員がその職責を十分に果たすことができるように配慮しなければならないとされている（66条5項）。評決については，裁判官と裁判員の双方の意見を含む合議体の員数の過半数の意見によることとされ，刑の量定についても同様の原則の下に決定するものとされている（67条）。評議における自由な意見表明を保障するために，評議の経過等に関する守秘義務も設け（70条1項），裁判員に対する請託，威迫等は罰則をもって禁止されている（106条，107条）。

　以上によれば，裁判員裁判対象事件を取り扱う裁判体は，身分保障の下，独立して職権を行使することが保障された裁判官と，公平性，中立性を確保できるよう配慮された手続の下に選任された裁判員とによって構成されるものとされている。また，裁判員の権限は，裁判官と共に公判廷で審理に臨み，評議において事実認定，法令の適用及び有罪の場合の刑の量定について意見を述べ，評決を行うことにある。これら裁判員の関与する判断は，いずれも司法作用の内容をなすものであるが，必ずしもあらかじめ法律的な知識，経験を有することが不可欠な事項であるとはいえない。さらに，裁判長は，裁判員がその職責を十分に果たすことができるように配慮しなければならないとされていることも考慮すると，上記のような権限を付与された裁判員が，様々な視点や感覚を反映させつつ，裁判官との協議を通じて良識ある結論に達することは，十分期待することができる。他方，憲法が定める刑事裁判の諸原則の保障は，裁判官の判断に委ねられている。

　このような裁判員制度の仕組みを考慮すれば，公平な「裁判所」における法と証拠に基づく適正な裁判が行われること（憲法31条，32条，37条1項）は制度的に十分保障されている上，裁判官は刑事裁判の基本的な担い手とされているものと認められ，憲法が定める刑事裁判の諸原則を確保する上での支障はないということができる。

　したがって，憲法31条，32条，37条1項，76条1項，80条1項違反をいう所論は理由がない。

(2) 所論②は，憲法76条3項違反をいうものである。

しかしながら，憲法76条3項によれば，裁判官は憲法及び法律に拘束される。そうすると，既に述べたとおり，憲法が一般的に国民の司法参加を許容しており，裁判員法が憲法に適合するようにこれを法制化したものである以上，裁判員法が規定する評決制度の下で，裁判官が時に自らの意見と異なる結論に従わざるを得ない場合があるとしても，それは憲法に適合する法律に拘束される結果であるから，同項違反との評価を受ける余地はない。元来，憲法76条3項は，裁判官の職権行使の独立性を保障することにより，他からの干渉や圧力を受けることなく，裁判が法に基づき公正中立に行われることを保障しようとするものであるが，裁判員制度の下においても，法令の解釈に係る判断や訴訟手続に関する判断を裁判官の権限にするなど，裁判官を裁判の基本的な担い手として，法に基づく公正中立な裁判の実現が図られており，こうした点からも，裁判員制度は，同項の趣旨に反するものではない。

憲法76条3項違反をいう見解からは，裁判官の2倍の数の国民が加わって裁判体を構成し，多数決で結論を出す制度の下では，裁判が国民の感覚的な判断に支配され，裁判官のみで判断する場合と結論が異なってしまう場合があり，裁判所が果たすべき被告人の人権保障の役割を全うできないことになりかねないから，そのような構成は憲法上許容されないという主張もされている。しかし，そもそも，国民が参加した場合であっても，裁判官の多数意見と同じ結論が常に確保されなければならないということであれば，国民の司法参加を認める意義の重要な部分が没却されることにもなりかねず，憲法が国民の司法参加を許容している以上，裁判体の構成員である裁判官の多数意見が常に裁判の結論でなければならないとは解されない。先に述べたとおり，評決の対象が限定されている上，評議に当たって裁判長が十分な説明を行う旨が定められ，評決については，単なる多数決でなく，多数意見の中に少なくとも1人の裁判官が加わっていることが必要とされていることなどを考えると，被告人の権利保護という観点からの配慮もされているところであり，裁判官のみによる裁判の場合と結論を異にするおそれがあることをもって，憲法上許容されない構成であるとはいえない。

したがって，憲法76条3項違反をいう所論は理由がない。

(3) 所論③は，憲法76条2項違反をいうものである。

しかし，裁判員制度による裁判体は，地方裁判所に属するものであり，その第1審判決に対しては，高等裁判所への控訴及び最高裁判所への上告が認められており，裁判官と裁判員によって構成された裁判体が特別裁判所に当たらないことは明らかである。

(4) 所論④は，憲法18条後段違反をいうものである。

裁判員としての職務に従事し，又は裁判員候補者として裁判所に出頭すること（以下，併せて「裁判員の職務等」という。）により，国民に一定の負担が生ずることは否定できない。しかし，裁判員法1条は，制度導入の趣旨について，国民の中から選任された裁判員が裁判官と共に刑事訴訟手続に関与することが司法に対する国民の理解の増進と

その信頼の向上に資することを挙げており，これは，この制度が国民主権の理念に沿って司法の国民的基盤の強化を図るものであることを示していると解される。このように，裁判員の職務等は，司法権の行使に対する国民の参加という点で参政権と同様の権限を国民に付与するものであり，これを「苦役」ということは必ずしも適切ではない。また，裁判員法16条は，国民の負担を過重にしないという観点から，裁判員となることを辞退できる者を類型的に規定し，さらに同条8号及び同号に基づく政令においては，個々人の事情を踏まえて，裁判員の職務等を行うことにより自己又は第三者に身体上，精神上又は経済上の重大な不利益が生ずると認めるに足りる相当な理由がある場合には辞退を認めるなど，辞退に関し柔軟な制度を設けている。加えて，出頭した裁判員又は裁判員候補者に対する旅費，日当等の支給により負担を軽減するための経済的措置が講じられている（11条，29条2項）。

　これらの事情を考慮すれば，裁判員の職務等は，憲法18条後段が禁ずる「苦役」に当たらないことは明らかであり，また，裁判員又は裁判員候補者のその他の基本的人権を侵害するところも見当たらないというべきである。

　4　裁判員制度は，裁判員が個別の事件ごとに国民の中から無作為に選任され，裁判官のような身分を有しないという点においては，陪審制に類似するが，他方，裁判官と共に事実認定，法令の適用及び量刑判断を行うという点においては，参審制とも共通するところが少なくなく，我が国独特の国民の司法参加の制度であるということができる。それだけに，この制度が陪審制や参審制の利点を生かし，優れた制度として社会に定着するためには，その運営に関与する全ての者による不断の努力が求められるものといえよう。裁判員制度が導入されるまで，我が国の刑事裁判は，裁判官を始めとする法曹のみによって担われ，詳細な事実認定などを特徴とする高度に専門化した運用が行われてきた。司法の役割を実現するために，法に関する専門性が必須であることは既に述べたとおりであるが，法曹のみによって実現される高度の専門性は，時に国民の理解を困難にし，その感覚から乖離したものにもなりかねない側面を持つ。刑事裁判のように，国民の日常生活と密接に関連し，国民の理解と支持が不可欠とされる領域においては，この点に対する配慮は特に重要である。裁判員制度は，司法の国民的基盤の強化を目的とするものであるが，それは，国民の視点や感覚と法曹の専門性とが常に交流することによって，相互理解を深め，それぞれの長所が生かされるような刑事裁判の実現を目指すものということができる。その目的を十全に達成するには相当の期間を必要とすることはいうまでもないが，その過程もまた，国民に根ざした司法を実現する上で，大きな意義を有するものと思われる。このような長期的な視点に立った努力の積み重ねによって，我が国の実情に最も適した国民の司法参加の制度を実現していくことができるものと考えられる。

◆参考文献◆

裁判員制度を巡っては，多くの文献が公表されているが，そのうち，今回の改訂にあたって参照した主な文献を掲げておく。

○ 本法の立案担当者等による解説として

辻裕教「『裁判員の参加する刑事裁判に関する法律』の解説（1）～（3）・（5・完）」曹時59巻11号33頁，59巻12号39頁，60巻3号27頁，61巻2号133頁（2007.11～2009.2）

上冨敏伸「『裁判員の参加する刑事裁判に関する法律』の解説（4）」曹時61巻1号71頁（2009.1）

浅沼雄介「裁判員の参加する刑事裁判に関する法律の一部を改正する法律について」曹時67巻12号35頁（2015.12）

馬場嘉郎「裁判員の辞退事由に関する政令」法律のひろば61巻5号51頁（2008.5）

○ 裁判員規則の解説として

齊藤啓昭ほか「裁判員の参加する刑事裁判に関する規則の解説」曹時61巻5号31頁（2009.5）

○ 司法研究報告書

前田雅英・合田悦三・井上豊・野原俊郎『量刑に関する国民と裁判官の意識についての研究——殺人罪の事案を素材として』司法研究報告書57輯1号（2006.12）

角田正紀・和田真・平木正洋・長瀬敬昭・井下田英樹『裁判員制度の下における大型否認事件の審理の在り方』司法研究報告書60輯1号（2008.3）

佐伯仁志・酒巻匡・村瀬均・河本雅也・三村三緒・駒田秀和『難解な法律概念と裁判員裁判』司法研究報告書61輯1号（2009.3）

大澤裕・田中康郎・中川博之・高橋康明『裁判員裁判における第一審の判決書及び控訴審の在り方』司法研究報告書61輯2号（2009.3）

井田良・大島隆明・園原敏彦・辛島明『裁判員裁判における量刑評議の在り方について』司法研究報告書63輯3号（2012.10）

○ 裁判官らの共同研究等として

今崎幸彦「裁判員裁判における審理及び制度運営上の課題」判タ1255号9頁（2008.2）

同「共同研究　裁判員等選任手続の在り方について　辞退事由の判断の在り方を中心にして」判タ1266号5頁（2008.6）

東京地方裁判所公判審理手続検討委員会ほか「裁判員が関与する公判審理の在り方」判タ1278号5頁（2008.11）

東京高等裁判所刑事部陪席裁判官研究会「裁判員制度の下における控訴審の在り方につい

て」判タ1288号5頁（2009.4）
東京高等裁判所刑事部部総括裁判官研究会「控訴審における裁判員裁判の審査の在り方」判タ1296号5頁（2009.7）

○ 施行後の状況に関する資料等として

最高裁判所事務総局「裁判員裁判実施状況の検証報告書」裁判所ウェブサイト（2012.12）
裁判員制度に関する検討会「取りまとめ報告書」法務省ウェブサイト（2013.6）
特集「裁判員制度3年の軌跡と展望」論究ジュリスト2号（2012.8）
特集「裁判員裁判の現状と課題」刑事法ジャーナル36号（2013.6）
特集「裁判員制度施行5年を迎えて」法律のひろば67巻4号（2014.4）
特集「裁判員裁判における量刑と弁護活動」季刊刑事弁護80号（2014.10）
特集「裁判員裁判制度」法の支配177号（2015.4）

事項索引

あ 行

異議申立て……………………………… 113, 120, 132
意見を述べる義務…………………………… 60, 125, 131
遺体写真…………………………………………… 83, 172
一時保育サービス……………………………………… 228
著しく長期にわたる事案………………………… 14, 20
威迫罪………………………………………………………… 224
違法収集証拠………………………………………… 50, 142
音声認識システム……………………………… 65, 186

か 行

介護サービス…………………………………………… 229
開廷の要件………………………………………………… 48
解任事由………………………………………………… 131
核心司法…………………………………………………… 36
環境整備………………………………………………… 228
鑑定手続実施決定………………………………… 151, 152
カンファレンス………………………………………… 154
休業補償………………………………………………… 136
供述調書の信用性の判断…………………………… 170
虚偽記載罪……………………………………………… 225
記録媒体………………………………………………… 184
区分事件………………………………………………… 202
区分審理…………………………………………… 3, 29, 198
区分審理決定…………………………………………… 200
計画的立証……………………………………………… 167
刑の量定…………………………………………………… 47
欠格事由………………………………………… 70, 113, 131
検証報告書………………………………………………… 3
原則的合議体………………………………… 33, 34, 114
合議体の種類と構成…………………………………… 32
合憲性………………………………………… 6, 60, 199
後行事件審判…………………………………………… 214
公訴事実の認否による区別……………………… 8, 11
控訴審…………………………………………………… 190
公判前整理手続…………………………… 5, 139, 166
　――の結果の顕出……………………………… 164, 165
　――の長期化…………………………………………… 145
　――への被告人の出頭……………………… 144, 150
公判中心主義……………………………… 36, 142, 156
公判調書………………………………………………… 159
公判手続………………………………………………… 155
　――の更新…………………………………… 41, 178, 196
広報・啓発活動………………………………………… 228
公務所照会……………………………………………… 136
個別質問………………………………………………… 122

さ 行

裁判員
　――の員数……………………………………………… 32
　――の解任…………………………………………… 128
　――の関与しない判断………………………… 48, 61
　――の関与する判断…………………………… 46, 60
　――の義務…………………………………………… 124
　――の権限……………………………………………… 44
　――の追加選任……………………………………… 130
　――の任務の終了…………………………………… 134
　――の負担の軽減…………………………………… 155
裁判員候補者
　――に関する情報の開示…………………… 107, 227
　――の員数……………………………………………… 93
　――の選定…………………………………………… 94, 103
　――の呼出し………………………………………… 95, 98
裁判員候補者名簿……………………………………… 90
裁判員候補者予定者名簿……………………………… 89
裁判員制度・刑事検討会…………………… 2, 239, 250
裁判員等選任手続……………………………………… 108
裁判員等選任手続調書………………………………… 117
裁判員等の個人情報の保護………………………… 217
裁判員等への加害のおそれのある事案……… 15
裁判員法の趣旨…………………………………………… 6
裁判官の役割…………………………………………… 62
裁判書の作成…………………………………………… 134
裁判の公正を妨げる行為…………………………… 219
裁判の質の確保……………………………………… 35, 189
最良証拠……………………………………………… 166
差戻し審……………………………………………… 195

278　事項索引

参加困難月 ……………………………… 92
参審 …………………………………… 4, 51
事件関連不適格事由 ……… 84, 113, 131
事実の認定 ……………………………… 47
事前質問票 …………………… 100, 122
辞退事由 …………………… 76, 113, 133
　——の判断 …………………………… 81
辞退政令 ………………………… 3, 77, 82
辞退率 …………………………………… 83
実質的合議の確保 ……………………… 35
質問打切り方式 ……………………… 115
質問権 …………………………………… 49
質問手続 …………………………… 113, 122
質問票 ……………… 80, 100, 107, 131, 225
辞任の申立て ………………………… 132
自白の任意性 ………………………… 175
司法制度改革審議会 …………………… 1
司法制度改革審議会意見書 ………… 232
司法制度改革推進本部 ………………… 2
氏名等漏示罪 ………………………… 225
社会的類型 ……………………………… 54
就職禁止事由 ……………… 73, 113, 131
自由心証主義 ………………………… 186
重大な災害 …………………… 78, 81, 98
集団質問 ……………………………… 122
主観的併合 …………………………… 29, 181
宿泊料 ………………………… 100, 135
主張・証拠の整理 …………………… 148
主張の明示 …………………………… 147
出席率 …………………………… 83, 124
出頭義務 ……………… 96, 124, 131, 226
守秘義務 ……………… 117, 125, 127, 226
証拠開示 …………………………… 139, 147
証拠書類 …………………………… 168, 171
証拠調べ ……………………………… 165
証拠の確認 ……………………………… 64
証拠の厳選 …………………………… 166
証拠の採否 ……………………… 140, 149
証拠物 ………………………………… 169
証人尋問 ………………… 45, 141, 169, 174
証人の出頭確保 ……………………… 159
少年調査記録 ………………………… 177
証明予定事実記載書面 ………… 140, 146
職務従事予定期間 …………………… 98, 99

職務の独立 ……………………………… 48
人証の活用 ……………………… 36, 173
心身の故障 ……………………………… 71
審理期間 ……………………………… 149
審理計画 ……………………………… 149
　——の確定 ………………………… 139
請託罪 ………………………………… 223
精密司法 ………………………………… 35
政令で定める辞退事由 ………… 79, 81
施行期日 ……………………………… 227
接触の規制 …………………………… 218
説明 …………………………………… 116
全員質問方式 …………………… 115, 123
宣誓 ……………………………… 116, 121
宣誓義務 ………………………… 125, 226
全体質問 ……………………………… 123
選定録 …………………………………… 97
選任決定 ……………………………… 115
選任資格 ………………………… 68, 113
選任手続 ………………………… 87, 112
選任予定裁判員 ……………………… 209
争点整理 ……………… 5, 140, 143, 166
争点の明示 …………………………… 143
訴訟手続に関する判断 ………… 48, 61
損失補償 ……………………………… 136

た　行

第1回公判期日の指定 ……………… 102
第1回公判期日前の鑑定 …………… 151
対象事件 ………………………………… 9
　——からの除外 ……………… 15, 134
　——の範囲 …………………… 9, 10
単純多数決 ……………………………… 60
中間的評議 ……………………………… 64
調査票 …………………………… 80, 92
追起訴事件の併合 ……………… 29, 181
定型的辞退事由 ………………………… 92
統合捜査報告書 ………………… 166, 171
当事者の準備 ………………………… 159
当日質問票 …………………… 100, 122
同時発送方式 ………………………… 100
特別休暇制度 …………………… 219, 228
特別多数決 ……………………………… 62
取調べの録音・録画 ……… 166, 171, 176

取りまとめ報告書…………………………… 3

な 行

難解な法律概念………………………………… 158
日当……………………………………… 100, 135
日本司法支援センター………………… 112, 158
任意性……………………………… 50, 142, 170

は 行

陪審………………………………………… 4, 51
破棄の基準………………………… 192, 193, 194
破棄理由……………………………………… 191
罰則…………………………………………… 220
判決書の作成………………………………… 188
判決の宣告…………………………… 135, 186
判決の理由……………………………… 39, 65, 188
犯罪事実と量刑事情の分離………… 163, 167
反対尋問……………………………………… 169
被害者参加制度……………………………… 160
被害者特定事項………………………… 117, 121
被害者特定事項秘匿決定…………………… 118
被告人質問先行型審理……………………… 175
被告人の選択権…………………………… 8, 11
非常災害………………………………… 95, 98
非対象事件
　――の分離………………………………… 29
　――の併合…………………………… 27, 29, 200
　――への訴因の変更…………………… 30, 134
ビデオリンク方式…………………………… 185
秘密漏示罪…………………………………… 224
評議………………………………… 58, 60, 64
　――の経過…………………………… 126, 225
　――の秘密…………………………… 125, 224
評議時間……………………………………… 149
評決…………………………………… 58, 60
不公平な裁判をするおそれ…… 85, 86, 113, 131
不選任決定…………………………………… 113
不選任請求の却下…………………… 113, 119
不適格事由……………………………………… 84
部分判決………………………………… 28, 198

不利益取扱いの禁止………………………… 216
分離発送方式………………………………… 100
併合事件審判………………………………… 207
偏見報道……………………………………… 219
弁護人の冒頭陳述…………………………… 163
弁論の分離・併合……………… 10, 30, 181
法教育…………………………………………… 5
冒頭陳述………………………… 162, 163, 164
法律概念の説明…………………… 150, 161
法令の解釈………………………… 48, 50, 61
法令の適用………………………………… 47, 50
補充裁判員…………………………… 40, 87
　――の員数………………………………… 41
　――の解任…………………………… 128, 133
　――の義務………………………………… 124
　――の権限………………………………… 42
　――の追加選任………………………… 131
　――の任務の終了……………………… 134
没収・追徴…………………………………… 47

ま 行

見直し検討会………………………………… 3
見直し条項………………………………… 229

や 行

猶予期間………………………………………… 99
用語の平易化……………………………… 157

ら 行

理由を示さない不選任請求……… 114, 120
量刑傾向………………………………… 52, 55
量刑検索システム…………… 54, 183, 190
量刑相場………………………………………… 52
量刑評議………………………… 52, 53, 56, 148
量刑への影響………………………………… 51
旅費………………………………… 100, 135
例外的合議体……………… 33, 39, 48, 114
連日的開廷…………………… 5, 140, 158, 161
論告・弁論……………………………… 64, 182

判例索引

●最高裁判所

最一小決 昭48・10・8 刑集27巻9号1415頁	86
最二小判 平21・10・16 刑集63巻8号937頁	143
最 大 判 平23・11・16 刑集65巻8号1285頁	6, 60, 269
最二小判 平24・1・13 刑集66巻1号1頁	6
最一小判 平24・2・13 刑集66巻4号482頁	192, 193
最一小決 平25・3・15 刑集67巻3号319頁	114
最一小決 平25・3・18 刑集67巻3号325頁	143
最三小決 平25・4・16 刑集67巻4号549頁	194
最一小決 平25・10・21 刑集67巻7号755頁	194
最一小決 平26・3・10 刑集68巻3号87頁	143, 194
最一小判 平26・3・20 刑集68巻3号499頁	194
最一小判 平26・7・24 刑集68巻6号925頁	55, 58, 194
最二小決 平27・2・3 刑集69巻1号1頁	57, 195
最二小決 平27・2・3 刑集69巻1号99頁	57, 195
最三小決 平27・3・10 刑集69巻2号219頁	6, 199
最二小決 平27・5・25 刑集69巻4号636頁	148

●高等裁判所

大阪高判 平2・7・30 高刑集43巻2号96頁	10
東京高決 平23・4・20 東高時報62巻1〜12号43頁	199
仙台高判 平24・9・13 高検速報24年3号	101
福岡高判 平26・12・18 高検速報1506号	141

【著者紹介】

池田　修（いけだ　おさむ）
　国家公務員倫理審査会会長
　元福岡高等裁判所長官

合田悦三（ごうだ　よしみつ）
　前橋地方裁判所長・判事

安東　章（あんどう　あきら）
　最高裁判所事務総局情報政策課長・判事

解説 裁判員法〔第3版〕──立法の経緯と課題

2005（平成17）年5月30日　初版1刷発行
2009（平成21）年5月30日　第2版1刷発行
2016（平成28）年9月15日　第3版1刷発行

著　者	池田　修・合田　悦三・安東　章
発行者	鯉渕　友南
発行所	株式会社　弘文堂　101-0062 東京都千代田区神田駿河台1の7 TEL 03(3294)4801　振替 00120-6-53909 http://www.koubundou.co.jp
装　丁	青山　修作
印　刷	三美印刷
製　本	井上製本所

© 2016 O. Ikeda, Y. Goda, A. Ando. Printed in Japan

[JCOPY]〈(社)出版者著作権管理機構　委託出版物〉
本書の無断複写は著作権法上での例外を除き禁じられています。複写される場合は、そのつど事前に、(社)出版者著作権管理機構（電話 03-3513-6969、FAX 03-3513-6979、e-mail : info@jcopy.or.jp）の許諾を得てください。
また本書を代行業者等の第三者に依頼してスキャンやデジタル化することは、たとえ個人や家庭内での利用であっても一切認められておりません。

ISBN978-4-335-35664-3